세계가 있는 삶

폰스트
코로나 시대,
예술과 정치

세계가 있는 삶
포스트 코로나 시대, 예술과 정치

초판 1쇄 인쇄 2021년 4월 9일
초판 1쇄 발행 2021년 4월 19일

지은이 현광일
펴낸이 김승희
펴낸곳 도서출판 살림터

기획 정광일
편집 조현주
북디자인 꼬리별

인쇄·제본 (주)신화프린팅
종이 (주)명동지류

주소 서울시 양천구 목동동로 293, 22층 2215-1호
전화 02-3141-6553
팩스 02-3141-6555
출판등록 2008년 3월 18일 제313-1990-12호
이메일 gwang80@hanmail.net
블로그 http://blog.naver.com/dkffk1020

ISBN 979-11-5930-191-9 03300

세계가 있는 삶

포스트
코로나 시대,
예술과 정치

현광일 지음

살림터

ℬ   지연, 주한에게   ℛ

머리말

코로나19 사태로 인해 평상시 당연하게 생각하던 일상에 균열이 가기 시작했다. 무더위에 아랑곳없이 마스크를 써야 하고, 아이들도 드문드문 등교하고, 물리적 거리 두기로 인해 사회경제적 활동이 위축받는 형국에 놓였다. 신문명의 상징인 지구촌 시대에 팬데믹이 현실화되자 재난 상황에 극도로 취약한 민낯이 그대로 드러나고 말았다. 코로나는 우리에게 세계가 연결되어 움직이고 있다는 것을 드러내 보여 주었다. 즉 각자의 삶이 전 지구적 과제와 연결된다는 것을 일깨워 준 것이다. 그리고 삶의 필요와 욕구를 충당할 사회적 재생산 기반의 지역화가 중요하다는 것도 새삼 깨닫게 한다.

바쁜 일상을 잠시 멈추고 '집콕'을 계기로 '지금 여기'의 삶에 대해 돌아보게 한다. 그것은 비전을 가지고 사유하는 것이 아니라 어쩔 수 없는 상황에 봉착하여 사유하게 한다. 그런 경우는 특정한 이해관계에 얽매이기보다는 사유 그 자체가 삶의 토대에 시선을 돌리게 된다. 어떻게 여기까지 왔는지, 왜 여기까지 왔는지, 같은 방식으로 더 나아가는 것은 생존조차 어렵게 한다는 것이 분명해 보이기 때문이다.

그렇다면 삶의 근본 밑자락부터 살펴볼 일이다. 특히 앞만 보고 질주해온 삶에 익숙한지라 삶의 바탕을 돌아보는 존재론적 성찰이라는 작업이

몹시 비현실적인 것으로 보일 수 있다. 우선 지금까지의 우리 삶이 코로나와 같은 비상한 사태를 만드는 데 일조한 것에 대한 책임을 분명히 할 필요가 있다. 우리들의 왜곡된 욕망 구조야말로 이 시대의 고통과 비극의 가장 심원하고 핵심적인 원인의 하나를 구성하고 있다. 세상이 복잡하게 돌아가기에 우리가 하려는 일이 쉽지 않을 수 있다는 사실을 충분히 알고 있다. 그러나 오늘날 삶의 방식이 초래한 처참한 생태적 결과들을 직시한다면 백신 처방과 같은 단기적 대책을 강구하여 우리 사회가 무사할 수 있을 것이라고 믿는 것이야말로 비현실적이다. 우리에게 삶의 의미를 물으며 자신의 존재를 향한 성찰 행위는 어느 정도 두뇌의 고통을 요구한다.

1부는 코로나19 사태 이후 삶의 장을 새판으로 짜야 한다는 문제 인식을 갖고 시작한다. 모든 것이 무에서 출발할 수 없듯이 존재론적 차원에서 성찰 행위를 이끌어 줄 학문적 자원에 기대어 그것의 전제 조건을 제시한다. 여러 관점과 지점에서 사유된 성찰의 존재론적 의미는 우리의 현재적 조건과 상황을 넘어서는 초월론적 특성을 갖는다. 그 초월은 결국 인간의 존재와 내면으로 향하는 것일 수밖에 없다. 그간 꾸준하게 다방면의 공론장에서 제기해 온 과학기술문명의 과도함과 무한 성장주의적 욕망 구조에 대한 근본적인 성찰들을 참고하여야 한다. 오늘날 암울한 벽으로 가로막힌 현실 속에서 우리는 인류가 남긴 지혜의 주머니를 끌러 볼 필요가 있다.

1장에서는 생활세계의 관점에서 과학기술문명에 대한 비판적 문제 설정을 해 온 현상학의 거인들—후설, 하이데거, 메를로퐁티 등—의 사유 지평에서 존재론적 성찰의 여정을 열려고 한다. 이 거인들이 펼쳐 놓은 존재론적 사유는 다른 어떤 학문보다도 우리의 삶에 구체적으로 밀착해 있다. 현상학은 인간의 삶의 다양성에 관심을 가진다. 그것은 지각에 대한 새로운 이해를 필요로 한다. 이는 '사태 그 자체로'로 돌아가서 그 모든 의미작용 속에서 보다 근원적인 현실을 재생하려고 하는 다차원적인 노력의 도정에 끊임없이 머무르게 한다. 따라서 현상학은 학문이론이기보다는 우리와 세계 간의 관계를 변화시키고 보다 예리한 의식을 포착하기 위한 하나의 방법이다.

이 방법에서 비롯되는 의도를 잘 포착하여 그 방법이 감행하는 사유의 궤적을 쫓아가며 인간 존재의 장소론적 이해를 도모하였다. 즉, 현상학은 방법으로 주어지며, 그렇기 때문에 현상학은 세계에 대한 관점을 전부 함축하고 있다. 하이데거의 '세계-내-존재'라는 관점에서 우리가 어떻게 존재하느냐는 의미를 장소 개념의 관점에서 접근했다. 현상학의 철학적 방법은 체험된 세계를 복원하게 한다. 인간이 지리학적으로 물질적 존재와 맺는 공간이 장소이다. 장소는 사람이나 자연물이 특유한 힘이나 저력을 느낄 수 있는 근거이다. 거기서 빚어지는 인간의 다양한 경지를 발견하는 일 또한 매우 중요하다. 사람이 어느 때 어느 장소에 놓이느냐에 따라 장소적 기운, 잠재성은 다르게 존재할 것이다. 우리는 장소가 세계와의 관계가 구현된 것으로 이해될 필요가 있다.

2장은 삶과 예술에 관한 내용이다. 일찍이 그 시대의 삶을 통해 사람들에게 내려오는 풍습이나 관행이 예술과 결부되어 나타난다. 오늘날에는 마케팅의 일환으로 상업적 영역에서의 예술의 이용이 넘쳐나고 있다. 예술은 삶의 감각적 경험 형태라고 할 수 있다. 랑시에르의 『감성의 분할』을 읽으면서 생각한 아이디어이지만 역사적으로 예술은 '삶으로서의 예술'에서 '예술로서의 삶'으로 이행해 간다고 보았다. 예술은 예술 외적인 것, 즉 세계나 우주 또는 진리와 같은 다른 어떤 것과도 관련을 갖는다. 삶으로서의 예술은 플라톤의 경우에는 그의 형이상학을 기반으로 예술에서의 윤리적 기능에 방점을 찍으면서 사회적 유용성을 강조한다. 즉 예술이 삶의 형태를 취하면서 삶으로서의 예술이 성립한다. 예술의 효과는 개인들과 공동체들의 존재 방식, 삶의 에토스에 관계한다. 아리스토텔레스는 『시학』을 쓰면서 예술의 자율성을 주창하지만 창작에서의 재현의 완전함을 기준으로 예술 내부에서 위계를 형성하는 방식으로—예를 들면 시나 문학과 같은 예술은 회화나 조각과 같은 예술보다는 더 높은 자리를 차지하게 함으로써—몸으로 느끼는 감각과 감성을 배분한다.

그러나 근대 미학의 성립으로 인해 감각의 자유로운 놀이라는 기준에 따라 예술을 식별하게 된다. 그러면서 생동적인 삶의 감각적 특성이 우세해진다. 이제 예술은 삶의 형태를 취할 필요가 없으며 오히려 예술 안에서 형태를 취하는 것이 바로 삶이다. 비로소 예술로서의 삶이 성립한다. 많은 사람들에게 예술로서의 삶은 나르시시즘적이며 피상적으로 보일지도 모른다. 하지만 예술로서의 삶은 미학적인 경험의 어떤 차원을 발견하게 한다. 요컨대 미적 경험은 참되게 되는 법과 참되게 듣는 법을 배우게 한다. 우리는 이 미적 경험 속에서 자유에 대한 감각을 강화하고 고상한 문화를 달성하게 하는 필수적인 교육과정을 발견하게 된다. 이를테면 '미적' 프로그램은 생각을 감각적으로 만드는 것이며 '공감각'의 공동체 형성을 제안함으로써 심미적 삶의 지평이 열린다. 결국 권력이 강제하게 되는 사회적 유용성이나 예술의 위계가 해체되고 미학의 등장과 새로운 감성적 배분이 출현하면서 예술의 본성에 대한 사유가 풍성해지면서 해방을 향한 삶의 기획으로 나아갈 수 있게 된 것이다. 이러한 문제 설정하에서 삶과 예술 사이의 존재 방식을 정리하였다.

코로나19 사태에 대한 위기의 자각과 그 극복의 방식을 둘러싼 탐색은 단순한 문명론적 진단과 그것의 보완에 그쳐서는 안 된다. 우리 사회가 처한 절체절명의 위기에 지혜롭게 대처하면서 삶의 존재론적 전환을 모색하는 여유를 가져야 할 때이다. 2부는 코로나19 사태 이후 그동안 당연시했던 기대와 관례들을 돌아보고 삶의 전환을 예비하는 모색의 과정이라고 할 수 있다. 당연히 그 전환의 문제 인식은 우리가 발 딛고 있는 과학기술문명의 한계를 극복하는 방향으로 이루어질 수밖에 없다. 우리가 삶을 곰곰이 돌아보고 변화시키려고 한다면, 그때 무엇보다 변화시켜야 할 것은 바로 일상의 삶이다. 우리는 그 방향을 놓고도 우왕좌왕할 수 있지만 우리의 삶을 추동해 왔던 욕망 구조로부터 거리를 두고자 한다면 존재론적 전환에 대한 급진적인 상상력이 필요하다. 우리는 '보다 많이'가 아니라, '보다 다르게' 욕망하도록 하는 삶의 윤리적 문제 설정으로 나아가지 않으면 안 된다.

1장에서는 1부에서 언급된 삶의 장소성과 예술 및 미학과의 관계를 통해 삶의 윤리적 전환을 모색한다. 윤리는 삶의 원리를 제시하는 도덕적 판단을 의미하는 것이 아니다. 삶의 자기변화를 의미하는 것이 윤리적 전환이다. 그것은 살 만한 삶으로의 거주함에 알맞은 윤리적 감각으로의 자기변모이자 삶의 심미적 양식에 대한 모색이다. 우리가 살 만하다고 느끼는 것은 감각의 성능을 개선하는 것에서 시작한다. 그 삶의 본질은 자기 자신을 느끼거나 깨닫는 사실 자체에 있으며 그 외에 다른 아무것도 아니다. 다시 말해 이 감각 안에, 또 그것을 통해 그 뭔가가 드러난다. 우리의 정신은 감각화하여 미적인 해명 뒤로 이제 (윤리적) 삶의 형식이 이어진다. 이는 궁극적으로 인간이 지닌 가장 탁월한 능력인 자유를 직접적으로 시사한다.

감각은 신체에 속해 있고, 신체에 의해 그 상태가 결정된다. 만약 신체가 세계를 이해하는 데 가장 '근본적인 도구라면, 그 조건을 향상시킴으로써 세계를 더 잘 배울 수 있고, 이 도구를 잘 사용할 수 있을 것이다. 그런 점에서 미적 체험을 통한 삶의 자기 변화는 감각의 정확함, 건강 그리고 조절을 증강시킴으로써 환경, 존재 방식 그리고 행동원리 사이의 독특한 결합을 확립하려고 하는 프로젝트라고 할 수 있다. 우리가 추구하는 삶은 안락하거나 성공하는 삶이 아니라 좋은 삶이다. 좋은 삶이란 자기 도야의 지평과 목적 그리고 방법을 사유하면서 무엇보다 잘 살아가는 삶이다. 그런 삶으로 자신의 인생을 스스로 만들어 가고자 하는 모든 시도는 하나의 예술 형식이, 즉 예술로서의 삶이 된다.

2장은 코로나19 사태 이후에 삶의 이동성이 제한되면서 '지역', '로컬리티'에 관심을 갖는 정치적 사고에 관한 내용이다. 정치적 사고는 도달할 수 없는 이상향 혹은 일종의 향수로 미화되기 쉬운 탁상공론이나 이론을 위한 이론과 대비되는 용어일 것이다. 한마디로 대의민주주의와는 다른 차원에서 삶의 민주주의에 동원할 수 있는 개념들의 자원으로 정치를 재정립하고자 했다. 지적 유희에 치우친 논쟁이나 이론에서 벗어나려면 '모든 것이 정치로 귀결된다'는 페미니스트들의 구호는 차치하고서라도 실제로 장소성에 터하여 세계를 구성하려는 것 자체가 정치적 행위라고 할 수 있다. 누가 특정 장소에 속해 있으며, 그 장소의 본질·정체성은 무엇이며, 그 장소는 어디까지인가, 누가 이 모든 것을 정하는가 등의 이슈는 결국 정치적인 문제로 귀결될 수밖에 없다. 즉, 정치적 사고를 주체적인 것 자체에서 출발할 수 있는 것이다. 그것이 삶의 민주주의의 중요한 특징이다.

삶의 민주주의에서 구성원들은 사람으로서 평등하다. 현대 사회의 구조의 면에서 바라본 불평등한 개인들에 대한, 지위의 높고 낮음이나 자본의 많고 적음에 관계없이 상호작용 의례는 바로 이 점을 확인한다. 우리는 의견을 나누고 협력하고 문제를 해결하는 등 행위자로서 목표지향적 활동을 수행하는 동시에, 사람으로서 서로를 인정하는 의례를 수행한다. 내가 타인을 이해할 수 있는 것은 제도화를 통해 타인과 공동의 세계, 곧 상호주관적인 세계에 살게 되기 때문이다. 구조와 행위가 만나는 접점이 제도이다. 제도가 없이는 누구도 살아갈 수가 없다. 무엇보다도 제도화되지 않는다면 한 사회 안에 함께 살면서 교섭하는 타인을 이해할 수 없다. 제도는 인간 상호 간의 투쟁을 줄이자는 것이 아니라 그보다 큰 목표는 인간 상호유대의 강조다. 서로 마주 볼 수 있는 사회적 유대의 기반을 조성하는 것이 제도이다.

새삼스럽게도 코로나19 사태가 역설적으로 환기하는 것은 사회적 유대의 중요성이다. 이것은 인도주의에만 한정되는 것을 넘어서 이를 통해서 비로소 인간의 전체성 이해에 이를 수 있다. 그러한 현상은 인간의 복수성을 구성하는 새로운 방식, 즉 권력의 새로운 지평만큼이나 자유의 새로운 기회를 함축할 수 있다. 그리하여 우리는 스스로 자유를 가로막는 속박의 단계—사적 소유에 기반을 둔 신자유주의 이념을 넘어설 수 있을 것이다. 그때가 되면 모든 인류가 자유의 공동체 안에서 다 함께 살아갈 수 있을 것이다. 이런 새로운 의미에서 정치는 윤리에 대해 설명할 책임을 지게 된다. 앞으로 수행할 과제는 고전적이긴 하지만, 정치적 시민의 '자유, 평등, 연대'를 살아 있는 인간의 생명력으로 전환하는 것이다.

이번에 나 자신만의 글쓰기로 다섯 번째 책을 출간한다. 돌이켜 보면 글쓰기는 나의 잡식성 독서 습관에 어떤 돌파구를 마련해 주었다. 이 책은 앞서 출판된 『공간, 문화, 정치의 생태학』에서 덜어 냈던 내용들을 밑

거름으로 하여 새롭게 쓰였다. 공간에서는 장소가, 문화에서는 예술이 더 확장되었다. 특히 원론적인 수준에 그쳤던 정치에 관한 내용은 일상에서의 삶의 전환을 어떻게 이루어 나갈 것인가에 대해 삶의 민주주의라는 관점에서 좀 더 구체적으로 다루었다. 이제 다섯 번째 출간을 눈앞에 두고 있자니 글쓰기는 그 자체로 사유의 실천형식이라는 생각이 든다. 그동안의 작업들을 더듬어 보면, 글쓰기는 확실하게 드러내지는 못하지만 하나의 세계를 배경으로 깔고 있다. 그리하여 내가 무엇을 추구했고 무엇을 이루려고 했는가는 아직도 진행 중일 수밖에 없다. 글쓰기에는 세계로의 사고가 존재한다는 것, 그리고 글쓰기를 통해서만 그 사고는 사유 가능한 지평으로 진입하게 되는 것 같다. 그것은 삶의 전략적 이해를 도모하는 정보적 인지와는 다른 차원이다. 글쓰기는 일상에서 접하는 그것들과 단절하면서 사유하게 하며, 글쓰기를 하지 않았더라면 결코 사유할 수 없었을 그런 것들을 펼쳐 보인다. 아마 이런 것이 존재론적 사유일 것이다.

책이라는 형식의 글쓰기는 일종의 실천이기에 사고의 관념화된 무게를 덜어 주어 삶을 홀가분하게 해 준다. 위기지학爲己之學이라는 말이 있듯이 역시 글쓰기는 자기 자신을 위한 수양임에 틀림없다. 출판사의 편집을 최종적으로 마무리하는 머리말을 쓸 때마다 그 점을 새삼 깨닫는다. 출판 시장의 어려움에도 불구하고 매번 가독성이 떨어지는 글의 출판을 선뜻 허락하고 기꺼이 맡아 주신 살림터 여러분에게 감사드린다. 마지막으로, 바다 건너 이국땅에서 잘 자라 주고 그곳에서 시민으로서 삶의 터를 닦아 가는 딸 아들에게 미안함과 고마움을 전한다.

2021년 3월
석바위 연구실에서

2부 세계가 있는 삶의 예술과 정치

1부

삶의 지평과 예술적 구성

1.
삶의 지평 속으로

지평과 생활세계, 세계-내-존재

코로나19 사태로 우리 사회가 힘들다. 이 터널의 끝이 좀처럼 보이지 않는다. 게다가 사회의 각 분야 곳곳에서는 공정성이 훼손되고 있다며 '기울어진 운동장'이라는 진단이 나온다. 기본적으로 안정되어야 할 삶의 구조가 흔들거린다는 것이다. 부동산, 교육, 복지 등의 특정한 제도를 지목하여 개선한다고 한들 해결될 문제가 아닌 듯하다. 현재의 시점에서 어디를 보더라도 단일한 정책적 발상으로 흔들리는 삶을 한 번에 바로잡는다는 것은 불가능하게 보인다.

포스트 코로나 시대를 맞이하여 우리의 삶을 좀 더 튼튼한 바탕 위에 놓고자 한다면 한 사람 한 사람이 기울어져 있는 자신의 삶 주변을 둘러볼 수 있어야 한다. 그것이 삶의 성찰이 될 수 있는 것은 늘 그 안에 있었으면서도 모르고 지나쳐 온 경험에 대한 '되돌아봄'이기 때문이다. 우리는 지금까지의 삶의 방식을 전면적으로 바꾸어야 할지도 모른다. 각자에게 익숙한 라이프 스타일의 전환을 예비해야 한다. 안타깝게도 오늘날에는 자신의 삶 전체에 대한 기본 이해와 상식이 상당하게 결여되어 있다. 지금 우리에게 필요한 것은 나의 세계에 대한 소양을 계발하는 것이다.

우리는 새로이 태어나서 새로운 욕망과 필요에 따라 삶을 살아가고자 한다. 이때 모든 것을 대상화할 수 있었던 것은 지각과 감각의 경험으로서의 의식 덕택이다. 사실 의식이 탄생한 이래 인간은 끊임없이 자신과 세계, 자신과 타자의 관계, 존재의 의미에 대해 질문했다. 의식은 삶이 나의 삶에 맞게 세상을 고칠 필요에 대한 동기를 가질 수 있다. 그리하여 '지금 이 순간에 살아 있음'이라는, 의심의 여지 없는 인간 존재의 증거를 스스로의 경험으로 확인하는 것이다. 산다는 것은 삶 그 자체를 살펴 나가는 의식의 과정이다.

윌리엄 제임스William James는 의식이 흐름의 구조를 가진다고 은유적으로 기술했다. 그는 또한 경험의 현재 순간은 과거의 요소와 미래의 요소를 포함하는 3중의 시간적 방식으로 항상 구조화된다고 주장했다. 의식은 보다 넓고 지속적인 관점에서 자아를 형성하고 그 환경과의 대사를 가능하게 한다. 인간의 존재를 환경과 대상의 상호 교류의 결과로 본 것이다. 의식의 근거를 사회관계에서 찾는 것과 함께 사회적 기원을 갖는 것이라고 하더라도 가장 높은 인간적 성숙을 가능하게 하는 것은 자아의 힘이다.

자아는 의식기관의 하나이다. 의식은 자발성과 수용성 사이의 영역에서 삶의 경험적 구조들 및 양식을 형성한다. 의식은 단지 자신의 구조에 상응하는 것만을 받아들이며, 그리고 다시 제공한다. 그것은 자아의 의식적인 사유 행위이면서 인간의 실천적인 삶에 깊이 개입하는 지적 능력이다. 이때 행위는 실천적 지향성으로서 무언가를 노려서 그것을 실현하고자 하는 목적론적 활동이다. 인간은 다른 생명체와는 달리 세계와 거리를 둠으로써 세계를 자신의 시선 속에 잡아 두려는 의식의 모험을 감행한다. 모험이란 위험을 무릅쓰고 자신이 원하는 어떤 일을 경험한다는 말이다.

포스트 코로나 시대를 맞이하여 우리의 시선은 삶의 존재론적 성찰로 향할 수밖에 없다. 여태까지 겪어 보지 못한 사태이기 때문이다. 성찰은 주체가 그 자신과 스스로의 활동을 사유 속에서 포착하는 행위를 뜻한다. 이것의 중요성은 현실적인 구속에서 벗어나 보다 본질적인 자기 이해 그리고 세계 이해로 나아가는 것의 계기로 삼을 수 있기 때문이다. 그간의 삶에서 익숙했던 것들이 선입견과 관행으로 작용하기 마련이다. 그럼에도 불구하고 어떤 편견이 개입할 여지가 적은 의식적 형성의 노력이 주제화된다면, 그때야 비로소 성찰의 의식은 가장 직접적으로 존재와 만날 수 있는 장소이다. 진정한 존재의 의미, 진정한 삶의 의미는 무엇인가?

지각의 장, 지평

일반적으로 의식을 일상생활의 실용적 관심과 관련해서 볼 때, 지각은 기본적이며 일차적이다. 우리는 방향 설정을 위해서, 길을 트기 위해서, 무엇을 다듬기 위해서 지각한다. 그것은 지각 자체를 위해서 지각하는 것이 아니라 세계 자체와 대면하게 한다. 모든 인간은 비슷한 신체기관을 갖춘 덕에 공통 지각, 즉 하나의 세계를 공유한다. 우리가 과학 이전에 세계와 지각적으로 마주칠 때, 세계는 구체적으로, 감각적으로, 직관적으로 주어진다. 그리하여 인간과 세계는 서로 따로 떼어 낼 수 없다. 지각은 우리들과 세계가 가장 직접적으로 접촉하는 장소일 뿐만 아니라, 세계 그 자체도 질서 있는 지각을 통해서 비로소 정리된 형태로 나타난다.

지각은 개개의 사물보다는 전체 세계, 즉 그 사물을 포함하고 우리를 둘러싼 세계를 존재 의미의 대상으로 삼는다. '지금 여기'에서 우리의 삶 전체가 어떠한가? 지금 이 순간에 이 공간을 점하고 숨을 쉬고 있는, 살아 있다는 것 자체의 의미가 무엇인지에 대한 물음이다. 결국은 나의 존재를 내가 체험적으로 느낄 수 있게 하기 위한 시도이다. 쉽게 얘기해서 내 팔뚝을 내가 꼬집어서 아픈 것을 느낌으로써 나의 존재를 정의하겠다는 지극히 본능적이고 인간적인 시도인 것이다.

우리는 현실 속에서 어떤 세계를 구축하며 그 세계의 의미는 무엇인가를 물어야 한다. 세계를 존재물음[1]의 대상으로 직접적으로 우리에게 주는 것은 오직 현실적인actual 지각뿐이다. 지금 여기란 상황 속 현재이다. 존재물음은 지각의 장이 펼쳐지는 상황 속에서 가능하다. 그것은 지각을 회복하는 것이며 우리 의식이 받아들인 고유한 방향과 상승을 통해 세계 앞에 서는 것이다. 인간이 있다면 거기에는 반드시 세계가 있다. 이때 세계 개념은 '어떤 것이 주어져 있다'는 존재 의미가 좀 더 강하게 다가옴을 느낄 수 있다. 그 점을 잘 드러내 주는 것이 '지평'으로서의 세계 개념이다. 이것을 단초로 삼아 삶의 의미를 새롭게 다시 묻는 존재물음에 대한 해명을 시작하고자 한다.

우리가 넓은 들판의 한복판에 나가 서 있을 경우를 생각해 보면, 우리

---

1. 현대 철학에서 존재물음에 가장 사로잡혀 있던 인물은 하이데거다. 그는 존재물음을 철학의 "근본 물음", "가장 빼어난 물음", "가장 원칙적이며 동시에 가장 구체적인 물음" 등으로 간주한다. 하이데거는 배후에 있는 변치 않는 세계, 즉 영원한 존재의 세계로 나아가는 전통적인 존재론과 대결하고 그의 한계를 극복하면서 시간의 지평에서 존재를 바라보는 생성의 존재론으로서 해석학적 현상학을 전개한다. 전통 철학이 인간 존재의 완전성(신적 완전성)을 지향하거나 기독교적 교리에 따라 전지전능한 신을 철학에 끌어들이는 것과는 대조적으로, 하이데거의 철학은 인간 실존에 천착한다. 이 말은 곧 인간을 이상화하거나 관념화하지 않을 것, 인간의 실제 모습을 가감 없이 드러낼 것을 철학의 기초로 삼는다는 뜻이다. 전통적인 플라톤의 이데아 같은 초월적 존재론이 아니고 나의 지각 인식에서 출발하는 실존적·경험적 존재론이다. 그는 급기야 실증주의가 지배하는 20세기에 들어서면서 존재물음은 마침내 완전히 망각되고 말았다고 하면서 존재물음을 새롭게 제기해야 할 필요성을 역설한다. 이에 대한 자세한 설명은 이남인 (2014), 『현상학과 해석학』, 서울대학교출판문화원, 158~171쪽 참고.

는 지평이 무엇을 의미하는지 구체적으로 이해할 수 있다. 이 경우 지평은 땅과 연결되어서만 경험될 수 있는 것이 아니다. 우리가 망망대해에 나가 있을 때도 우리는 지평을 갖게 되는데, 이 경우 지평은 두말할 것도 없이 바로 사방팔방으로 펼쳐진 수평선이다. 더 나아가 비행기를 타고 대륙을 횡단할 때도 우리는 나름대로의 지평을 지닌다. 이 경우 비행기 안에 있는 나를 중심으로 펼쳐지는 내 시야의 한계가 바로 나의 지평이다.

일상 언어에서 지평은 일단 시각적인 것을 지칭하며, 구체적으로 말해 그것은 어떤 한 주체가 볼 수 있는 범위, 즉 '시야의 한계'를 의미한다. 실제로 지평의 예는 무수히 많다. 그 이유는 주체가 어느 곳에 서 있을 때나 그는 나름대로 시야의 한계를 지니게 되는데, 바로 이러한 시야의 한계가 바로 지평이기 때문이다. 예컨대 인간이 좁은 산비탈에서 평지로 나가면 지평선이 열린다. 산꼭대기에서 바라보면 지평선은 넓어지고, 우리의 시선이 넓게 펼쳐진 평지를 훑으면 엄청난 범위로 확대된다. 그런데 희한하게도 인간은 결코 자신의 지평선을 넘지 못한다. 지평선은 언제나 수평이기에 인간이 서 있는 높이에 머물러 있다. 지평선이란 말은 그리스어 어원에 의하면 '둘러싸다'라는 뜻이라고 한다. 지평선은 인간의 시야를 둘러싼다.

그런데 인간 거주지인 열대우림은 사방을 뒤덮고 있어 하늘과 땅이 차이가 나지 않는다. 지평선이 없기 때문이다. 저 멀리 펼쳐진 풍경도 없다. 위로 하늘이 있고 아래로 지하 세계가 펼쳐진 땅 위에 산다기보다는 오히려 사방을 뒤덮은 하나의 요소 안에서 살고 있는 셈이다. 열대우림의 환경이 지각에 미치는 효과로는 전망의 감소를 들 수 있다. 눈에 보이는 것은 모두 가까운 곳에 있는 사물이다. 이런 환경에서 살아온 사람들이 열대우림 밖으로 나가면 거리감에 당황스러워하고 나무가 없고 기복이 뚜렷한 지형에 당황한다고 한다. 원근의 단서를 읽어 낼 수 없는 듯하다.

시야를 통해 반응하는 일은 다른 감각으로 세상에 반응하는 것과 다르다. 이를테면 보는 것은 '객관적'이다. 눈은 시각장을 탐사하면서 특정 대상들이나 초점을 맞출 지점들, 전망을 추상화한다. 설령 개개의 사물을 지향하는 경우에도 지각은 지평으로서의 세계를 포함하고 있다. 따라서 감각은 지각을 통해서 우리의 과거 경험과도 결부되고 세계라는 전체성과도 결부된다. 일반적으로 우리의 감각 인상은, 단순하게 보이는 기능 속에서도 자연히 종합성을 포함하는 종합적인 지각 이전에 존재할 수 없고, 그 지각과 떨어져서 존재할 수도 없다. 즉 감각 인상은 우리에게 결코 직접적이지도 않고, 그 자체만으로 독립된 것도 아니다.

우리가 눈에 보이는 모든 것을 보고 있는 것은 아니다. 그저 각자의 지향성이 가닿은 대상의 조합만으로 구성된 세계를 인식할 뿐이다. 우리는 어릴 적 살았던 시골집을 떠올릴 때 집 주변의 풍경들도 함께 생각하게된다. 그것은 집과 풍경이 나름의 의미 연관 속에 있기 때문이다. 이 연관의 실마리는 바로 내가 했던 경험의 실천적 가능성에 놓여 있다. 우리는 그 세계를 최대한 있는 그대로의 존재 그 자체로 받아들이는 열린 태도에 주목할 필요가 있다. 지평의 세계는 넓은 시야와 자유롭게 공간으로 나아갈 수 있는 바탕을 펼쳐 놓는다. 후설Husserl은 인간이 이런 세계를 경험적으로 의식함으로써 존재할 수 있다고 보았다. 이때 세계는 좁게는 말 그대로 우리가 살아가는 이 세상일 수 있으며, 넓게는 인간을 둘러싼 환경 전반으로 확대될 수 있다. 후설은 이렇게 인간의 존재 양상과 조건을 의식을 통해 세계를 경험하는 것으로 보았다.

세계는 인간 행위를 배경으로 사건이 펼쳐지는 지평이다. 인간과 더불어 지평으로 주어진 하나의 세계가 있다면, 그 세계는 어떤 추상화된 개넘이 아니라 철저히 주관적 체험의 역동성과 다양성 속에서 드러나며 삶을 펼치는 생동적인 구조로 이해된다. 왜냐하면 우리 모두 혹은 그들 각자는 다른 시간성을 살아가는 존재들이기 때문이다. 그래서 같은 공간에서 함께 보고 들은 해석이 그토록 분분한 것이다. 그러므로 세계는 언제나 불투명한 채 관점적으로 나타난다. 이를 상호 주관적인 부분이라고 하며, 공통 주관적이라고도 한다.

지평의 세계는 자연과학적 태도를 절대화하는 과학주의적 세계관에 대한 비판을 염두에 두고 있다. 즉, 인간적 삶을 고려하고 이와 연관성을 지닌다. 과학이나 과학주의는 세계에 관한 한 가지 이해 방식에 불과한 것이다. 세계는 자연과학적인 의미에서 등질적인 대상들의 총체로서의 세계가 아닌 주관적 경험에 의해 의미 부여된 관계적 세계로서, 이른바 '지평'으로서 파악된다. '미리 주어져 있음'으로의 지평은 직접적 경험 속에서 주어지는 지각 세계로서 주관연관적인 세계인 것이다. 그것은 보다 구체적으로 주관과 객관이 하나로 통일된 세계 개념을 제시한 것이다. 지각되는 모든 것들은 이미 우리 존재와 불가분의 통일성을 이루고 있다.

이것은 주체-객체의 이분법을 넘어서는 것이다. 근대의 인식론적인 주체-객체 구조는 존재하는 모든 것을 주체에 대응하는 인식 대상으로 환원함으로써 인간과 세계를 소외시키는 결과를 불러왔다. 인간에게 주어진 세계 전체가 자연과학적 사고에 물들지 않은 의미론적 차원에서 경험될 때, 인간의 문화적 존재성이 실현되는 과정으로 이해하게 된다. 인간의 문화적 존재성은 주체와 객체를 이분법적으로 도식화하는 태도에서 벗어났다는 것을 뜻한다. 오직 스스로 역동적이고 끝없이 유동하는 존재자로서 존재하는 자이다. 그것은 세계를 어떤 추상화된 개념이 아니라 철저히 주관적 체험의 역동성과 다양성 속에서 드러나는 생동적인 구조로 이해하는 것이다.

지평은 임의적으로 형성되거나 우연적으로 나타나는 것이 아니다. 지평은 일종의 '규칙구조'를 지니고 있으며, 나름의 규칙성을 지닌 채 형성된다. 예컨대 집 한 채에 관한 파악조차 단 하나의 지각으로 우리에게 주어진 것이 아니다. 그것은 어떤 일정한 규칙에 의해 서로 결합하고 서로 관련된 일군의 지각이다. 관찰자로부터의 거리가 멀리 떨어져 있는지 가까운지에 따라, 관찰자의 관점과 시야가 어떠한지에 따라, 그리고 조명의 여러 조건들에 따라 그 집의 외관은 끊임없이 그 모습을 변화시킨다. 하지만 대단히 다양한 이들 외양 전체는 그럼에도 불구하고 집이라는 하나의 표상인 것이다.

마찬가지로 지평의 세계에서도 합리적인 것의 규칙성을 인정하는 것이 중요하다. 왜냐하면 질서에서 아름다움이 나오기 때문이다. 예컨대 음악에서는 음의 질서 정연한 음향, 춤에서는 규칙에 맞는 운동, 시에서는 길고 짧음의 철음綴音의 규칙적인 연속 등 질서 정연함이 미적인 즐거움을 가져다주듯이, 삶의 규칙성이 심미적 삶을 이루는 매트릭스matrix일 수 있다. 이렇게 삶의 아름다움은 감각적이고 지각적인 것에서 '논리적인 것'이 드러나는 것이고, 이때 예술이란 조화롭게 연결된 세계의 감각적인 드러남이다. 그런 점에서 보면, 지평의 세계가 일종의 규칙구조를 갖는다는 것에 주목할 필요가 있다. 거리의 풍경을 담은 그림에서 보이는 원근법적 이미지가 그 한 예이다. 화가의 눈에 들어온 세상이 그림으로 재현될 때, 화가는 원근법적 구도의 질서를 의식하면서 세심한 작업을 하게 된다. 여기서 가장 중요한 관점이 '규칙적으로 이루어진 것'이라는 점이다.

삶의 지평으로서의 생활세계

지평은 일상적으로는 한계, 시야, 영역, 세계관 등의 의미로 쓰인다. 또한 내가 속한 친숙한 공동체는 모두 하나의 지평의 세계를 이룬다. 가령 가족, 학교, 지역, 동호회, 민족, 국가 등의 특수한 개별 세계들이 하나의 지평으로 그때그때 내게 주어질 수 있다. 후설은 지평을 주관 연관적으로 해석하면서, 주관의 '경험 가능한 활동의 장' 혹은 '나의 경험의 가능성의 총체적 의미연관'으로 이해한다. 여기서 지평의 가장 큰 특징은 가변성이다. 지평은 비록 한계성이라는 기본적인 의미를 함축함에도 불구하고 부단히 그 한계가 확장될 수 있다는 특징을 지닌다.

삶의 지평은 모든 인간 활동의 바탕인 삶의 테두리를 구성한다. 삶의 테두리는 크든 작든 그 나름의 세계에서 사는 것이다. 이 세계는 삶을 영위하기 위해서 필요한 여러 물질적·사회적·인간적 조건이 충족되는 범위를 포함하는 생활의 공간이다. 예컨대 내가 사는 집의 존재는 집과 집 밖을 포괄하는 동네라는 지평에, 그 동네는 인천이라는 지평에, 그 인천은 한국이라는 지평에, 한국은 지구의 지평에, 지구는 태양계에, 태양계는 우주에 의거한다. 이와 같이 현상적인 개별 세계들은 모두 그 경계를 포괄하는 보다 더 큰 지평을 통해 원근법적으로 전개됨으로써 그 상대적 존재의 의미를 확인받게 된다. 그런 식으로 계속 경계를 동심원적으로 확장해 나가다 보면, 결국 상대적인 것 일체를 포괄하는 삶의 테두리 전체에 이르게 된다. 다시 말해 지평의 전개가 원근법적으로 열림으로써 어떤 한 대상이 그 주체에게 드러날 수 있는 가능적인 의미의 한계를 의미한다.

지평으로서의 세계가 삶의 테두리로 나타나는 것은 물론 단기간에 형성되는 것이 아니라 오랜 기간에 걸쳐 이루어진 것이며, 주관이 임의적으로 선택한 것도 아니다. 이런 점에서 지평선은 일종의 역사성을 함축한다. 그러므로 지평의 형성에는 미래적 가능성보다는 과거에 축적된 경험적 지식, 기억이 핵심적인 역할을 한다. 쉽게 말해, 지평은 우리 습성의 상관자인 것이다. 이렇게 해서 인간의 역사적 지평의 파악은 존재론적 인식이 된다. 이런 식으로 나의 실천적 경험이 어떤 규칙적인 질서 속에서 이루어지는 것이다.

삶의 테두리는 정서적 공동체를 배경으로 하므로 친숙감과 친밀감 속에서 주어지는 세계이다. 인간과 세계의 긴밀성은, 우리가 이 세계를 하나의 인식적 대상으로 보는 것이 아니라 실천적인 일상적 삶의 세계로 받아들임으로써 친숙감과 친밀감을 가지고 정서적으로 느끼는 세계라는 데그 핵심이 있다. 우리에게 너무나 익숙하기 때문에, 오히려 지평선은 거의 의식되지 않는다. 갑자기 불안이나 경악, 권태와 같은 기분이 엄습할 때, 우리는 평소의 친숙한 삶의 틀이 교란되면서, 이제껏 의식하지 못했던 지평의 세계성을 의식하게 된다. IMF 사태와 같은 금융위기, 양극화에 따른 사회 경제적 위기를 겪고 나면 우리가 발 딛고 사는 이 세계가 그리 튼튼하지 못하다는 것을 새삼 깨닫는다. 그뿐 아니라 자연재해, 즉 지진과 홍수가 나고, 눈과 얼음과 바람에 덮여 살길이 끊기고 하는 일이 쉼 없이 일어난다. 그래선지 우리는 주변에서 미래의 파국을 경고하거나 변화를 촉구하는 이야기를 드물지 않게 접한다. 그러한 내용들은 우리를 잘못된 기대로 내몰거나 위기에 더 둔감하게 만들기도 한다. 그러함에도 삶은 지속되어야 한다. 확실한 것은 어떤 안정된 질서가 없이는 사람이 제대로 살아갈 수 없다는 것이다.

이 지평의 세계는 삶의 테두리로서 주관의 삶 전체를 규정하면서, 개개 주관에게 삶의 안정감과 친숙감을 부여한다. 말하자면, 우리의 삶에 신뢰와 질서를 가져다준다. 우리가 일상적으로 별다른 두려움과 긴장감 없이 삶을 영위할 수 있는 것도 바로 이러한 삶의 공간이 있기 때문이다. 우리는 이 지평선에 따라 세계를 바라보고, 이해하고, 또 경험한다. 지평선은 인간을 가두는 경계선으로만 머물지 않는다. 지평의 세계는 경계선이지만 제한하는 경계선이 아니다. 그것은 뒤로 물러나면서 우리를 먼 곳으로 유혹한다. 지평선의 이중적 성격에 대해 반 퍼슨은 이렇게 말했다. "지평선은 인간이 결코 도달할 수 없는 한계지만 그 못지않게 인간이 바라보고 소망하면서… 자신을 확장시켜 나가는 영역이기도 하다." 지평이 지닌 개방성과 확장성은 모든 사람에게 공통된 하나의 보편적 세계로 이어지며, 바로 이 점에서 지평으로서의 세계가 지닌 보편성이 드러난다.

후설은 이러한 삶의 지평이 사람들의 일상이 이루어지는 생활세계이며, 이곳이 바로 진리의 전제 조건이라고 한다. 생활세계는 학문적 이해가 수립되기 전에 우리에게 나타나는 세계이다. 그곳은 각자 살고 있는 구체적 실천 상황으로서의 생활세계이다. 생활세계의 주역은 세상 사람들이다. 과학자들의 세계관에 입각한 지식의 세계가 아니라 세상 사람들에 의해 구성되고 재생산되는 상호 주관적인 공간이다. 생활세계는 사람들의 일상이 이루어지는 곳으로, 우리가 사물이나 사람들과 관계 맺으면서 일상적으로 살고 있는 구체적인 세상이다.[2] 그것은 세상 사람들의 지각에 그대로 나타난다. 생활세계는 우리가 지각하는 바로 그것이지 다른 것일 수는 없다.

생활세계는 실제적인 경험 가능성의 세계이자 원칙적으로 직관할 수

---

2. 후설의 생활세계의 일상성에 대해서는 졸저 『공간, 문화, 정치의 생태학』, 살림터, 168~174쪽 참고.

있는 세계이다. 그 세계를 탐구하는 현상학은 "사태 자체로!"라는 구호에서 출발한다. 우리는 생활세계에서 이미 사태에로 나가 있다. 이미 제기된 바인 삶의 성찰로 나아가는 존재물음은 "사태 자체로"인 존재자를 토대로 이루어진다. 그것이 일종의 탐구인 한, 현상학은 모든 것이 의식에 어떻게 드러나는가에 대한 탐구를 바탕으로 우리가 생각할 수 있는 의미 혹은 가능한 모든 인식을 검토하고 이해하고자 한다. 동일한 사태를 보는 방식의 전환을 통해서 다시 파악하는 것이기에, 사실 이 전환은 자기극복의 방향에서 드러나는 사건이다.

현상학적 사유는 인간과 세계의 사실성을 있는 그대로 탐구하는, 즉 이들의 본질을 파악하는 사고이다. 곧 의식에 주어진 현상의 탐구가 본질 파악으로 들어가는 진입로이다. 진리는 멀리서 찾아내야 할 절대불변의 이데아가 아니며, 우리가 이미 진리의 내부에 들어와 살고 있는 것이다. 따라서 생활세계의 이론은 학문적 추상화 작업의 독점물이 아니라 살아가는 이들의 삶의 이야기 속에서 구성되고 체계화하는 이론을 말한다.

물론 각 개체별로 각각의 한계를 가진 상태의 이념적 지식이 가능하고 그에 따른 직관이 가능한 것이다. 이 경우 이 세상을 묘사하면서 갖게 되는 부정확하고 애매한 성질의 탐구를 유한하거나 순간적이며, 그래서 임시적인 것이라고 생각해서는 안 된다. 이 세상의 삶이 가지고 있는 부정확성, 애매성 그리고 부족한 그 모든 것들의 내적 의미를 파악해야 하며, 삶의 지평에서의 인격적 만남의 자리를 통해 이 세상의 참된 진리를 나타내게 될 것이다.

생활세계는 상호 주관적으로 구성되는 역사적이자 문화적인 세계이고, 끊임없이 '생성했고 또 생성하고 있는' 공동세계를 의미한다. 실천 상황으로 조감되는 생활세계는 실천에 매개되는 것과 동시에 실천을 매개하는 역할을 수행하기 때문에 어떤 단일한 해석과 합의는 없으며, 오로지 실천하는 대로 존재한다. 실천하며 움직이고 있는 상황에 대해서는 그 움직임 속에서 말하는 수밖에 없다. 인간은 세계 속에서 상대적으로 가치가 있는 생을 살아갈 수 있을 뿐만 아니라, 즉 어떤 문화를 산출할 수 있다. 뿐만 아니라 인간은 언제나 의미의 열려진 지평 속으로 들어가 산다고 하는 점, 인간은 개인으로서든 공동체로서든 점차로 높아져 가는 등급의 가치 목표를 설정함으로써 지금보다 지적으로 완성된 인류가 될 수 있다. 이와 상관적으로 언제나 한층 더 아름답고 한층 더 좋은 세계를 형성할 수 있을 것이다.

세계-내-존재가 된다는 것

인간의 삶은 일상으로 주어진다. 생활세계가 다람쥐 쳇바퀴 돌듯, 하루하루 반복되는 삶을 우리는 일상이라 부른다. 일상 세계는 우리에게 친숙한 세계이다. 경험이 일어나는 삶의 자리인 것이다. 우리는 대부분의 시간을 일상 세계에서 일상적인 것들을 경험하며 산다. 구체적이고 안정감 있고 가까이에 있는 삶이 일상이기도 하지만, 동시에 타성적이고 권태롭고 힘겨운 것이 우리네 일상이다. 이러한 일상은 우리의 삶을 가능하게 해 주지만, 결코 자신을 드러내지 않으면서 묵묵히 나를, 그리고 우리를 지탱해 준다.

세계-내-존재In-the World-Being가 된다는 것은 우리가 어찌 되었든 일상에 파묻혀 살 수밖에 없다는 사실, 즉 그러한 '일상의 발견'에 있다. 세계-내-존재란 무엇보다도 우선 일상적인 존재자이다. 우리의 삶은 분명 일상 세계에서 꾸려지고, 이는 일상 세계야말로 우리로 하여금 존재 의미에 눈뜨게 만드는 유일무이한 삶의 자리이다. 인간이란 결국 일상적인 존재자일 수밖에 없다. 일상은 작고 사소하고 초라할 수 있는 의미들이 매일같이 차곡차곡 쌓인 곳이므로 꾸밈없는 인간의 모습을 발견할 수 있는 곳이다. 우리는 친숙함을 통해 존재자의 고유함에 눈을 뜨게 된다. 친숙한 존재자의 고유함에 눈을 뜨면서 우리는 우리 자신의 고유함에도 눈을 뜬다. 일상의 무대는 있는 그대로의 삶을 우리에게 보여 준다.

그렇다면 우리는 일상의 존재 의미에 눈을 돌려야만 한다. 우리는 일상을 사유함으로써 인간이 만든 의미 세계로 가는 길에 들어설 수 있다. 하지만 익숙하고 낯익은 일상 공간에서 존재 의미를 발견하기는 쉽지 않다. 일상 세계는 우리에게 존재 의미를 드러내면서 동시에 감추는 역설적인 세계이기 때문이다. 결국 우리에게 가장 친숙한 세계가 실은 가장 이해하기 힘든 역설로 가득 찬 기이한 세계인 셈이다. 우리는 그 역설 속에서 자신의 존재 의미를 발견한다. 우리 자신이 실은 일상의 구체적인 상황 속에서 삶을 영위하는 세계-내-존재인 것이다. 일상에 매몰되거나 혹은 일상으로 환원할 수 없는 존재 의미에 주목하는 것은 삶과 존재를 대하는 우리 태도의 문제라고 할 수 있다. 일상 공간의 의미를 발견하기 위해서는 무엇보다 먼저 낯익은 공간을 낯설게 바라보아야 한다. 그래야 세계-내-존재가 되는 것이다. 익숙함과 낯익음에서 벗어나야만 일상 공간 속 의미 탐색의 여정을 시작할 수 있다.

오늘날 과학적 인식이나 기술적 관심이 이미 우리의 생활세계를 깊이 규정하고 있다. 사람은 누구나 쓸모 있는 삶을 살아야 하는 것은 당연하다. 함께 더불어 산다는 것은 개개인이 각자에게 맞는 기능과 역할을 제대로 할 줄 알기 때문이다. 그런데 인간이 가지고 있는 능력이나 역량을 경제적 가치로 따져서 하나의 자원으로 보는 삶의 태도가 너무나도 횡행하고 있다. 일상을 발견하는 세계-내-존재가 된다는 것은 (우리 스스로

가 사로잡혀 있기도 하지만) 인적 자원화하는 삶의 흐름을 끊어 냄으로써 비로소 가능하다. 사회적 효율성을 추구하는 이러한 태도를 서슴지 않고 받아들이는 것에 대해 단절을 취하는 것이 현상학적 태도 변경의 관건이다. 왜냐하면 우리는 세계에 있는 그 순간 그대로 인식하기에는 실리에 민감한 세계에 밀착되어 있다. 그래서 의미 있는 전체로서의 세계와의 사실적 관계를 추구하는 의식의 형성이 순조롭지 않다. 그 의식은 세계에의 개시 능력을 새롭게 결의적으로 떠맡는다. 물론 현상학적 태도로의 변경은 간단치 않다. 예를 들면 종교적 개종에 비유할 만한 일종의 수행 과정이 뒤따른다.

우리는 성과와 정보력에 매달려 자기계발에 몰두하는 삶을 아무런 거리낌도 없이 받아들이고 있다. 이러한 사회적 환경을 당연시해서는 생활 세계를 드러내는 의식이 형성될 수 없다. 생활세계는 인간이 살아가는 현실에 존재하는 '이루어진' 세계이다. 생활세계의 그런 이루어짐의 과정은 일차적으로 인간의 감각에 최초로 직접적으로 나타나는 주관적 의미의 세계이자, 원초적 지각으로 주어지는 지평으로서의 세계이다. 바로 그 세계 내에 존재하려면 단순히 관행적으로 당연시하는 태도와의 소박한 인연을 끊어야 한다. 이 단절을 획득하는 것이 현상학적 환원[3]의 목표이고, 그와 동시에 역설적으로 환원은 끊임없이 이루어지지 않으면 안 되는 수행의 과정인 것이다.

우리가 이미 이루어진 지평적 세계를 관통하는 성찰의 활동을 열어 가기 위해서는, 즉 세계-내-존재가 되려면 사유의 활동 공간을 확보해야 한다. 그것은 부분이 전체에 귀속되는 지평적 의미의 매개 활동과는 완전히 성격이 다른 활동이다. 지평의 매개적 기능은 경험의 개방성을 나타내는 구체적인 활동인데, 이 활동은 오늘날 '시선의 논리'라고 불린다. 하지만 현상학적 환원 수행의 활동은 우리 경험의 근저에서 언제나 이미 활동하고 있는 일종의 매체 활동이라고 할 수 있다.[4] 매체는 그 자체가 주제화되는 일 없이 다른 것을 주제화하게 하는, 혹은 그 자체가 드러나지 않고혹은 숨김으로써 다른 것을 드러나게 하는 활동을 한다. 이것은 그 유명한 게슈탈트 심리학에서 전경과 후경의 관계를 살펴보면 알 수 있다. 이경우, 동시에 시선을 두 군데에 집중할 수 없다. 전경으로 형태가 나타나는 것은 언제나 후경(매체)에 대한 시선을 거둘 때뿐이다. 전경과 후경, 다시 말해 형태와 매체의 관계로 이해할 수 있다. 이를테면 공기는 소리의파동을 받아들이고 전달해 줄 수 있다는 점에서 매체로 적합하다. 해변의 모래알은 느슨하게 결합되어 있기는 하지만 발자국 형태가 새겨질 수있다는 점에서 매체이다.

마찬가지로 모든 인상들을 선입견 없이 개방하며, 자신을 그렇게, 사물을 '있는 그대로' 서술하는 매체의 활동도 가능한 것이다. 그것은 현상학

---

3. 현상학자들은 나타남의 구조와 양상들에 관한 물음과 그것의 존재 탐구를 대단히 중요하게 생각한다. 현상학은 이것을 현상학적 환원을 통해서 성취한다. 후설은 현상학적 환원의 절차를 에포케(epoché)라고 부른다. 에포케의 목적은 실재를 의심하거나, 부정하거나, 포기하거나, 고찰에서 배제하는 것이 아니다. 오히려 그 목적은 실재에 대한 독단적인 태도를 중지하거나 중화하는 것인데, 이렇게 함으로써 우리는 주어지는 대로— 실재가 경험 속에서 우리에게 그것의 나타남을 만드는 방식—실재에 더 좁고 더 직접적으로 초점을 맞추게 한다. 간단히 말해, 에포케는 실재에 대한 태도의 변화를 수반하는 것이지, 실재의 배제를 수반하는 것이 아니다. 에포케의 결과로서 배제되는 유일한 것은 어떤 소박성, 즉 세계를 단순히 당연한 것으로 받아들이고 그렇게 함으로써 의식의 기여를 무시하는 소박성이다. 이것에 대한 좀 더 자세한 설명은 숀 갤러거·단 자하비 (2013), 『현상학적 마음』, 박인성 옮김, 도서출판b, 49~59쪽 참고 바람.
4. 매체는 먼저 보편적 의미에서 주체와 객체 사이의 매개의 심급을 의미한다. 의식을 매체로 규정한다면 후설에 의해 환기된 주체성의 "순수성"은 더 이상 인간적인 것도, 그렇다고 신적인 것도 아니다. 오히려 그것은 그것의 흐르는 시간성에서 하나의 매체이다. 동시에 이 "매체를 통해" 현실과 함께 의미와 의의가 나타난다. 우리가 매체를 의미와 의의의 담지자로 이해한다면 의식에게 실제로 매체의 위상을 부여할 수 있다. 페르디난트 펠만(2014), 『현상학의 지평』, 최성환 옮김, 서광사, 165~169쪽 참고.

적 사유에서의 의식의 흐름을 매체화하는 것이다. 이를테면 의식의 지향성은 생활세계의 구조에 관한 측면을 한층 심화하고자 하는 방향을 향해 가는 것이다. 즉 의식의 지향성은 생활세계의 모든 경험에서 그 경험에 수반하는 보이지 않는 매체이다. 매체는 형태로 드러난 것을 읽을 수 있게 하고, 들을 수 있게 하고, 볼 수 있게 하고, 지각할 수 있게 한다. 그런 점에서 매체가 메시지이고, 매체가 우리의 상황을 규정하며, 우리가 알고 경험하는 것은 오로지 매체를 통해서만 가능하다는 것이다. 아무리 작은 일상적인 일이라도 의식의 지향성이 없이는 생활세계적 경험으로 다가오지 않는다. 생활세계를 자신의 형식에 따라 매체 세계로 인식한다는 것은 생활세계에 숨겨져서 작동하는 구조나 목표 등을 주제화하는 것이며, 생활세계적 경험이 갖는 개방성이나 과정적 성격을 추려 내는 것이다.

현상학적 환원 수행으로 확보된 사유 공간은 이렇게 매체의 기능을 함으로써 자기와 주위세계를 매개하여 생활세계로의 열림을 구조화한다. 생활세계의 매체적 해석은 개념적 구성이 아니라 그 안에서 인간이 살아가는 현실이다. 현상학적 환원을 수행하면 수행할수록 우리는 그 세계 내에 존재한다는 사실을 깨우친다. 그와 함께 우리가 타인과 함께하고 있다는 사실도 깨닫게 된다. 인간은 그 세계와 맞물려 형성될 수밖에 없다. 다시 말해 세계-내-존재가 되어 가는 것이다. 신영복의 「봄꽃」[5]은 현상학적 환원 수행을 통해서 세계-내-존재가 되는 것이 어떤 것인가 하는 일면을 보여 준다.

언덕에 봄꽃을 피우고 있는 섬진강도 강물은 아직 차디찹니다.

---

5. 신영복(2007), 『처음처럼』, 랜덤하우스, 65쪽에서 인용.

강물에 조용히 손 담그면 팔뚝을 타고 오르는 한기가

아픈 추억과 함께 전율처럼 가슴을 엡니다.

대상을 바라보는 행위는

동시에 자신의 추억을 돌이켜보는 것인지도 모릅니다.

작은 봄꽃 한 송이를 기뻐할 수 있기 위해서라도

우리는 아름다운 추억을 가져야 합니다.

하물며 비뚤어진 우리들의 삶을 바로잡는 일 없이

세상의 진정한 봄을 맞이하기는 어려운 일이 아닐 수 없습니다.

현재에 대한 과거의 위력은

미래에 대한 현재의 의미를 증폭시킴으로써

완결되는 것이기 때문입니다.

위의 글은 전체적으로 존재물음의 의식적 전개 과정을 보여 주고 있다. '대상을 바라보는 행위'의 의식 형성은 현상학적 태도로의 변경을 시사한다. 그것은 '언덕'과 '섬진강'이라는 지평의 세계를 열면서 동시에 추억을 향한 의식의 작용을 추동한다. 특히 "하물며 비뚤어진 우리들의 삶을 바로잡는 일 없이/ 세상의 진정한 봄을 맞이하기는 어려운 일이 아닐 수 없습니다"에서 의식의 현상학적 환원 수행의 필요성을 역설하고 있다. 그것은 스스로를 매체화하여 일상에 함몰되지 않는 자기 존재의 목소리에 귀 기울이는 것이다. 그러면서 과거-현재-미래에 대한 시간적 존재로서의 존재물음을 성취하고 있는 것이다. 그리하여 세계에 던져진 존재로만 머무는 것이 아니라, 세계를 형성하는 자기 존재가 비로소 드러난다. 인간은 내면적·영적 존재가 아니라 이미 세계 안에 던져진 존재요, 세계 안에 있는 존재이다. 「봄꽃」과 같은 그러한 세계가 존재한다는 사실은 현상학적 환원 수행을 통해서 드러나는 경이로서, 신비로서 진리가 된다.

현상학적 환원 수행에서 의식은 더 이상 자기 자신에게만 주어지는 사적 주관성, 유일한 구성자, 절대적 자기의식이 아니다. 의식은 세계와의 관계로 기술된다. 기술한다는 것은 무언가를 구성하거나 새롭게 구축한다는 것이 아니다. 기술은 있는 그대로 표현하는 것이다. 그러니 실재하는 것을 표현하는 것은 '사실성' 이외에 다른 것이 될 수 없다. 그런 의미에서 실재는 대상적 사물과 같이 독립되어 있지 않고, 상황 속에서 그때그때 자신을 드러낸다. 현장이란 상황을 의미한다. 하나의 사건이 나타난 시공간적 배경이 현장이다. 즉 현장은 현상적 사실이다. 나타난 사실은 맥락 또는 배경이라고 불리는 상황 속에서 드러나기 때문이다. 그 상황에서 기술되는 대상은 인식의 대상이 아니라 지각되고 체험되는 대상이다.

메를로퐁티Maurice Merleau-Ponty는 지각을 인식의 영역에 두지 않고 존재론적 차원에서 해석하는 방법을 선택한다. 존재의 본질은 사실성에 있고, 그것이 무엇인지 아는 것은 이성의 판단이 아니라 온몸으로 지각하는 체험에 의해서다. 존재는 인식이 아니라 체험으로 내게 알려진다. 그것도 온몸의 감각들이 동시에 작용하는 공감각적 체험이다. 현상학적 사유는 인간과 세계의 사실성에서 인간과 세계의 본질로 이행하는 사고방식이다. 그것은 지각과 신체와의, 지각과 세계와의 살아 있는 관계에 의해 탐구해야 하는 것이다. 사물과 세계는 내 신체의 부분들 사이에 살아 있는 연결에 의해 나에게 주어진다. 신체가 지각의 주체라는 점에 이의를 달 수 있는 사람은 거의 없다.

인간은 자신을 세계 안에 위치시킴으로써 정체성을 추구하는 원초적 욕망을 추동한다. 인간은 개체적 존재로서 자신을 발견하고 형성하는 일을 운명으로 받아들이지 않을 수 없게 된 것이다. 우리가 스스로를 이해한다는 것은 세계를 이해함을 전제한다. 나의 몸, 직업, 언어, 타인들과의 관계 등과 같은 실타래들이 중첩됨으로써 형성되는 나의 정체성은 일정한 세계 안에 제대로 자리 잡을 때 보장된다. 그리고 여기에서부터 자아라는 관념이 형성된다.

하이데거가 그랬던 것처럼 자아는 '세계-내-존재'를 통해 창조된다. 세계는 우리를 둘러싼 주위 환경이 시공간적으로 확장된 전체라고 이해할 수 있다. 하이데거는 존재가 무엇인지, 무엇으로 구성되는지 알려고 하지 않으며, 오히려 그는 인간이 어떻게 세계의 전체성에 마주하는지 묻는다. 그리하여 전체로서의 세계가 인간에게 세계 자체로 주어진다. 이와 함께 인간은 매체적 존재로서 역할을 수행한다. 단지 인간만이 그의 태도와 삶의 형식을 통해 세계 지평이 나타나도록 도움을 줄 수 있다.

한 개인은 구체적 상황에서 태어난다. 그의 몸은 일정한 시공간적 현실 속에 던져지는 것이다. 우리들은 신체를 갖고 있는 것이 아니라, 신체 그 자체를 살아가는 것이다. 살아서 활동하는 이상 의식은 세계를 향해 작용하지만, 그러한 의식의 기반이 되어, 따라서 지평을 얻음으로써, 비로소 의식은 이 세계 속에 자기의 위치를 차지하고, 각각 특정한 견해를 갖춘 현실적 의식, 구체적인 나의 의식이 된다.

인간 존재의 장소론적 이해

"다음 주까지 리포트가 있습니다. 지금 자기가 살고 있는 동네를 여행해 보는 거야. 평소에 그냥 무심코 지나치던 동네 골목들, 길들, 건물들… 이런 걸 한번 자세히 관찰을 하면서 사진으로 기록을 남겨 보세요. 자기가 살고 있는 곳에 대해 애정을 가지고 이해를 시작하는 것, 이것이 바로 건축학개론의 시작입니다." 영화 〈건축학개론〉에 나오는 대사이다. 우리는 이미 특정한 땅에 살고 있다. 개인이 필요로 하는 것은 단지 땅덩어리가 아니라 바로 장소이다. 장소는 인간 존재에 매우 근본적이기 때문에 결국 장소 없이 세계를 사고하는 것은 불가능하다. 역으로 세계 자체가 장소에 대해 사고할 수 있는 가장 좋은 원천이기도 하다.

장소는 인간 존재가 자신을 객체화하는 계기이지만, 장소 안에서 인간은 또한 자기 자신을 이해한다. 장소 안에서 자기를 발견한다는 것은 바로 이를 말하는 것이다. 공간 속의 장소를 확인한 후에야 인간은 완전한 의미에서 다시 자신을 되찾는다. 장소를 확인하는 것은 자신을 확인하는 것이다. 장소가 자아 형성에 결정적으로 중요한 이유도 여기에 있다. 장소는 단순히 누군가가 경험하기를 기다리는 수동적 공간이 아니라, 인간의 활동에 의해서 지속적으로 창조되고 다시 만들어진다. 그러기에 주관성 자체가 장소 안에서, 그리고 장소와 관련해서 성립된다. 인간적인 삶을 의식하는 사람은 좋은 장소를 발견하여 사람을 편안하게 해 주며, 장소의 질서를 만들어 가는 것을 기본 원칙으로 삼는다. 즉 인간의 삶에 질서를 부여하는 것이다.

오늘날 인간에게 주소는 이름이나 생년월일과 더불어 가장 기초적인 개인정보이다. 노숙이나 외박이라는 말에 부정적인 함의가 있는 것도 그러한 연유에서다. 주거부정이나 주거불명이란 표현 역시 어감이 썩 좋은 편은 아니다. 특히 집은 단순한 물리적 공간이 아니다. 살 집이 있느냐 없느냐는 개인의 자아감뿐만 아니라 사회적 정체성과도 직결된 문제다. 정체성은 이미 형성되어 있는 장소를 단순히 반영하는 것이 아니며, 공간적으로나 사회적으로 구성하는 것이다. 공간을 파악하기 위해서는, 그리고 어떤 공간적 틀의 활용 능력을 갖추기 위해서는, 최소한 주변 환경의 특징과 관련해 자신의 위치를 알 수 있어야 한다. 이는 한 사람이 균형을 잡고 정해진 방향으로 움직일 수 있으려면 반드시 필요한 선행 조건일 것이다. 자아는 공간 속의 특정한 위치를 확인하고 나서야 자신을 동일한 존재로 파악할 수 있는 고정성을 획득한다. 전통 가옥인 한옥의 경우를 보더라도 안채, 사랑채, 행랑채 같은 몇 개의 공간으로 구성된다. 이처럼 사회적 질서는 공간 속에 침전되어 있다.

인간은 태어나면서부터 일정한 공간을 차지하고 그곳을 장소로 만들어 간다. 그 장소 속에서 인간은 자신을 둘러싼 요소들과 관계를 맺으면서 다양한 경험 세계를 구성한다. 때문에 공간은 자유롭게 자신과 관계를 맺는 자아 형성에 필수적인 조건이다. 그것은 대개 오랜 시간을 두고 새로운 환경과 문화를 차근차근 만들어 가는 일이기도 하다. 자신에게 익숙했던 생각과 행동을 조금씩 바꿔 나갈 때 비로소 그 장소는 거듭날 수 있다. 그렇게 더 오래 머물고 싶은 동네는 만들어진다. 물론 2~3년마다 동네 주민의 3분의 1이 바뀌는 현실을 떠올리면 답답한 마음이 드는 것도 어쩔 수 없는 노릇이다.

삶의 지리적 현상: 위치와 장소 그리고 풍토

내가 있는 장소가 이 세상의 중심이라고 지각할 때 비로소 '나의 장소'가 있다. 그러한 장소는 나에게 말을 걸어온다고 한다. 이러한 생각이 들게 되면 삶의 존재 방식 자체가 달라질 수밖에 없다. 그렇기 때문에 인간은 무의식적으로 내가 무엇을 할 것인가를 고민하면서 동시에 어떤 위치에 있을 것인지를 고민한다. 연인들이 함께 있을 데이트 장소를 고민하는 것도 결국은 자신들이 놓여 있는 위치가 허락하는 행위만을 할 뿐이기 때문이다.

인간의 삶을 이해함에서 위치의 중요성은 우리가 통화를 하며 무의식적으로 상대방에게 하는 '어디야?'라는 물음을 통해서도 확인할 수 있다. 우리의 삶은 어떤 장소에 놓여 있는가에 따라 그 의미가 다르게 나타난다. 본질적으로 '동일한 나'일 수 있지만, 내가 지금 어떤 장소를 소비하는가에 따라 '나'의 행동과 태도는 달라진다. 우리의 일상적인 생활은 어떤 위치에 있는가에 따라 다양한 양상을 드러낸다. 삶의 방식을 바꾸게 하는 나의 장소가 나타나는 방식은 하나가 아니다. 밤하늘을 가득 메운 무수한 별만큼이나 많은 저마다의 답답함을 풀어 줄 하나의 길은 처음부터 존재하지도 않았고, 존재할 수도 없었다. 오로지 답답함을 체감하는 스스로 자신의 삶의 터를 열어 가야 한다.

나의 몸은 세계와 맞닿아 있다. 나는 여기, 이곳에 존재하고, 이곳을 출발점으로 삼아 세계로 향해 나아간다. 보고 듣고 느끼고 생각하는 것은 세계와 접촉하는 과정에서 일어나는 일들이다. 그래서 몸은 감각세계에 내리는 닻이다. 나는 닻을 내리고 세계는 열린다. '여기'에서부터 모든 의식 행위와 사유가 가능하다. 주체는 스스로 자신의 자리를 잡는 주체, 자신을 스스로 정립하는 주체이며, 사유는 하나의 출발점, 곧 시작하는 자리를 갖는다. 물질적 기초 위에 자신의 자리를 만들 때 주체는 스스로 설수 있고, 제 발로 설 때 '존재'의 주인이 될 수 있다. 이는 인간이 균형을 잡고 정해진 방향으로 움직일 수 있으려면 반드시 필요한 선행 조건일 것이다.

레비나스에 따르면, '여기는 의식의 자리 잡기'이다. '여기에 자리 잡기'는 밖으로의 초월 이전에 자기로 돌아옴이고, 자기로 돌아옴을 통해 주체가 생성된다. 즉 '여기'에 위치시키는 것은 의식의 출발점을 제공할 뿐 아니라 주체가 자기 자신에게 돌아올 수 있는 가능성을 제공한다. 주체는 의식이 하나의 장소 속에 자리함(장소화, localisation)을 통해 주체로서 서게 된다. 허공에서 이루어진 사유가 이곳에 자리 잡는 것이 아니라 확고한 하나의 지점으로부터, 여기서부터 사유는 시작된다.

우리가 일상적으로 지나다니는 공원이나 가로수 길은 그곳에 산책 나온 사람에게는 삶의 피로를 더는 쉼의 '공간'이고, 동네 친구를 만났다면 소통의 '공간'이지만, 헤어진 연인과의 기억을 갖고 있는 사람에게 그곳은 추억의 '장소'이기도 하다. 따라서 장소에 대한 이해야말로 지리적 현상과 그 위치에 거주하는 인간의 다양한 삶을 이해할 수 있게 한다. 세상에는 정말로 많은 장소가 있다. 그 장소마다 토양이나 기후 등 제각기 고유한 조건이 있고, 문화가 있으며, 역사가 있다. 그런가 하면 앞으로 무언가 일어날 것이라고 기대하고 있는 장소도 있다. 이 모두가 '나'와 연관된, '사람'과 연관된 장소들이다.

흔히들 공간과 장소를 동의어로 생각한다. 공간과 장소, 비슷하게 들리지만 아주 다른 것이다. 어떤 차이가 있을까? 공간은 모형을 만들어서 보일 수 있지만 장소는 그럴 수 없다. 공간이란 비어 있는 것이며 그 개념에는 사람이 끼어들 여지가 없다. 그러나 장소는 다르다. 장소는 사람과 함께 나타나는 것이다. 반면에 공간은 태양이 움직이면 이에 따라 움직인다고 할 수 있다. 그런 점에서 보면, 장소는 내 쪽을 향하여 움츠리고 닫으려는 것이지만, 공간은 밖을 향하여 자꾸 펼쳐지려는 것이다.

도시화에 따른 재개발과 재건축은 동네와 같은 공동체를 해체하면서 공간을 확대 재생산한다. 동네가 땅에 삶의 뿌리를 내리는 장소라면, 도시는 이동과 속도를 지향하는 공간의 확장이다. 장소와 공간은 서로를 밀어내는 척력斥力이 작용한다. 장소가 애착을 갖는 안정성이라면 공간은 개방과 무한에 대한 자유성이다. 그렇다고 장소와 공간이 대립하는 것은 아니며, 이 둘은 서로 섞여서 삶의 인간적 환경을 구성한다. 공간은 장소보다 추상적이다. 처음에는 명확하지 않은 공간이었는데 점차 그것에 가치를 주게 됨으로써 장소가 되어 간다. 지역지리학자들은 장소를 자신만의 생활 방식을 가진 일정한 영역의 땅으로 이야기한다. 여기서의 관심은 장소의 고유성과 특이성에 대한 것이다. 이를테면 서울은 세계의 어떤 도시가 하나도 갖고 있기 힘든 두 개의 천연자원을 가지고 있다. 하나는 서울 외곽을 둘러싼 산이고, 다른 하나는 한강이다. 다른 도시들과 달리 서울은 평지나 언덕 위가 아니라 산 아래에 위치해 있다. 세계 어느 도시를 봐도 이렇듯 산이 도시 속으로 깊숙이 들어온 사례를 찾기 어렵다. 인위적으로 만든 도시에서도 자연의 풍경을 감상하고 싶은 것은 보편적 욕구였다. 조선의 왕족과 양반도 세계 다른 나라의 지배층처럼 '풍경을 감상하면서 쉬거나 모임을 가지며 즐기고자 하는 욕구'가 당연히 있었고, 따라서 이를 해소하기 위한 장소가 서울 곳곳에 남아 있다.

특히 산수山水는 정신을 즐겁게 하고 감정을 화창하게 하며, 살고 있는 곳에 산수가 없으면 사람이 촌스러워진다고 했다. 산수가 좋은 곳에는 임시로 머물며 즐길 만한 정자를 만들어 놓았다. 서울은 산 자체가 도시로 들어온 덕분에 세검정처럼 정자 안에서 볼 수 있는 다양한 자연의 풍경이 도시 속에 존재한다. 궁궐의 후원처럼 인공정원을 조성하기도 했지만 자연을 활용한 곳이 대부분이다. 풍광이 좋은 곳에 정자를 지어 자연정원으로 삼았던 것이다. 오늘날 한강은 88도로, 강변북로 등으로 인해 한강 가의 옛 풍경이 모두 사라져 버렸다. 하지만 옛날에는 한강에서 정자 기둥 사이로 잔잔한 강물, 모래, 절벽, 그 위를 떠다니는 나룻배와 나루터의 풍경을 볼 수 있었다. 한강 가에 자리 잡은 10개의 정자 중 현재 남아 있는 것은 망원정뿐인데, 한강의 풍경을 감상하던 곳이다.

　오늘날 계곡의 절벽 위나 산봉우리에서 흔히 많이 볼 수 있는 정자들은 풍토성이 드러나는 장소이기도 하다. '풍토'란 인간의 거주 환경으로서의 자연을 뜻한다. 삶터의 울타리 안에 정원을 조성하는 서양 풍토의 가든garden 문화와 달리, 조선 풍토의 정자 문화는 조망하기 좋은 장소를 골라 자연의 산수를 있는 그대로 감상하고자 한 것이다. 커피원두가 재배되는 원산지별로 커피 맛이 다르다는 것을 안다면 그 사람은 풍토성을 이해하고 있는 것이다. 사계절이 뚜렷한 한반도라는 풍토와 여름이 계속되는 단조로운 기후의 남양은 그 풍토성이 다를 수밖에 없다. 남양 사람들은 계절적 이행을 이해하지 못한다.

　삶터의 풍토성은 물리적, 생물학적 차원의 객관적 대상으로서의 자연환경과는 다르다. 인간과 자연환경은 서로 구별되기 이전에 이미 하나의 전체이다. 그것은 처음부터 역사적 풍토이다. 우리는 풍토 현상을 가옥 구조는 물론이고 음식문화나 예술, 풍습 등 모든 인간 생활의 표현 가운데서 발견할 수 있다. 때문에 역사적 형성물 안에서 풍토를 발견할 수 있으며, 또한 풍토적 형상 안에서 역사를 볼 수 있다. 풍토성은 근원적으로 인간 자신과 관련된 문제, 즉 자기 발견의 계기라고 할 수 있다.[6]

---

6. 풍토 현상은 앞에서 언급한 바 있는 하이데거의 세계-내-존재, 즉 '바깥에 섬'으로서의 인간을 우리가 어떻게 발견했는지를 보여 준다. 우리는 풍토와 연관해서 만든 도구의 '…하기 위함의 연관'으로부터 인간 존재의 풍토적 규정을 발견한다. 예컨대 추위를 막기 위한 의복의 재료는 양털, 면화, 목화 등이 사회적으로 발견되기에 이른다. 따라서 도구가 우리에게 가장 가까운 것이라는 점은 풍토적 규정이 대상 성립의 최초의 계기가 된다는 사실과 연결된다. 이와 같이 풍토는 인간 존재가 자신을 객체화하는 계기이지만, 풍토 안에서 인간은 또한 자기 자신을 이해한다. 따라서 우리는 구체적인 인간 존재의 방식, 즉 존재의 특수성을 파악하기 위해 존재적 인식 곧 역사적·풍토적 현상의 직접적인 이해로 나아가야 한다. 와쓰지 데쓰로(2018), 『인간과 풍토』, 서동은 옮김, 필로소픽, 21~31쪽 참고.

풍토론은 '인간과 자연의 조화 혹은 공생'을 내세우는 환경 윤리의 생태론과는 존재론적 관점에서 서로 다르다. 생태론의 입장은 근본 생태론에서 사회 생태론에 이르기까지 넓은 스펙트럼을 갖고 있으나, 결국 인간과 자연을 끊임없이 구분하고 양자를 대립하는 항으로 설정하고 만다. 인간 존재의 공간적·시간적 구조는 풍토성·역사성으로서 자신을 드러낸다. 우리나라에서 풍토성이 잘 보존된 곳은 촌락이다. 지금은 사라져 가고 있지만 촌락지역은 한반도의 역사가 시작된 이후 농경 시대까지 대부분의 사람들이 거주해 온 생활의 공간이었으며, 민속·의례·신앙 등 전통적인 문화를 만들어 온 문화의 공간이었다.

건축가 정기용은 "서울과 같은 대도시는 자세히 들여다보면 수백 개 마을의 집합과 같다"라고 했다. 즉 도시의 각 동네마다 지역마다—서촌과 북촌을 보더라도—시민들이 지키고 만들어 온 특성이 있으며, 이러한 지역들이 도시 서민들의 삶의 터전이자 평화로운 보금자리였다. 인간은 도시, 마을, 집을 건축하고 경관을 만들어 냄으로써 무의식적으로 의미의 패턴과 구조를 창조한다. 이러한 도시의 마을들은 물리적 공간 환경과 그 속에서 살아가는 사람들의 관계 속에서 문화적으로 형성된 고유성, 역사성, 정체성, 다중성을 띤 지리적 실체로 존재한다. 그런 연유로 사람은 누구나 자신이 태어난 곳이 토박한 벌판일지라도 그곳에 정붙이고 산다. 설사 외부인들은 버려진 땅 보듯 해도 말이다. 어디에 살든 생존과 적응에만 관심을 두지는 않는다. 인간은 모두 만족과 기쁨을 열망한다. 환경은 단순한 자원을 넘어 깊은 정과 사랑의 대상이자 기쁨과 확실성의 원천이다.

사람은 땅 위에서 생활한다. 사람의 얼굴이 모두 다르듯이 땅도 고유한 조건을 지니고 있다. 땅의 형상과 기복, 위치와 방위가 다르고 햇빛을 받는 각도도 다르며 지형도 다르고 주변에 있는 풀과 나무도 다르다. 우리들 한 사람 한 사람은 자신들의 생존과 활동 방식에 따라 각각 고유한 자리, 즉 영토territory를 사회적 공간 속에 만든다. 영토화된 땅의 우리말 뜻은 '곳' 또는 '자리'다. 사람들은 어떤 때 세력권을 형성하려고 자리싸움을 하곤 한다. 그러나 그것은 지리상의 한 위치나 지점을 가리키는 것이 아니다. 사람은 무언가로 에워싸인 채 머물고 기거하면서 생활 전체를 영위하는 곳 또는 자리를 얻는데, 이런 곳을 가리켜 '장소'라고 한다. 공간은 분별되지 않은 채 이곳과 저곳이 같을 수 있지만, 땅을 차지하는 어떤 장소는 다른 장소와 결코 같을 수 없다. 그 장소에서는 세계가 구성된다. 장소와 인간의 관계는 인간다운 삶을 가능하게 하는 근본 구조이다.

거주, 장소의 세계 구성

장소는 사람과 매우 밀접한 관련을 맺고 있는 개념이다. 지금 내가 사는 장소가 있다. 매일 가야만 하는 장소가 있고, 다른 사람들과 함께 생활하는 일상의 장소도 있다. 또 과거의 기억 속에 있는 장소도 있다. 오래되어서, 많은 기억이 축적되어 있어서, 유서가 깊어서, 기념할 만한 곳이어서, 장소가 근거가 되어 역사가 되어 버린 곳이 있다. '인간답다는 것은 의미 있는 장소가 가득한 세상에 산다는 것이고, 인간답다는 말은 곧 자신의 장소를 가지고 있으며 그 장소를 잘 알고 있다'라는 뜻이다. 인간은 어떤 장소에 거주하면서 세계를 형성한다. 이처럼 거주란 어떤 주어진 장소에 귀속하는 것 또는 그것을 소유하는 것이다. 이렇게 장소와 거주는 서로 의존한다. 그래서 거주를 가장 잘 나타내는 다른 말은 '삶의 터전'이다.

오늘날 사람들은 대부분 도시에서 살며, 인간의 장소에 대한 소속감은 그의 실존 전체를 지배한다. 예컨대 특정한 개인은 "나는 미국 동부 출신입니다"라거나 "나는 피렌체 사람입니다", 또는 "나는 인천의 원도심에 살고 있습니다"라고 말함으로써 스스로를 정의한다. 그것은 법·행정적인 도시city의 시민권의 의미뿐 아니라, 더 일반적으로는 스스로 정의하는 과정에서 지방성localities과 향토색territories이 깊이 연루되어 있음을 당연하게 생각하는 것이다. 장소의 개념에 근본이 되는 것은, 개방되어 있지만 그럼에도 경계가 있는 영역이라는 점이다. 이런 영역 안에서 사물들이 나타나고 사건들이 발생할 수 있다. 장소란 건축물을 통해 사람과 공동체와 자연의 정체성을 표현해 준다. 정체성과 소속의 문제는 뚜렷한 지리적 현상이다.

'장소'라는 개념은 인간과 공간의 만남에 깊은 관심을 가진 현상학에 자주 등장하는 말이다. 장소라는 용어에는 주체와 대상, 즉 인간과 환경을 분리할 수 없는 하나로 인식하려는 현상학적 태도가 깃들어 있다. 즉, 그곳은 현상학에서 말하는 인간의 관심과 의도가 반영된 '지향성'이 깃들어 있는 공간 및 장소이다. 어릴 때 내가 바라보았던 경관이 어른이 돼서 바라보는 경관과 같은 의미로 다가올 수 없다는 것은 당연한 일이다. 그러기에 내가 일상적으로 접하는 공간이 어느 날 내게 다른 공간으로 다가온다는 것은 다른 생각이나 다른 느낌을 갖고 있는 나를 확인하는 과정인 것이다.

현상학적 기획에 따르면, 의식은 단순히 무언가에 대한 의식일 뿐만 아니라 장소 안에 있는 무언가에 대한 의식이다. 1988년에 발표된 사랑의 추억에 관한 노래인 「광화문 연가」에서 '교회당'의 배경인 정동교회는 덕수궁 돌담길과 정동길을 배경으로 감싸고 있다. 덕수궁 돌담길과 정동길이 마주치는 정동교회 앞 사거리는 한가운데에 원형의 쉼터가 마련되어 있다. 그리고 이것을 중심으로 차들이 돌아가는 로터리가 조성되어 있다. 쉼터에는 음악 분수대가 설치되어 있어 한여름이 되면 음악 선율에 맞춰 분수가 춤을 추는 모습도 즐길 수 있다. 방문객들이 쉼터에 앉아 담소를 나누는 모습이 정겹다. 이제는 인간의 지향성 내지 의도와 무관한 장소가 아니라, 오히려 그것과 관련된 장소가 주제화되어 노랫말이 된다. 그야말로 그 장소가 아니고서는 성립할 수 없는 작품인 것이다.

사람은 서로 다른 한정된 장소에서 생활하게 되어 있다. 건축은 장소를 차지하고 장소를 만들며 장소에 기여함으로써 사람에게 삶의 근거지를 준다. 분명한 것은, 장소는 건물을 통해서 드러나고 건물은 장소를 통해서 의미를 갖게 된다는 점이다. 장소가 인간 생존에 얼마나 깊이 관계하는지 이해하려면, 반대로 땅을 잃은 건물, 인간의 삶이 사라진 건물, 의존할 주변이 사라진 건물 등 건축이 장소를 잃어버렸을 때를 생각하면 된다. 안동댐을 건설하면서 수몰될 마을의 가옥 일부를 옮겨 안동민속촌을 만들었지만 이미 장소의 정체성을 상실한 것에 불과하다. 인간이 공간 속에서 어떻게 사는지, 사물과 함께 사물 곁에서 어떻게 살아야 하는지를 건축을 통해 생각하게 되고, 그로써 거주하기를 배운다.

거주자들이 열망하는 삶의 가치는 성별로 차이가 있다고 한다. 남성은 '집과 뒤뜰을 어슬렁거리는' 기회뿐 아니라 하루 일과를 마친 다음 맛보는 전원의 평화와 고요를 기대했다. 여성은 새로운 친구를 사귀고 '친절한 이웃을 두는 이점'을 더 강조했다. 장소는 이른바 인간이 된다는 것의 변화무쌍하고도 근본적인 측면이다. 장소는 체류, 머무는 것이고 땅의 고유성을 찾고 내밀하고자 하며 신체와 도구에 의존하는 것, 곧 주거의 본질이다. 그러기에 상대가 어떤 사람인지 알고 싶을 때 "찻집에서 세 시간 이야기를 듣느니 살림집에 30분 가 보는 편이 훨씬 낫더라"라는 말에는 누구나 쉽게 공감할 법하다. 장소란 인간과 관련된 의미 있는 공간이다. 말하자면 활동공간인데, 인간에게는 주거공간이라고 할 수 있다. 예전에는 학기 초에 교사가 학생의 집을 직접 찾아가던 가정방문이 있었다. 집에 가 보면 집안 분위기를 알 수 있고, 그를 통해 학생이 과연 어떤 아이인지 더욱 정확하게 파악할 수 있었기 때문이다.

인간이 인간일 수 있는 유일한 방식은 '장소 안에' 있는 것이다. 우리는 우리의 장소에 속하지 않은 사람들로부터 우리의 장소를 보호하려고 하며, 종종 우리가 떠나온 장소에 대한 노스탤지어를 갖게 된다. 농촌을 떠나 도시로 이주한 사람들은 누구나가 마음속에 간직하고 있는 애틋한 풍경, 고향의 풍경이 있다. 고향은 사람마다 제각각이지만 뭔가 공통되는 심상 풍경이 있을 것이다. 그것을 원풍경遠風景이라고 한다. 대개 그 풍경은 산과 강이 있는 농촌의 풍경이다. 농촌의 심상 풍경인 고향은 멀리 있으며 그리워하는 것이다. 이처럼 장소는 공간 안의 어떤 위치가 아니다. 장소는 무언가 이미지, 가치, 기대, 행위 등으로 공간을 차지하고 있는 어떤 한정된 자리다.

중세에는 도시가 자유로운 생활을 갈구하는 사람들에게 동경의 대상이었다. 거주와 이주의 자유가 보장되고 재산과 물건을 마음대로 사고팔 수 있는 사회, 노예 노동에 의존하지 않고 스스로 생산 활동을 꾸려 나가는 사회가 중세 도시에서 꽃을 피운 것이다. 세계 자체가 장소 안에서 그리고 장소를 통해서 모습을 드러낸다. 하지만 장소에 대한 우리의 의존성은 언제나 묵시적이고 상당히 어렵게 설명할 수 있는 것으로 남아 있다. 사람과 장소는 풀 수 없게 철저히 서로 뒤얽히는 방식으로 상상되고, 구현되며, 경험된다.

중세 유럽 수도원 내부의 정원은 천국을 모형으로 삼아 구도를 잡았다고 한다. 경관보다 회화에서 더 자주 실현되긴 했지만, 낙원이라는 이상향을 체현한 경관식 정원에는 기독교 전통의 신성한 사건들을 환기시키는 상징들로 가득하다. 이를테면 정원은 명상의 장소였으며, 중심의 분수와 거기서 흘러나오는 물의 흐름은 에덴의 자리를 상징했다. 그런데 상징으로서의 장소를 가장 잘 나타내는 것은 말할 것도 없이 세속적 공간과 구별되는 성스러운 공간, 즉 종교적·신화적 공간이다. 성스러운 공간은 대개 몇 가지 핵심 장소를 내부에 포함하여 성립되는데, 그 핵심 장소는 산꼭대기나 숲속 등 다양하다. 일단 어떤 장소가 성스러운 것으로 선택되면, 그곳은 세속적 공간과 구별되고 사당과 예배당이 세워진다. 성스러운 공간은 정리된 전체성으로 인해 저절로 우주론적 성격을 띠며, 세계를 본뜬 모습을 취하는 경우가 많다. 옛날에는 도시와 집도 그런 식으로 만들어졌다.

특정 장소가 사회와 문화의 산물인 것을 부인하지는 않지만, 일반적인 의미에서 장소는 그 이상이라고 할 수 있다. 사회 자체는 장소 없이는 상상도 할 수 없으며, 사회적이며 문화적인 것은 지리적으로 구성된다는 점을 유념할 필요가 있다. 이를테면 장소를 선택할 때, 지형이나 기후, 역사 위에서 신중하게 선택된다. 그러한 것들을 잘 살려야 장소의 감각을 깊이 느낄 수 있다. 그러나 도시의 거대화와 밀도, 경제 우선의 계획 등이 이러한 장소의 관계를 단절했다. 빠른 속도로 지나가는 자동차는 장소들의 성격을 지우고, 환경에 대한 지각을 녹여 없앤다. 원하는 곳이 어디든 언제나 최대한 빠른 속도로 이동해야 한다는 공식은 거주지에 대한 본능적 감각을 축소시킨다. 당신은 그저 지나치고 있을 뿐이다.

사실 급속한 경제성장으로 도시에 많은 인구가 유입되어 기존 공원·녹지시설이 주거지 등으로 잠식되고, 따라서 도심부 또는 평지에 공공녹지,

공원녹지를 확보하지 못하게 되었으며, 보존에도 소홀하게 되었다. 그래서 일상 생활권에서 이용 가능한 공원녹지가 부족하여 거주지에서 멀리 떨어진 대공원, 자연공원, 유원지 등을 이용할 수밖에 없었다. 대개 공원의 이용 목적은 휴식, 산책, 운동이며 일상의 여유로운 여가 공간으로 제공된다. 근래 재정비되고 있는 도시 속의 공원은 먼 곳에 대단위로 개발되기보다는 주거지 인근에 소공원을 중심으로, 자연을 제공하고 깨끗하고 쾌적한 환경에서 방해받고 싶지 않은 편안함을 일상 속으로 끌어들이고 있다.

여기서 눈여겨봐야 할 것은 공간의 의미와 장소의 의미가 서로 섞여 있다는 것이다. 공간과 장소의 독해에서 장소 정체성은 외부와의 긍정적인 상호관계 속에서 구성된다는 점이다. 근래 초등학교가 안전의 사각지대로 부각되면서 학교 보안관을 배치하고 도시 경관을 고려하여 없앴던 담장도 다시 세우고 있다. 이보다 더 효과적인 방식은 운동장 주변에 단층 상가를 배치하는 것이다. 보통 초등학교 주변에는 문방구, 서점, 분식점, 편의점 같은 소매점이 있다. 이러한 시설을 처음부터 교정 주변에 계획한다면 학교의 안전이 훨씬 더 잘 보장된다. 하지만 새로 지어지는 대부분의 학교들이 아파트 단지와 함께 설립되고 있어 안타까울 뿐이다. 초등학교 주변의 예에서 보았듯이 '장소 정체성'은 대부분의 장소 논의에서 생각하는 것보다 개방적이고 잠정적이다.

공간은 장소가 일상적 실천에 따라 전환된 것이며, 주체가 다양하게 전유하는 것이다. 공간은 번잡한 장소이며, 공간은 한 장소가 아니라 여러 장소의 집합체이다. 이를테면 도시 내의 각 장소는 주거·산업·상업·문화 등 특정한 용도를 갖는다. 장소의 정체성은 다른 장소들에 대항해서 구축되는 것이 아니라 다른 장소들과의 특정한 상호작용을 통해 구축됨을 의미한다. 이는 또한 그러한 정체성이 복수일 것이라는 생각을 더욱 강조한다. 더욱이 장소가 그 안에 있는 요소들 가운데 하나로 환원될 수 없으며, 공간성과 시간성, 주관성과 객관성, 자아와 타자를 구성하는 하나의 구조로서 이해되어야 한다는 점에서 장소의 복잡성이 분명해진다. 사실 이런 요소들은 그 자체가 서로에 대한 관계에서만, 그리고 오직 장소의 지형적 구조 안에서만 확립된다.

마음이 머무는 세계, 장소

예나 지금이나 명동은 걷고 싶은 거리로 단연 으뜸이다. 보행자가 거리를 걷게 되면 거리를 따라서 상점들과 건물의 입구가 나타나게 된다. 거리를 걷는다는 것은 보행자 입장에서는 그의 세상a world을 구성한다는 것이다. '어느 길을 걸어갈 것이고, 친구를 만날 때 어떤 카페에 들어갈 것인가'와 같은 의사결정이 모여서 기억 속에서 그 사람의 '그날의 세상'이 구성되는 것이다. 이때 각각의 행위들은 하나의 이벤트이다. 이런 곳에는 마음을 머물게 하는 장소의 정서가 깃든다. 이때 마음이란 한 사람 한 사람의 마음이다.

동양에서는 정서를 '정情'이라 한다. 중용에는 사정四情으로 희로애락을 추린다. 결국 정서는 쾌 아니면 불쾌라고 말한 심리학자도 있다. 경험적으로 '삶에 이로운' 또는 '삶에 해로운' 상황, 즉 쾌와 불쾌는 상당히 분명한 정서적 반응이라는 점에서 효과적이기는 하다. 그러나 별로 창의적이지 못한 방법으로 대처하도록 한다. 정서의 시작점은 행위action이다. 정서 및 정서의 근간이 되는 관련 반응들은 생명 활동을 조절하는 기본 메커니즘이다. 어떤 사물이나 상황에 부딪혔을 때 그 사물이나 사건에 대한 반응을 만들어 내는 기구, 즉 정서의 기구가 있다.

정서라는 것은 미결정 상태에 처한 경우에 생기는 불안이 실제로 존재하며, 또한 정서에 의해 감동된 사람에게는 긴밀한 관련을 맺는 환경 속에 포함된 것이기도 하다. 인간이 접촉하는 상황이란 우울하거나, 무서움을 느끼거나, 안절부절못하거나, 승리의 기쁨에 차 있는 것처럼 정서의 질적 특성을 갖는 법이다. 감정이나 정서는 바로 이러한 사건이나 상황을 경험할 때 발생한다. 그것은 예외 없이 우리를 변화시키기 마련이며, 이러한 변화는 우리가 원하든 원하지 않든 후속되는 경험의 특질에 영향을 준다. 그것이 엄청난 고통이든 말로 표현할 수 없는 환희이든, 아니면 담담한 일상적 반복이든, 무엇인가 나에게 생겨나거나 내가 주변에 영향을 끼치는 행위이다. 아울러 무엇을 받아들이고 무엇을 제거하거나 거부할 것인지를 선택하고 구분하는 일에 대한 마음 씀이기도 하다.

인공과 자연의 물리적 환경 자체는 지각에 영향을 미친다. 사람들이 지각할 수 있고 정서적으로 연관 짓는 대상의 범위는 제한돼 있다. 마지막 요소인 '사람'은 나머지 요소들이 구성되는 것에 따라서 자연스럽게 결정난다. 보통, 사람은 또 다른 사람을 끌어들이는 매력적인 요소이지만 나머지 요소들이 갖추어지지 않는 경우에는 사람이 들지 않기 때문에 사람은 거리를 완성하는 요소이지만 만들기 시작하는 요소는 아니다. 사람들의 마음이 머물지 않으면 장소가 되지 못한다. 장소는 단지 물리적으로 건물을 만드는 일만은 아니어서, 그 터에는 사는 사람, 그곳을 찾아오는 사람, 그곳에 앉는 사람, 그곳을 스쳐 지나가는 사람의 마음과 의미가 장소의 감각에 깃들기 마련이다.

인간의 거주 환경은 성격이 매우 다양하며 갖가지 방식으로 환경에 반응한다. 이미 몸이 가 있는 장소에 정서가 곁들이면 그 장소는 마음이 머무는 장소로 바뀐다. 이를테면 걷고 싶은 거리를 구성하는 요소에는 여러 가지가 있다. 얼마나 많은 이벤트가 일어나는 자리인가, 어떠한 물건들을 구경할 수 있는 거리인가, 어떠한 자연환경이 있는 거리인가, 어떠한 사람들을 만날 수 있는 거리인가 등이 그 요소들이다. 그 요소들이 인간의 감정을 예민해지게 하여 장소의 감각으로 반응하게 한다.

물질적 자연환경에의 반응 양상은 촉각적이어서, 공기나 물, 흙에 닿아서 기분이 좋은 감각이다. 더 지속적이고 표현하기 까다로운 반응은 고향이나 추억의 장소, 생계수단을 대하는 사람들의 느낌이다. 그런 정서가 압도적이라면, 분명 해당 장소나 환경에서 이와 연관된 특별한 사건이 발생했거나 이를 어떤 상징으로 지각했기 때문일 것이다. 일하는 농부는 자연을 예쁜 그림으로 인지하지 않는다. 하지만 자연의 아름다움을 깊이 통찰하는 능력이 있다. 살아가려면 사람은 자기 세계에서 어떤 가치를 깨달아야 한다. 농부도 예외는 아니다. 농부의 삶은 자연의 거대한 주기라는 족쇄에 묶여 있다. 그러나 이는 살아 있는 대상의 탄생과 성장, 죽음에 근거하는 순환이기에 아무리 힘들어도 다른 직업과는 비견할 수 없는 진지함이 깃들어 있다.

삶 속에서 세계와 불가분리의 관계를 맺고 있음을, 즉 '익숙하다', '친숙하다', '거주하다', '체류하다' 등의 일상적인 의미에 근거해 규정한다. 이를 통해 나와 세계 간의 관계가 단순한 물리적·인과적 관계가 아닌, 친밀한 정서적인 내적 관계인 것을 알 수 있다. 우리는 과연 삶의 지평인 도시 한복판에서 생명력과 가능성, 스릴을 느낄 수 있을까? 도심에서 하루 종일 사람들과 부대끼며 자극을 받을 수 있다. 19세기 미국의 시인 월트 휘트먼Walt Whitman은 「브루클린 나루터를 건너며Crossing Brooklyn Ferry」라는 시에서 맨해튼 거리에서 수많은 낯선 이들과 부대끼며 느끼는 교감을 표현했다.[7] 어쨌든 우리가 세상에 마음을 열고 세상에 존재하는 다양한 차원의 세계들을 그 자체의 조건으로 활성화시키며, 그리고 그 체험과 그 세계를 언어적 표현을 빌려 다른 사람들과 나누려 할 때 언제 어디에서든 정서적 의식은 늘 존재한다.

무엇보다도 일상적 태도와는 구별되면서 이렇게 세상과 관계 맺는 특별한 방식을 미적 태도라고 한다. 일단 그 힘의 환경에 대한 반응은 우선 미적인 성격을 띨 터이다. 이는 풍광을 느끼면서 느끼는 찰나의 즐거움에서부터, 덧없기는 마찬가지라도 갑자기 드러나면서 훨씬 긴장감 있게 느껴지는 미적 감각에 이르기까지 다양할 것이다. 자연의 시각적 경험은 그 종류와 강렬함이 매우 다양하다. 놀라움에 사로잡히는 것이야말로 자연에 대한 가장 강렬한 미학적 경험일 것이다. 예전에 알지 못했던 실재의 일면을 갑자기 접할 때 아름다움을 느낀다. 수수하고 심지어 단조로운 장면에서도 예전에는 숨어 있던 고유한 면모가 드러날 수 있다. 이렇듯 실재적인 것을 새롭게 통찰할 때 아름다움을 경험하는 것이다.

처음부터 그리고 세계 없이는 결코 단순한 주체나 자아도 없다. 인간이 있어야 하는 바로 거기인 '세계'는 있고 없고가 증명되어야 하는 대상이 아니라, 오히려 인간을 이야기하기 위해서는 반드시 전제되어야 한다.

---

7. 월트 휘트먼은 사람들이 북적이는 도심에서 타인과 자주 접촉하고 경험을 공유하는 과정에서 마음의 벽이 허물어지고 '영혼의 공유(common soul)'가 일어난다고 보았다.

　거리를 걸을 때 반갑게 내 이름을 부르고, 나와 악수하는 그대들이
　어찌 신들보다 신비롭지 않겠는가.
　내 얼굴을 바라보는 사람들과 만나는 인연보다 더 신비로운 것이 있겠는가?
　신비로운 인연이 나와 그대를 이어 주고, 내 마음을 그대에게 실어 주노라.

　이러한 시상은 뉴욕 맨해튼의 인도가 넓고 걷기 편하기에 떠오를 수 있었을 것이다. 지금도 맨해튼 거리에서 오랫동안 걷다 보면 다른 시민들과 영혼이 이어지는 것 같은 기분이 든다고 한다. 찰스 몽고메리(2014), 『우리는 도시에서 행복한가』, 윤태경 옮김, 미디어윌, 201~204쪽 참고.

사람들이 살던 건물이나 동네를 파괴하는 일은 곧 그 세계에 몸담고 살았던 모두의 정서적 뿌리 그 자체를 뽑아 버리는 행위이다. "지상에 많은 것을 이루었으나, 인간은 여전히 땅에서 시적으로 거주한다"라고 횔덜린 Hölderlin은 말했다. 오래된 건물과 돌에서 대지에 대한 정서적 애착, 대지에 깃드는 시적 거주의 가능성을 찾는 것은 유럽의 오랜 습성이라고 한다.

한국의 대지 위에는 여전히 시적 정취가 남아 있다. 오래된 동네 골목들에 여전히 조금 남아 있고, 공원과 숲과 산에는 이보다 훨씬 더 생생히 살아 있다. 예를 들어 서울 성벽이 마주 보이는 이화마을의 한구석에 작은 빈터가 있다. 누구나 앉을 수 있는 널찍한 평상이 놓여 있고, 주변에는 아담한 텃밭이 있어서 소박하게나마 농사도 이루어진다. 바로 밑으로는 아랫마을로 내려가는 골목이 이어지고 작은 구멍가게도 하나 있다. 사람과 땅과 주변 환경의 긴밀한 관계가 생생하게 살아 있는 곳이다. 삶을 하나의 정서적 공동체라고 규정할 때의 핵심적 의미는 바로 여기에 있다.

특히 지평으로서의 세계의 주된 특징은 친숙성이다. 우리가 이렇게 '나의 세계를 갖는다'라고 스스럼없이 말할 수 있는 것은, 철학적으로 보았을 때, 우리가 이미 이 세계에 친숙하고 또 이 세계에 대한 선 이해를 갖고 있기 때문이다. 우리의 실존은 장소성의 세계 안에서 이루어지는 구체적이며, 매 순간적인 체험이다. 이는 한편으로, 그만큼 우리가 이 세계와 불가분리로 결부되어 있음을 가리키는 것이기도 하다. 우리는 몸 전체로 살아가는 존재이다. 그렇기 때문에 우리는 의식하기에 앞서서 세계에의 체험과 감각이 있고 이것이 정서를 불러일으킨다. 세계를 받아들이는 것은 각자의 몸이다. 신체는 세계를 향한 통로이며, 지각은 곧 세계와의 소통 방식이다.

2.
삶과 예술 사이에서

삶으로서의 예술

한 인간의 성장은 교육하기 이전에 이미 감관의 지각에서부터 시작한다. 지각은 이미 의미의 벡터들이 관류하고 있다. 이러한 지각은 아이들이 보고 만지고 관계하는 모든 것으로부터 그의 정신 속으로 흘러 들어간다. 인간 세계의 독특함은 세계가 지각기관에서 파생한다는 점이다. 우리의 삶의 느낌과 현실감은 생활환경과의 끊임없는 지각의 상호작용을 통해서 이루어진다. 이러한 상호작용을 좀 더 강화하고 의식하고 그것을 삶의 전체적인 요청에 끌어올리는 것이 예술이다. 공동체의 행사에 심미적인 의례와 의식들이 필수적인 것은 이러한 연유에서 비롯된다. 실제로 예술 작품은 지각을 위해, 오로지 지각을 위해서만 존재하며, 바로 이 점에서 인간이 생산한 여타의 대상들로부터 구분된다. 예술이 지닌 모든 사회적 기능은 오직 예술이 지각의 대상이 되는 정도에 따라서만 행사될 수 있는 것이다.

사람의 예술 활동은 한마디로 '인간의 본능과 생존을 위한 자기표현 활동'으로 요약할 수 있다. 미개인이나 어린이는 자기를 나타내며 즐겁기 위해 행동할 때, 우리들과 같이 '예술적'이라고 의식하지 않는다. 어떤 행동을 하고자 하는 단순한 목적을 위하여 모든 소리를 내고, 몸을 흔들고 선을 긋고 색을 칠하는 활동을 했을 따름이다. 어떤 것이 무슨 목적으로 만들어지는가를 의식하지 않고 다만 천진난만하게 자기의 감정을 발산하고 표현했을 뿐이다. 눈에 보이고 손에 잡히는 대상의 형태나 색조의 아름다움을 느끼고 만지작거리는 행위 자체를 즐기는 것이다. 어린이들 대부분은 상상으로 이야기를 만들어 내고 즉흥적으로 노래를 부르고 무엇인가를 그리는 것을 즐긴다. 이러한 행동은 미개인들의 노래·신화·회화·조각·무용 등에서도 나타난다. 이런 것을 보면 예술 활동이 인간의 놀이 활동에서 시작되었다는 것을 짐작할 수 있다.

놀이의 요소들은 인간의 행동을 모든 차원에서 관통한다. 놀이의 요소들은 신체적 행동과 태도의 일부이며, 언어와 말하기를 형상화하고 새로운 세계를 생성하는 데 관여하고 있다. 놀이는 모방 행위를 통해서 문화를 전유하고 창조한다. 수렵 채집 아이들은 사냥과 채집이 아닌 오히려 놀이를 통해서 다양하고 가치 있는 성인 활동을 모방한다고 한다. 그런 성인 활동에는 아이 돌보기, 나무 오르기, 도구 만들기, 포식자 공격으로부터 방어하기, 동물 흉내 내기 등이 있다. 놀이와 모방 그리고 신체 사이에는 어떤 연관이 있을까? 놀이 감각의 생산성은 차이와 변형을 생성한다. 놀이 감각과 신체적·감각적·상상적 세계가 착종된 상태는 자발성과 다양한 형상을 가능케 한다.

많은 놀이는 어떤 사회적 실천에서 규칙적으로 신체를 사용하는 일과 모방적 관계에 있다. 놀이는 사회적 상황 내에서 일종의 규칙을 따라 이루어지는 행동을 나타낸다. 이것은 놀이가 사회적 역할의 학습을 촉진하는 것이다. 놀이를 하는 사람들은 공동으로 미리 주어진 어떤 '놀이'와 관계를 맺는다. 놀이는 사회 행위의 모방이고 새로운 사회적 관계를 만들어

낸다. 놀이는 놀이의 파트너로서 타인을 만들어 낸다.

이뿐만 아니라 수렵채집집단은 음악, 춤, 이야기 등에서 풍성한 전통을 이어 가고 있기에 아이들이 악기를 만들어 연주하고, 노래하고, 춤추고, 놀이를 통해서 이야기하는 것은 전혀 놀라운 일이 아니다. 또한 그들은 우아하고 조화롭게 움직이는 춤을 춘다. 춤 그리고 춤과 유사한 게임은 거의 모든 수렵채집문화에서 인기 있는 놀이의 형태다. 춤은 협동심뿐 아니라 유연한 동작을 위한 연습이다.

인류학자인 마셜 샐린스Marshall Sahlins는 수렵채집 사회를 총칭하여 "최초의 풍요로운 사회The Original Affluent Society"라는 유명한 말을 했다. 그들은 많은 것을 소유해서가 아니라 매우 적은 욕망 때문에 풍요로울 수 있었다. 그들은 상대적으로 일을 적게 하면서도 욕구에 만족했다. 그들에게는 충분한 자유의 시간이 있었다. 그들은 자유 시간에 "노래하고, 작곡하고, 연주하고, 구슬 디자인에 복잡한 수를 놓고, 이야기하고, 놀고, 이웃 집단을 방문하거나 누워서 뒹굴며 휴식을 취했다". 인류학자들은 수렵채집인이 오늘날 우리들이 놀이와 일을 명확하게 구분하는 것처럼 양자를 구분하지 않았다고 주장한다.

놀이의 관점에서 보면 인류가 이룩한 문화의 이면에 놀이가 자리하고 있음을 알 수 있다. 하위징아의 말처럼 "문화가 놀이 속에서(in play) 그리고 놀이의 양태로서(as play)" 발달해 온 것이다. 놀이와 일이 인류가 이룩한 대표적인 문화유산인 신화와 의례는 물론이고 의식주와 같은 소소한 차원에 이르기까지 놀이는 그것의 원초적인 토양으로 작용해 왔다고 할 수 있다. 이런 점에서 인류는 놀이를 통해 인간과 세계의 존재 방식과 그 의미를 발견하고 그것을 기반으로 하여 문화를 발전시켜 왔다고 해도 과언이 아니다.

예술과 놀이의 교육적·윤리적 효과

철학이 등장하기 전의 고대 그리스에서는 예술이 문화적 세계 전체를 관장했다. 철학이 있기 전에 어떤 문화적 교양 세계가 존재했었고, 그것을 주도한 것은 신화이거나 호메로스를 비롯한 시인들이었다. 그것은 공동체의 역사적 동질성을 조성하는 활동이었으며, 삶의 무늬를 질서 있게 가꾸어 가는 창조적 행위였다.

철학은 플라톤과 아리스토텔레스의 시기에 이르러 그리스 문화의 정상을 넘보기 시작했다. 사회가 제대로 돌아가려면 제일 먼저 예술가들을 사회에서 추방시켜야 한다고 생각한 과격한 철학자가 있었는데, 그가 바로 플라톤이다. 이때부터 철학과 시(예술)의 불화가 시작된다. 플라톤은 아테네의 예술이 젊은이를 망쳐 놓고 있다고 주장했던 것에서 알 수 있듯이, 그는 예술이 인간의 감성에 작용하는 힘의 영향력을 인정했던 것이다.

당시의 주류 문화인 신화적 사유와 시적 사유를 시기하던 플라톤은 예술과 놀이의 공통점을 모방에서 찾았다. 모방을 이끄는 힘은 실재에 다가서려는 의지가 아니라 신체적 욕망과 감정이다. 이러한 모방 욕망은 일종의 놀이이고, 그것이 산출하는 것은 환영과 상상이다. 예술가는 실재나 진리의 모방자가 아니라 현상의 모방자이며, 그래서 본질과 무관한 모상의 생산자이다.

따라서 예술적 모방은 일종의 놀이일 뿐 진지한 것이 될 수 없다. 플라톤에 따르면, "예술은 우리에게 쾌락과 여흥을 주고 우리의 환경을 치장해 주며, … 다른 대상들을 장식적으로 부각시켜 주는 일시적 유희"인 것이다. 예술을 단순한 장식적 치장과 쾌락적 유희의 수준에서 파악한다는 것은 예술에 대하여 다른 것에 봉사하는 도구적 역할, 주변적 역할만을 인정하는 것과 같다.

플라톤은 놀이를 아이들의 고유한 속성으로 간주한다. 플라톤은 "세 살과 네 살, 다섯 살, 그리고 더 나아가 여섯 살까지도 아이들의 혼의 성향에는 놀이가 필요"하다고 말했다. 즉 놀이는 아이들의 고유한 활동인 셈인데, 아이들의 대표적인 행위 방식은 따라 하기, 즉 모방이다. 그래서 플라톤은 파이디아paidia의 속성을 모방에서 찾는다. paidia가 paides(아이들), paideia(교육)와 어원이 같다는 사실에서 플라톤이 이해한 놀이의 성격이 결정된다.

『국가』 3권에서 플라톤은 모방이 교육에서 어떤 의미인지를 시사한다. 모방의 교육적 효과는 특히 초기에, 그렇지만 성장해서도 여러 면에서 광범위하게 일어난다. 교육적 효과는 살아 있는 사람들을 모방함으로써만 생겨나는 것이 아니라 시문학이 구성하는 상상적 인물들에 대한 모방을 통해서도 생겨난다. 특히 시문학에서 상상적 인물들의 재현은 전염성이 있다는 것이다. 플라톤에 따르면 그러한 재현이 청소년의 상상력을 장악하고 그들을 이러한 인물들에 따라 형성되도록 도발한다. 그렇기 때문에 시문학은 윤리적 원칙을 따라야 하고, 그에 따라 통제되어야 한다는 것이다. 한편 윤리적·정치적 통제가 성공함으로써 모범적인 것만 재현된다면, 모방은 청소년의 표상세계를 발전시켜 그들이 건설적인 사회적 태도를 지니도록 이끈다는 것이다.

플라톤에게 시에 대한 문제 인식은 결국에는 윤리적일 수밖에 없으며, 시나 예술은 교육이라는 것을 확인하게 된다. 모방은 아이들의 교육에서 빠질 수 없는 것이지만, 그것이 인식과 실천에서 차지하는 지위는 몹시 저차원적이다. 모방으로서의 예술은 철학이 되지 못하므로 진리에 도달할 수 없으며, 최고의 진리, 이데아로서의 미美와는 아무 상관이 없는 것이 된다. 따라서 플라톤이 시인을 공화국에서 추방해야 한다는 근거로 삼는 것도 놀이를 하찮고 유치한 것으로 보는 그의 근본 태도와 밀접한 관계가 있다. 허용되는 모방 행위는 단지 그것이 유익한 경우일 뿐이다.

고대 그리스에서는 생물이나 인공물, 혹은 인간의 행위의 덕이나 아름다움은 그것들이 생겨난 목적에 비추어 그것을 얼마나 잘 수행하고 있는지에 따라 판단되었다. 목적에의 적합성에 의해 덕이나 아름다움이 판정되는 경우에는 덕이 특별히 인간의 행위에 국한될 필요도 없고, 아름다움이 특별히 미적 성질로 받아들여질 필요도 없게 된다. 칼도 그 기능만 잘 발휘하면 덕을 지닌 것이 되었으므로 기능만 잘 발휘한다면 아름답지 못할 이유가 없는 것이다. 이것은 예술과 삶의 구체적 맥락이 분리되지 않은 채로 있으면서, 또한 우리가 미적인 고려라는 복잡한 문제에 걸려들지 않게 한다는 장점이 될 수 있다.

예술은 인간의 삶 안에서 구체적으로 살아 숨 쉬게 하는 측면이 있으나, 예술 영역의 자율성과 전문성, 자유로운 예술적 창조와 실험 정신은 질식시키게 된다. 도덕적 가치는 예술의 내용만을 결정하는 것이 아니라 형식까지도 규제한다. 또한 선善에 대한 요구는 예술에 대한 검열을 불가피하게 한다. 플라톤은 그의 이상 국가에서는 선의 내용을 그리고 있는 작품만 허용되어야 한다고 주장했다. 예술에서 그것이 갖는 도덕적 효용만이 의미가 있는 경우에, 예술은 중요한 교육 수단으로 자리를 잡게 된다. 플라톤뿐만 아니라 다른 일반적인 경우에도 예술의 사회적 기능과 도덕적 책임을 강조하는 경우에는 검열이 언제나 문제가 된다. 검열은 오늘날에도 예술적 표현의 자유와 관련하여 심각한 논란을 불러일으키고 있다.

역사의 큰 흐름은 동서양이 비슷하다. 플라톤보다 먼저 중국의 공자도 같은 생각을 했었다. 소크라테스보다 조금 앞서 태어난 공자는 이를테면 중국의 소크라테스, 플라톤이었다. 공자는 생각만 한 것이 아니라 실제로 자신의 기준에 맞는 시를 선별하고 나머지는 버렸다. 공자가 전래되던 많은 시들을 추린 것은 천하가 큰 혼란에 빠지고 폭력이 난무하고 음란한 풍조가 횡행하던 시절, 나름대로 백성을 교화하기 위한 방법으로 민요의 힘을 빌려 정책을 민간에 유포시키기 위한 것이었다. 공자도 플라톤과 비슷하게 시의 기능을 인정한 것이다.

동양의 유가 미학에서는 악樂이라는 개념을 단지 좁은 의미의 성음聲音이나 노래를 말하기보다 인간의 사회적·윤리적 정감의 표현으로 여긴다. 모든 예술이 표현하는 바와 같이, 예술이 표현하고 있는 정감은 동물적, 본능적, 감각적 정감이 아니라 보편적 사회성을 지닌 윤리 도덕적 정감이다. 신유학新儒學 사상을 국가적 이념으로 채택했던 조선 사회의 양반 계층에서 사군자를 그리고 가야금을 뜯거나 시조를 짓고 읊는 일이 일상적 삶의 일부로 들어와 있었던 것은 예술 작업이 바로 수신 차원의 문제였기 때문이다. 사군자는 특히 유교적 덕목을 의미하는 식물로서, 매화는 선善을, 난은 미美를, 국화는 진眞을, 대나무는 정貞을 의미했다.

동서양을 막론하고 오늘날 우리가 예술 작품이라는 이름을 붙여 박물관에 진열해 놓은 대부분의 작품들은 어떤 목적이나 가치에 봉사했던 것들이다. 원시 동굴 벽화부터 많은 예술품들이 주물呪物의 성격을 띠었다. 신이나 위대한 인물에 대한 경배와 찬양을 위한 것이거나(그리스의 조상들), 왕과 같은 특정 인간의 불사不死를 염원하는 초상이나 벽화(이집트, 중국), 종족의 전통을 보존하기 위한 서사시의 형태였다. 이러한 것들을 단지 미적 가치의 실현이나 고양된 형태의 유희로만 볼 수는 없다. 이들은 만들어지게 되었던 구체적 삶의 맥락이 있었으며, 그것으로부터 배태된 구체적 동기와 목적하에 놓여 있다. 즉 이들은 그 본질에서는 더욱 큰 가치를 실현하는 도구instrument였던 것이다.

예술은 그것이 만들어 내는 총체적 효과의 측면에서 고려되었으며, 그것이 제작된 목적을 얼마나 효과적으로 달성했는가에 따라 평가되었는데, 이는 여타의 제조품들과 다르지 않았다. 우리가 오늘날 예술 작품이라고 부르는 것들은 대부분 제작 목적과 주된 기능 면에서 사회적 의미를 갖고 있다. 예술에서 사회적 의미가 강조되고, 사회적으로 중요시되는 가치의 함양에 예술이 주된 도구로 인식되는 경우에 파생되는 문제는 다양하다. 우선은 예술과 도덕의 연관이 긴밀한 것으로 생각되고, 그에 따라 예술의 내용이나 형식면에서 제약이 뒤따르게 된다. 이 경우 미는 선과 분리된 가치가 아니며, 예술은 선을 증진시키는 정도에 따라서 평가받게 된다.

시인을 추방한 플라톤의 형이상학

우리는 초기 그리스 사상에서 예술에 대한 뿌리 깊은 불신을 발견하게 된다. 플라톤이 이를 감지한 최초의 인물이다. 다른 모든 그리스 사상가들과 마찬가지로 그는 로고스의 힘에 깊이 감명을 받고 있었다. 로고스, 즉 말은 플라톤에게는 언어의 능력이면서 동시에 추론의 능력이기도 했다. 하지만 말이라는 이 천부적 재능이 의심스럽고도 애매모호한 재능이라는 것을 그는 깨닫는다. 말의 사용 여하에 따라 그것은 진리의 원천이 되기도 하고 또 환영의 원천이 될 수도 있다. 말의 참되고도 합법적인 용법은 플라톤에 의해 소크라테스의 대화dialogue 속에 밝혀져 있다. 여기에서 그는 철학의 참된 방법, 이른바 로고스를 관철하는 방법 내지는 변증술적 방법을 발견해 낸다.

플라톤 자신이 예술가였다는 점을 고려한다면, 이 예술에 대한 엄격한 재판관이자 화해할 길 없는 반대자가 되었다는 것은 얼핏 보기에는 역사적으로 하나의 커다란 역설로 생각될지도 모른다. 그는 심지어 예술가를 진리를 추구하고 진리를 실현시켜야 할 폴리스의 공동체에서 추방해야 할 존재로 간주하기까지 했다. 플라톤에 따르면, 언어 속에 포함돼 있는 오류와 궤변은 예술 안에 포함돼 있는 오류와 궤변에 의해 증대된다. 수사학 내에서 우리가 발견하는 말의 마술은 시와 미술의 마술에 의해 더욱 강화되는 것이다. 예컨대 플라톤은 시에 대해서, 첫째로는 우리를 본질적인 것에 다다르게 하는 것이 아니라 가상적인 것과 결합시키며, 둘째로는 감정을 조절하면서 이성의 목소리를 중요하게 취급하는 대신 열정을 불러일으키는 것이라고 비판했다. 확실히 그는 예술을 아주 위험한 것으로 생각했다. 플라톤은 예술이란 항상 도덕적 차원을 지녀야 하며 또한 도덕성에 대한 기여로서 평가되어야 한다고 주장한다. 따라서 호메로스를 포함한 시인들의 추방을 주장했다. 그 대신 철학을 왕좌에 올렸다. 적어도 플라톤의 '철인 왕'의 이념은 철학이 스스로를 역사적 현실 전체에 대한 법칙 부여자로서 의식하고 있었음을 말해 주는 결정적인 지표이다.

플라톤의 '시인 추방론'은 그의 형이상학에서 기인한다. 플라톤 형이상학의 핵심 주제는 '좋음善'이란 무엇인가에 대한 질문과 이에 대한 참된 앎에 있다. 이 세계가 질서를 가진 세계라는 믿음을 가진 플라톤의 존재론에 따르면, 그는 이 세계를 '이데아'의 반영mimesis으로 이해하고, 그 최고의 원형을 좋음의 이데아로 제시한다. 플라톤이 생각한 철학자란 맥락 초월적이고 고정불변인 가치 기준으로서의 이데아에 대한 앎을 가진 사람이다. 좋음의 이데아는 참다운 진리의 세계이며 시간의 지배에서 벗어나 영원불변하다. 이 참다운 세계는 플라톤의 말처럼 눈부시게 아름다운 세계이기도 하다.

그런데 '보다(이데인)'라는 동사에서 나온 명사 '이데아'의 의미는 '보이는 것'이다. 즉 이데아는 '내가 보는 것', '내가 본 것'이 아니라 '내게 보이는 것'이다. 이데아는 사물을 파악하려는 나의 노력에 의해 드러나는 것이 아닌 것이다. 이데아는 사물이 스스로 자신을 드러내는 모습이다. 하이데거의 표현을 빌리면, 이데아는 사물 자체의 시선에서 사유되며 '사물의 시선에 의해 보이는 봄'이라고 한다. 이데아의 세계는 모든 존재자의 형이상학적 근원인 형상eidos[8]이며, 사유에 의해서만 파악이 가능한 순수 실재이다.

좋음의 이데아와 인간의 본질적 특성인 좋음에의 추구는 아름다움과 함께 진리 문제로 드러난다. 플라톤에게서 '아름다움이란 무엇인가'라는 정의물음은 인간이 경험하는 아름다움의 불변적 원인에 대한 물음을 의미했다. 플라톤은 우리가 순수한 영혼에게 나타났던 이데아의 빛을 아름다운 사물로 경험한다고 주장한다. 즉 아름다움의 이데아는 나타남의 이데아다. 그것은 이데아와 개별 사물의 존재론적 관계를 일반적으로 설명하는 반영이나 모방 같은 개념으로 환원할 수 없는, 온전하고 엄격한 의미의 나타남이다.

그런데 이 현상세계 안에서 인간이 만들어 내는 예술 작품은 그것이

---

8. 플라톤에 의하면 형상은 이성으로 파악될 수 있을 때에만 믿을 만한 것이다. 이데아는 본디 사물의 깊은 본질이므로 시각 같은 감각 따위로 간파되는 형상이 아니다. 눈에 보이는 형상은 오로지 이성으로 파악되는 관념적인 상의 복사물일 뿐이다. 그러므로 이성으로 파악된 관념적 상보다 저급하며 진실하지 않다. 진실은 감각을 통해 지각되는 이미지가 아니라 감각에서 눈을 감고 마음으로 바라보는 상, 그리고 그것을 파악하는 이성적 직관의 몫이다. 이제 세계의 실상을 이해하는 태도는 초연함이다. 초연하게 바라보는 '관조'는 세계와 어느 정도 거리를 띄우는 이론적인 태도를 요구한다. 그것은 유용성에 얽매이지 않는 이론적 삶을 말하기도 한다. 일상적이고 실천적인 삶의 문맥을 초월하여 그것을 설명하거나 평가할 수 있는 원리적 관점에 서는 것이 이론적 태도이다.

아무리 아름답고 귀하게 여겨질지라도 그 자체는 현상세계를 다시 본떠서 만든 모방이고 가상일 뿐이다. 그러므로 예술은 이데아의 모상인 현상세계를 다시 본뜬 것이기에, 결국 이차적 모상, 모상의 모상에 지나지 않는 것으로 평가되었다. 따라서 플라톤은 가상의 현상세계로부터 이데아의 진리로 나아가는 것이 아니라, 오히려 반대로 모상의 모상으로, 거짓의 거짓으로 나아가는 예술가를 진리로부터 멀어지는 허구의 산출자로 여기며 비판했다. 그래서 플라톤은 시나 회화를 그 대상의 본질에 대해서는 전혀 알지 못하는 모방 기예로 지칭하며, 모방 대상의 가치나 용도에 대한 앎과는 아무런 관계가 없기 때문에 경멸한다.

새로운 사유방식의 등장은 옛것과 갈등을 일으킬 수밖에 없었고, 플라톤의 말대로 철학과 시(신화) 사이에는 오랜 불화의 역사가 있게 되었다. 플라톤에게 철학자는 신이 아닌 인간으로서 신을 향한 대열을 따르고 순수한 빛 속에서 사물을 보는 자다. 본래 이론, theorie는 본다는 뜻을 가진 데서 유래한다. 플라톤적으로는 이성의 눈으로 실재를 본다는 것이다. 플라톤이 "하늘 저편에 대해 노래한 시인이 이 나라엔 없다"라고 한 것은 그의 철학과 시의 차이를 잘 나타내 주는 말이다. 철학자들은 너무 높이 있어 시인들이 보지 못하는 곳을 이성의 눈으로 보는 사람들이다. 심지어 플라톤은 특히 시나 비극을 제정신이 아닌 상태의 거짓말의 일종으로 보고, 시민들의 영혼을 어지럽히는 것으로 간주한다. 말하자면 플라톤이 추방하고자 했던 시인은 그리스의 교양 세계 위에 군림하던 왕이었다. 그리스인의 마음속에 찬양과 숭배의 대상이었던 이 시인 왕의 자리에 플라톤은 철인 왕을 옹립하여 당대의 문화 패러다임을 갈아치우려고 한 것이다.

플라톤의 형이상학은 그리스인의 공동체에 대한 공간 관념부터 문제를 삼는다. 플라톤의 동굴우화에서 보여 주듯이, 고대의 공간 체험은 인간을 받아 주고 보호하는 거처로 여겼던 동굴의 모습에서 영향을 받은 것 같다. 공동체는 그리스인의 삶을 결정하는 공간이었다. 그리스인에게 공동체와 결부되어 있는 공간이란 항상 바깥에서 경계가 정해지고 내부가 채워진 빈곳이라는 점, 그런 의미에서 공간은 필연적으로 유한한 공간으로만 존재한다. 어떤 것이 다른 어떤 것에 둘러싸여 있을 때만 공간이라는 말을 쓸 수 있다. 이런 상황을 벗어나면 공간이란 말은 의미를 상실한다. 당시 공간의 무한성이란 논의의 대상이 아니다. 그리스인들은 아직 무한한 공간을 생각할 수 없었다.

플라톤이 생각하기에 이데아를 모방하는 가시적 현상세계의 공동체는 유한한 공간으로, 그곳은 변하는 세상이다. 현상세계의 특성은 누군가 그것을 온전히 확장된 상태로 '조망'할 수 있다는 데 있다. 즉 개별 사물들만 보는 것이 아니라 그것을 공간 전체에 편입해 바라본다는 것이다. 반면 이데아의 세계는 유한한 공간 관념을 뛰어넘는 실체로서 존재하며, 비가시적이고 불변의 세계일 수밖에 없다. 플라톤의 형이상학을 볼 때, 조망할 수 있는 유한한 공간을 넘어 무의 공간에 대해 묻는 것은 별다른 의미가 없다는 점이 핵심이다.

플라톤의 형이상학적 문제 설정은 그의 스승인 소크라테스의 영향을 받는다. 공동체의 안정을 위해 그리스인들은 신들을 위한 축제를 통해 공동체 구성원들의 협력을 증진시키고 갈등을 치유하는 행위를 시도한다. 신화적 공간 역시 유한한 공간이다. 소크라테스는 당시의 연극 공연을 보지 않았다고 하는데, 그것은 국가의 행사인 신제神祭에 참여하지 않았음을 의미한다. 고대 그리스의 시인들은 올림푸스 산에 신들을 살게 했고, 그들이 세상의 일을 주관하게 했다. 신화에서는 인간 이상의 신들을 내세워 세상을 주관하게 하지만 플라톤에게 그 신들은 이데아적이지 못하다.

플라톤에게 삼라만상의 근원은 이 세상의 어떤 것이 아니며, 인간과 같은 성품을 가진 그런 신도 아니다. 그것들 역시 상대적이고 유한한 것이기 때문이다.

이러한 생각은 결국 우주를 유한화하는 우주 너머의 것을 무한한 실재로서 인정하게 된다. 그것이 구체적 개별자들의 총체로서의 우주와 구분되는 보편적 이데아다. 플라톤의 이데아는 개별적인 사물들과 엄밀히 구별된다. 우주는 이데아의 모상이고 가상이다. 우주는 그 자체로 유한한 것이며, 그것의 근거가 이데아다. 따라서 플라톤에게는 모상과 원형, 가상과 실재, 개별 사물들의 가시적 현상계와 보편적 이데아들의 비가시적 이데아계의 이분법이 성립하게 된다. 가시적인 현상세계 사물들은 모두 자기 아닌 것과의 관계 속에서 존재와 인식 가능성이 확보되는 상대적인 것들이라면, 이데아는 그 자체로서 존재하고 그 자체로서 인식되는 것이다.

따라서 모든 것의 근원인 이데아는 모든 것으로부터 멀리 떨어져 있어야 하며 절대적이고 유일해야 한다. 진선미 최고의 가치를 가진 초월자여야 하기 때문이다. 이데아 세계에는 우리가 사는 경험세계 너머에 색깔도 형체도 없고 만질 수 없는 실재가 존재하는데, 그것을 에워싸고 참된 지식이 자리하며 그것은 영혼의 선장인 이성에게만 보인다고 했다. 플라톤의 철학은 신화의 내용과 사고방식을 비판하고 이성적인 논리로 세계를 사유하고자 한 것이다.

한편 모방의 영역은, 선한 것이나 진실한 것에 대한 물음의 하중을 떨치면서, 현상으로 나타나는 것의 가상을 만들어 내는 일로 구성된다. 이 가상을 위한 자리가 플라톤이 구상한 국가에는 없다. 플라톤의 국가에서 사람의 지위, 직업, 기능에 따라 각자는 자신의 분명한 위치를 점유하고,

거기에서 확고하게 규정된 자리를 차지한다.[9] 동굴의 우화에서 전개한 이 데아론을 배경으로 깔고 보면 모방과 그것을 통해 구성된 가상의 세계는 플라톤에게 부정적으로 나타날 수밖에 없다. 이데아론과 관련되지 않은 모방은 플라톤의 존재론과 질서와 진리에 대한 관념을 포함한 그의 국가 론을 위협하는 요소를 내포한다.

화가와 시인은 수공업자들과 달리 일용품을 생산하지 않는다. 수공업 자는 무엇인가를 제작하기 위해서 먼저 그 대상의 본질을 알아야 하는 기술자인 반면, 예술가는 사물들 자체가 아니라 사물들의 현상만 만들어 낸다. 그들의 생산 작업에서 중요한 것은 이미지, 그리고 환영을 만들어 내는 모방이고, 현상으로 나타나는 것의 가상을 만들어 내는 것이다. 모 방자로서 예술가는 모방을 아주 잘해서 그 대상에 근접해 갈 수는 있지 만, 모방이 결코 대상 자체에 어떤 변화를 초래하거나 대상에 대한 참된 지식으로 기능할 수 없다. 따라서 예술은 이데아의 세계를 반영하는 세 계에 불과하므로 본질적 진리를 직관할 수 없다고 보았다. 예술을 열등한 것, 즉 참된 실재의 세계와 대립되는 현상계를 모방해서 더 열등한 것을 낳는 것으로 본 것이다. 즉, 현상계가 이미 이데아들의 모방인데, 그것을 예술이 다시 그려 내는 것은 그림자이며 모방의 모방에 불과한 것이다.

모방자로서의 예술가 개념은 하찮은 '꾼', '장이'로서의 노동자와 다름

---

9. 고대의 철학자들이 생각한 덕은 각자가 자신에게 주어진 몫을 다하는 것이다. 신체의 각 기관이 자기의 기능을 다할 때, 신체 전체가 조화롭게 살아갈 수 있듯이, 인간 각자 가 사회라는 전체 구조 안에서 자기에게 주어진 몫, 자신의 역할을 충실히 수행할 때, 사회 전체가 조화롭게 유지될 수 있다고 보았으며, 바로 그것을 덕, 특별히 정의라고 보았다. 이는 인간 존재를 사회의 구조 안에서 주어진 자기 몫을 수행해야 하는 계층적 존재로 이해함으로써 가능한 것이다. 인간에 대해 개인적 관점보다는 사회 내의 역할이 라는 공동체성을 통해 그 정체성을 확립하려 한 것이다. 한자경(2006), 『칸트 철학에의 초대』, 서광사, 139쪽 참고.

없는 낮은 사회적 지위를 반영하고 있으며, 예술이 아직 자율적 영역을 확보하지 못하고 수공예나 오락의 수단에 머물고 있음을 반영하고 있는 것이기도 하다. 예술가를 기술 좋은 장인과 구분하기 힘들었으리라는 점을 생각하면 그리 이상할 것도 없다. 이런 맥락에서 볼 때, 플라톤이 살았던 고대 그리스에서 "예술을 위한 예술"이라거나 순수한 미적 특징의 관점은 이해될 수 없는 것이다.

미메시스의 예술 창작론, 아리스토텔레스의 『시학』

그리스 전통의 철학은 변화와 시간의 굴레에서 벗어난 영원불변하는 세계의 본질에 관한 형이상학이라고 할 수 있다. 이 형이상학은 존재자의 존재를 밝히는 작업으로, 존재의 근원을 본질적으로 해명하는 철학으로 정립되었다. 초기 그리스 철학은 자연 세계의 근원을 '아르케arche'란 말로 규정하고 그것이 무엇인지 찾고자 했다. 인간을 넘어서는 어떤 신적인 힘이나 신화적 세계관에 호소하지 않고 인간이 지닌 어떤 능력을 통해 그것을 추구했다.

인간의 역사가 시작된 이래 수많은 사유의 스승들과 천재들이 다양한 형태로 이런 작업을 수행했다. 이런 작업을 체계적이며 학적으로 수행할 때 우리는 그것을 철학으로서의 형이상학이라 부른다. 고대 플라톤 철학은 유럽 형이상학의 원형을 제시한다. 플라톤 철학의 형이상학을 가장 잘 드러내는 부분이라면 무엇보다 그의 이데아에 대한 사유를 꼽을 수 있다. 플라톤에 따르면 참된 진리의 세계는 오직 비가시적인 이데아의 세계일 뿐이며, 우리가 몸담고 사는 이 가시적 현상세계는 그런 참된 이데아계의 모상일 뿐이다.

아리스토텔레스는 플라톤과 달리 개별자로 구성된 현상세계를 이데아의 그림자인 거짓이나 허위로 간주하지 않는다. 오히려 보편적 이데아계의 실현이나 전개로 간주하므로, 가시적 현상세계를 플라톤만큼 평가절하하거나 폄하하지 않으며, 마찬가지로 예술이나 예술가에 대해서도 모상의 모상 또는 가상의 가상이라는 방식으로 비판하지도 않는다. 아리스토텔레스는 사람이 본래 앎을 추구하는 동물이라고 말한다. 이에 대한 근거로 감각을 즐기는 것을 들 수 있다. 무언가를 위해 감각을 사용할 뿐만 아니라 감각 그 자체를 즐기며, 그중에서도 특히 시각을 즐기는 것이다. 즉, 감각적 욕망의 충족이 아니라 진실로 '본다는 것'으로 파악한다. 이것은 '본다는 것'이 다른 어떤 감각보다 우월해서 사물을 알게 하고 사물의 구별을 명확하게 하기 때문이다.

아리스토텔레스는 한마디로 '본다는 것'과 '안다는 것'의 실천에 대해 그 우위를 둔다. 플라톤의 모방 개념이 협소한 의미를 지닌 것으로 외관의 모방, 흉내 내기의 범주에 속했다면, 아리스토텔레스는 좀 더 넓은 의미의 모방 개념을 제시하고 있다. 특히 아리스토텔레스가 말하는 재현 representation, mimesis[10]이 자연(또는 인간의 행위)에 대한 단순한 모사를 뛰어넘어, 그것을 다시금 새롭게(re-) 가져와 제시하거나 현시presentation

---

10. 라틴어 'representare'에서 파생된 재현(representation)은 먼저 표상(Vorstellung)한다는 의미를 지닌다. 그것은 무엇을 우리 '앞(vor)'에 '내세우는 행위(stellen)'를 의미한다. 인식론적 관점에서 고전적으로 이해되는 재현의 의미는 이처럼 표상과 관련된다. 그에 따라 표상은 표상하는 실체와의 관계에서 이해된다. 바꾸어 말하면 표상되는 것의 근원인 실체와 표상된 것 사이의 관계에 따라 표상개념은 다르게 이해된다. 우리가 주목하는 것은 재현 그 자체, 즉 재현된 것의 구조, 형태 등에 관련되어 있다. 여기서 제기하는 문제는 재현된 것이 아니라, 재현이 드러내는 '제시(Darstellung)'의 내적 특성에 자리한다. 이때의 재현은 단순한 표상행위를 넘어 자신의 이해를 제시하고 묘사하는 것 일반에 관계된다. 제시라는 의미는 "무엇을 그 자체로 생동하는 것으로 나타내 보이는 것"으로 규정할 수 있다. 예를 들어 모사(mimesis), 상징, 기호, 그림 등은 제시의 형태는 물론 그 내용과도 관계된다. 그러기에 이미지의 세계는 표상이란 의미보다는 제시의 의미에서 이해되어야 한다.

한다고 본다면, 분명 아리스토텔레스는 그의 스승과는 다른 취급을 받아야만 할 것이다. 아리스토텔레스가 생각하기에 시나 비극의 미메시스가 단순히 플라톤이 비판한 것처럼 대상을 비슷하게 모방하거나 복제하는 것에만 국한되는 것은 아니다.

플라톤은 신화의 세계관에서 벗어나기 위해 시인과 대결하여 철학의 체계를 세우고 새로운 형식의 글을 썼다. 시와 철학은 일단 분리되어 시인은 예술 작품인 시를 창작하고 철학자는 시(예술)에 관해서 학문적으로 논하게 되었다. 그런데 아리스토텔레스는 시가 아니라 『시학』을 썼다. 플라톤이 예술(시, 더 구체적으로는 비극)의 본질적 속성에 관해 말했다면 아리스토텔레스는 구체적인 비극 작품의 성격과 요소들, 그리고 그것들을 잘 표현할 수 있는 창작의 재현 기술에 대해 논했다. 즉 『시학』은 시인이 준수해야 할 시작의 규칙을 논한 시의 입법서이다. 아리스토텔레스의 모방에 관한 생각은 주로 『시학』에서 피력되고 있다. 아리스토텔레스 예술이론은 모방을 새로운 존재의 재현, 새로운 창조적 모방으로 이해할 수 있는 계기를 『시학』에서 제공한다. 그렇게 함으로써 아리스토텔레스는 플라톤에 의해 거부된 바 있는 시의 인식론적 자격을 다시 부여했고, 플라톤의 비난으로부터 시를 구제했다.

『시학』의 예술론을 보면, 결국 시인들의 모방은 실제 일어난 일을 그대로 이야기하는 것이 아니라 일어날 수 있는 일, 즉 개연성 또는 필연성의 법칙에 따라 가능한 일을 말한다는 데 특징이 있다. 시가 가능의 영역까지 확장되면 경험적 사실보다 더 보편적인 것을 말할 수 있게 되며, 그래서 가장 보편적인 학문인 철학과 시는 가까운 사이가 될 수 있다. 아리스토텔레스에 따르면, 개별적 사건을 기술하는 역사보다 개연적 사태를 묘사하는 시가 더 철학적이라고 한다. 서사시의 경우 인간의 실제 행위를 재료로 삼기는 하지만 그것을 플롯화한다는 것은 시가 모방의 대상과 1:1의 관계를 갖는다기보다는 그것의 개연성을 보여 준다는 생각인 것이다.

아리스토텔레스의 예술의 개연성에 대한 강조는 예술에 대한 평가가 다른 것에 대한 평가와 같은 기준에서 이루어질 수 없다고 하는 데에서 찾을 수 있다. 예컨대 시학과 정치학에 동일한 정당성의 기준을 적용할 수 없다는 것인데, 어떤 인물이 사회·정치적으로는 정당화될 수 없다고 할지라도 예술의 주인공으로서는 아무 문제가 없을 수 있다는 것이다. 예술을 평가하는 기준은 예술 작품이 전체로서 목적하는 바나 예술가가 포착하고자 하는 사물의 이상 상태 등을 고려해 설정되어야 한다는 것이다.

이로 인해 등장인물의 언어나 행동 자체가 저속하다든지 비도덕적이라든지 사실과 어긋난다는 등의 기준을 단순히 적용할 수는 없다고 함으로써 아리스토텔레스는 예술 영역의 자율성을 허용하고 있다. 플라톤이 호메로스의 시가 신을 부도덕하게 묘사하고 있다고 비난하는 것과는 대조적으로, 아리스토텔레스는 호메로스가 거짓말을 하되 제대로 조작하는 사람이라고 한다. 그것은 있음직하지 않은 일을 그리면서도 그 불합리한 점이 눈에 띄지 않게 다른 장점으로 가린다는 말이다.

고대 그리스에서 확립된, 예술을 모방, 즉 미메시스로 이해하는 견해는 너무도 강력해서 그것 없이는 예술을 생각하는 것이 거의 불가능하다. 『시학』은 시의 성격과 함께 작시 원리를 정립한 일종의 재현의 원리 체계이다. 아리스토텔레스는 재현된 이미지와 형상을 봄으로써 어떤 것에 대한 지식을 얻을 수 있다고 보았으며, 재현의 원元 대상과 그 재현된 시적 내용을 구분했다는 점에서 그는 플라톤보다 훨씬 더 예술을 위한 철학에 부합한다고 평가해야만 할 것이다. 한편 아리스토텔레스는 모방이나 재현이 인간의 본래적 경향이자 쾌감의 원천이라는 점을 강조했다. 모든 모방은 인간의 본성이며 쾌감을 주는데, 그중 시는 모방의 방식이나 내용 면에서 그 단계가 높다.

아리스토텔레스에 따르면, 모방은 학습의 출발점이자 핵심이고 예술이 제공한 정서적 배출 혹은 방출은 치유적인 기능을 하며, 이는 플라톤의 도덕주의에 비해 예술에 대해 훨씬 높은 견해를 보여 준다. 실로 그는 탁월함arete이란 의미에서 예술적인 것과 도덕적인 것이 서로 연결되어 있다고 믿었다. 최상의 비극은 훌륭한 인물이 운명적으로 몰락했을 때 일어나게 된 사태를 제시하고, 이를 올바른 도덕적 원리와 밀접하게 일치하는 방식으로 구조 지어진다. 예술가의 작품은 그가 모방하는 대상보다 더 훌륭하고 탁월해야 한다. 이는 원래의 자연 속에 보다 많은 실재성과 완전성을 배태시키는 능력이다. 그리하여 현실적으로 존재 가능한 것으로서의 자연은 예술적 모방을 통해 원래 그 스스로에게 불가능했던 것을 소유하게 된다. 그러나 이것은 믿어지는 것으로 받아들여진다. 이때 믿어지는 것이란 납득 가능한 것을 말한다. 이 납득 가능성은 논리와 개념 그 자체의 강제력을 지칭하는 것이 아니다. 그것은 '필연적 혹은 개연적인 것'이 상황과 삶의 문맥 속에서 획득하는 설득력을 지칭한다. 예술은 비현실적 허구를 그리지만 그 허구는 삶의 문맥 안에서 균형을 잡고, 그 결과 납득 가능성을 띠어야 한다. 그것은 공동체 내적 의사소통 가능성을 말한다. 그리하여 아리스토텔레스의 공통감은 상호 주관적 통일성, 사회성, 사교성과도 연결된다.

모방이 인간의 본성에 내재되어 있다는 것은 인간이 모방을 통해서 쾌감을 느낀다고 하는 아리스토텔레스의 인간에 대한 관찰과 연결되어 있다. 여기서 쾌감을 느끼는 이유는 비록 배움의 능력이 적은 사람이라 할지라도 무엇을 배운다는 것은 사람들에게 최상의 즐거움이며, 사람들은 재현된 것을 봄으로써 배우기 때문이다. 이때 쾌감은 사물들에 대한 재현을 통해서 사물이 어떠어떠하다는 것을 배우는 데서 오는 쾌감이다. 특히 미메시스는 단순한 모방이 아니라 감각적 대상 안에 내재하는 형상과 진리를 아름답게 재현하는 창조 행위이다. 정확히 모사된 것에서 즐거움을 얻는 것은 전에는 주목하지 못했던 사물의 특성을 알게 되었기 때문일 수 있다.

따라서 아리스토텔레스는 비극의 카타르시스가 구체적으로 시민들의 영혼에 긍정적인 영향을 줄 수 있다고 보았다. 연민과 공포라는 감정은 제거되어야 할 부정적인 요소가 아니라 카타르시스를 경험하게 하는 긍정적인 의미를 갖는다. 즉 폴리스의 시민들은 비극 작품을 관람하면서 내면에서 일종의 심리적 변화를 경험하게 되고, 그것은 폴리스 구성원으로서 보편적 카타르시스를 경험하게 되는 것이다. 사태가 이러저러함을 깨닫고 배우는 인지로부터 즐거움이 발생한다는 아리스토텔레스의 생각은 미적 쾌가 인식 작용과 불가분의 관계에 놓여 있을 수 있음을 시사한다. 아리스토텔레스에 따르면 예술은 감상자에게 감정적 순화의 기회를 제공한다. 즉 예술 작품 속에 등장하는 주인공의 고통에 동참함으로써 사실은 자기 자신의 고통을 슬퍼하고 괴로워하면서 결국 그런 슬픔과 고통의 감정으로부터 스스로를 정화하여 해방의 느낌을 갖게 된다는 것이다.

자연의 모방과 테크네, 포이에시스로서의 예술

초기 그리스인들은 '자연'을 그 가장 넓은 의미로 취하여 '자연에 대한 놀라움'에서 철학을 시작했다.[11] 이때의 자연이란 인간과 인간 아닌 모든 피조물·사물 등을 포함한 우리 앞의 모든 것을 의미한다. 그리하여 존재론은 자연에 의거해서 세계를 이해한다. 여기서 우리는 그리스인들이 이해했듯이 자연을 스스로 그러한 피시스physis로 받아들이게 된다. 소크라테스 이전 그리스 시대에 쓰이던 '피시스'의 의미에 따르면, 자연이라는 단어는 '일체' 또는 '모두'를 가리켰다. 피시스로서의 자연은 "머리 위 하늘, 발아래 땅, 땅 밑 바다"이기에 만들어지거나 소멸될 수 있는 것이 아니다. 그것은 인간을 지탱하는 어떤 '알지 못할 원천'이 우리 '외부'에 있는 것이다. 참고로 플라톤은 사물이 스스로를 제시하는 시선, 즉 이데아를 통해 외적 원천이 남김없이 드러난다고 믿었다. 그는 이데아를 형상이라고 불렀는데, 형상은 직접 눈에 보이는 모양새이다.

하이데거에 따르면, 피시스는 "스스로 피어오름 [예컨대 장미의 피어오름], 스스로를 열치면서 펼침, 그러한 펼침 속에서 스스로를 유지하면서 머무름, 짧게 말한다면, 피어오르면서 머무르는 압도적 주재"다. 그리스인들은 이러한 뜻의 피시스를 '스스로 그러한 것'이라는 존재로 파악했다. 피시스는 서양 철학이 태동하던 시절 그리스인들의 "존재에 대한 근본 경험"이었다. 즉 피시스란 눈앞의 자연은 물론 인간의 역사와 신들까지도

---

11. 예술의 기원을 주술이나 원시적인 제의 형태에서 찾는 경우가 있다. 예술은 아름다움에 대한 욕구에서 나온 것이 아니라 인간의 삶의 욕구, 그리고 그 욕구를 실현하는 과정에서 세계와 관계 맺는 방식에서부터 비롯되었다. 선사시대의 그림들은 인간이 자연에서 느꼈던 생명력, 그리고 그 생명력에 대한 경외의 감정을 솔직하게 드러내고 있다. 사실 자연에 대한 놀라움은 농경생활을 하면서 정착하게 되면서부터이다. 유목생활에서 동물 이미지의 주술적 상징을 익힌 정착민들은 그들의 관심이 농경생활과 관련된 계절과 기후 그리고 땅에 대해 행한다. 자연의 변화와 이에 대한 인간의 감정이 추상적인 형태를 낳는다. 후에 본격적인 '종교'가 탄생한 후 '성스러운 것'으로 자리매김되는 자연의 에너지는 기하학적인 도형의 형태로 추상화된다. 대지의 울타리를 정하는 사각형, 하늘의 무한함을 표현하는 동그라미, 여성과 남성을 나타내는 삼각형, 자연의 무한한 생명력을 나타내는 미로 형태들…. 이것들은 자연에 대해 인간이 갖는 경외심을 표현한 것이다. 김융희(2012), 『예술, 세계와의 주술적 소통』, 책세상, 47~51쪽 참고.

드러내 주면서 스스로는 은닉하는 "생성" 그 자체를 의미하는 것이었다. 인간과 어울려지는 이러한 자연, 역사와 세계, 인간의 이해와 근원적 체험이 어우러지는 이 축제의 시간과 놀이의 판은 자연이 자연으로서 드러나는 터전이다. 그것은 자연이 대상화되는 것이 아니라 창조적 자연으로 이해할 때 가능하게 된다. 피시스의 자연은 자기 창조적이다. 자연의 특성은 "창조의 지향성"에 대한 존재론적 이해에 따라 결정된다. 창조적 자연의 성격과 그에 대한 원초적 체험이 태초 이래 올곧게 남아 있는 분야는 예술이다. 예술은 자연을 대상적 이용의 관점이 아닌 있는 그대로의 본래성을 표현하는 양식이다. 예술을 통해 자연을 일깨우려 하는 것은 바로 자연의 고유한 본질을 성스러움으로 드러내는 일이다.

아리스토텔레스는 플라톤을 따라, 자연은 유일한 웅장한 예술 작품으로 간주할 수 있으며, 나아가 "완전한 예술성을 지닌 것은 자연적인 것에 상응"한다고 말한다. 그것은 바로 "전체적 자연은 예술을 통해 모사될" 수 있으며,[12] 반면 "전체 자연은 예술과 테크네techne 모형"을 통합하며, 그들과 함께 "합목적론적 사고를 따른다"는 의미이다. 자체 목적성에 따라 아리스토텔레스는 예술과 자연이 그 본질과 성격에서 동일하다고 말한다. 이것은 예술과 자연의 "전체적인 구조 동일성에 근거할 때에만 가능"하다.

참고로 아리스토텔레스는 "신과 자연은 아무것도 헛되이, 즉 목적 없이 행하지 않는다"라고 말한다. 그는 목적론적 자연관을 펼치면서 이를 자연

---

12. 예술은 자연의 산물을 그저 똑같이 따라 한다는 의미에서의 모방이 아니라, 오히려 "자연 안으로 옮겨 들어가 […] 자연을 보충하고 자연을 완성할 수 있음, 자연을 향상시키고 능가할 수 있는" 창조적인 행위이다. 여기에는 창조적인 성격, 스스로 이루어져 간다는 특성에 의해 "예술이 자연과 똑같이 움직인다"는 사실을 함축하고 있다. 신승환 (2018), 『형이상학과 탈형이상학』, 서광사, 226~230쪽 참고.

연관의 구조적인 원리이며 보편적인 우주론적 원리라고 추론한다. 아리스토텔레스에게서 자연이란 자연의 내적 원리를 바탕으로 연속적인 운동 안에서 하나의 목적을 향해 내닫는 것이다. 이러한 형이상학에서 예술은 일차적으로 자연에서 체험한 아름다움을 모방하는 양식으로 표현된다. 예술은 자연에서 얻게 되는 체험의 터전에서 주어진다. 이러한 체험은 인간에게는 근원적인 어떤 것이다. 이것을 근원적 진리라 한다면 예술은 궁극적으로 이러한 근원적 진리와 연관 지어 이해할 수 있다.

그리스 시대에는 다양한 예술들이 발달했을 뿐만 아니라 당시의 예술은 굉장히 높은 완성도를 보여 주었다. 이러한 예술의 발전은 그리스 사상가들이 예술에 대한 일반적 생각, 즉 예술이론을 형성하는 계기가 되었다. 한 걸음 더 나아가 소크라테스와 플라톤의 대화편에서 잘 볼 수 있듯이, 정치의 예술(기술)이나 도덕의 예술(기술)과 같이 인간 활동 그 자체를 체계화하고 조직화하는 예술(기술)을 생각해 내게 되었다. 사실 그리스 시대에는 예술과 기술이 구분되지 않고 동일한 범주 안에서 이해되었다. 플라톤은 이렇게 말했다. "무엇이든 없는 것에서부터 있는 것으로 옮아가는 원인이 되는 일은 다 창작입니다. 따라서 모든 기술에 속하는 일도 창작이며, 그런 일에 종사하는 제작자도 다 창작가인 셈이죠." 여기서 기술이라 번역한 그리스 말 테크네techne는 어원상 예술의 뿌리가 되는 말이다.

아리스토텔레스에 따르면 예술은 인간이 지닌 특별한 능력이다. 예술은 기술과 같이 인간의 창작 능력인 동시에 제작하는 능력인 테크네라는 동일한 인식에서 출발한다. 고대 그리스인들은 수공과 예술을 동일하게 테크네라고 불렀고, 수공인과 예술가를 동일하게 테크니테스로 지칭했다. 그리스인들에게 테크네는 수공이나 예술적 기술이라는 의미를 넘어서 앎의 한 양식이었고, 앎의 지평 전체에 해당하는 말이었다. 테크네의 가장 중요한 특징은 이 테크네가 일반적인 규칙에 의해 의식적으로 인도되는 제작 활동이라는 의미로 이해되고 있었다는 점이다. 바로 그러한 이유로 목수의 테크네나 직조인의 테크네를 포함하여 일체의 테크네를 그들은 "지적인 활동"의 한 형태로 간주하게 되었던 것이다.

진정한 앎이란 사물의 밖에서 자신의 생각으로 판단하는 것이 아니라 사물 속에 있는 것을 끌어내야 한다. 그러려면 본다는 것이 창조와 바로 연관되어 있어야 한다. 창조하기 위해서는 우선 순수하게 보는 입장에 설 수 있어야 하기 때문이다. 단지 수단으로 본다면 한정된 범위 이상을 보는 것으로 진전되지 못한다. 봄의 자기목적성을 전제로 하는 것이다. 거기서 모든 사물의 '형태'가 비루함 없이 선명하게 응시된다. 이것은 조각이나 건축에서, 때로는 이데아 사상에서 발전했다.

테크네는 이미 참된 것에 대한 지식이다. 그리스인들에게 테크네는 본질적인 것이다. 그리스인들은 노동을 했지만 이 입장에서 새로운 작업을, 즉 순수하게 인공적인 물질의 생산을 시작했다. 즉, 그들은 '형태'를 볼 수 있었고, 그것을 지적으로 또는 예술적으로 소재에 '형태'를 부여했던 것이다. '형태'를 보는 그리스인이 그 형태를 소재로 새기는 활동은 가장 단순하게는 그리스의 도자기 제작에서 나타난다. 그것은 테크네가 보는 입장의 발전에 있는 것이지 실용적인 기반 위에 있지 않다는 것을 의미한다. 예컨대 그리스 조각의 가장 현저한 특징은 그 표면이 안에 무언가를 포함하고 있는 면으로서가 아니라, 내적인 것을 사물처럼 드러나게 하는 것으로 제작된다는 점이다. 우리는 표면을 보면서 단지 표면만을 본다고 느끼지 않는다. 우리는 외면에서 내면을 보는 것이다. 그래서 안다는 것은 지금처럼 사물을 인식 대상으로 놓고 이미 겉으로 드러나 있는 것을 관찰하고 분석, 해명하는 것이 아니라 사물 속에 있는 것을 겉으로 드러내는 일이다.

테크네는 이렇게 사물 속에 있는 것을 겉으로 드러내는 한 방식을 의미하는 말로 쓰였다. 이러한 관점은 기술에서 보는 입장을 더욱 발전시켜 순수한 봄의 입장, 즉 테오리아theoria의 입장에 도달할 수 있게 한다. 그래서 최후에는 인간이 한가함을 가지고 시작하는 곳에서 생의 필요나 생의 기쁨을 목적으로 하지 않는 학문이 발견된 것이다. 이렇듯 봄의 입장은 그리스인의 생산 방법까지 결정했으며, 관조적인 학문의 특징이 되는 것은 당연한 일이다. 본다는 것에서부터 학문의 발전을 설명하면서 기술에 중대한 역할을 부여했다.

그런데 보는 입장의 발전은 보이는 입장에서 그 중심점을 획득한다. 어디까지나 밝고 보이지 않는 것이 없으며, 그렇기 때문에 규칙에 맞는 그리스의 자연이 여기서는 보는 입장의 중심점이 된다. 자연은 이미 노출되어 있고, 거기에는 일정의 질서가 있다. 이러한 생각은 자연철학자를 지배하고 예술가를 움직이는 힘이기도 했다. 그리스인들에게 앎의 양식으로서의 테크네는 단순히 제작 행위를 의미하는 것이 아니었다. 아리스토텔레스는 『자연학』에서 이렇게 말했다. "일반적으로 기술은 자연의 일을 모방하거나 자연이 완료시키지 못하는 것을 완료시킨다." 다시 말해서 기술은 자연을 모방하면서 성립하지만 동시에 자연의 내부에 자리 잡은 결핍을 보충한다. 이 기술에 의한 보충에 의해서 자연은 원래의 자연보다 더 완전해지고 더 탁월한 자연이 된다.

이러한 관점에서 아리스토텔레스 예술이론의 특성인 포이에시스poiesis론이 정립된다. 포이에시스란 무엇인가를 만들고 짓는 행위 전체를 가리키는 말이다. 그리스인들은 테크네 또한 포이에시스와 마찬가지로 무엇을 제작하여 나타나게 하는 것이라고 생각했다. 플라톤에 따르면 포이에시스는 "없던 것을 있게 하는 창작활동"을 뜻한다. 그래서 오래전부터 서양에서 예술은 일종의 짓기이다. 포이에시스는 일종의 창작이기는 하되, 단순한 제작이나 기독교적 의미의 창조주에 의한 피조물 창조를 뜻하지 않는다. 창작이라 번역된 포이에시스는 우리가 알고 있는 '시poem'라는 말로 정착한다. 서양 지성인들에게 시인은 예술가를 총칭하는 말로 사용된다. 여러 예술 장르 가운데 시가 점하는 탁월성은 시원적 의미의 포이에시스, 즉 시 짓기는 탁월한 짓기에서 유래한다. 시의 일차적 의미는 '은폐된 것을 드러낸다'는 의미의 '창조성'을 뜻한다. 창조성을 총칭하는 말로 시를 이해할 수 있다면, 창조적인 예술 작품들은 모두 시적이라고 말할 수 있다.

아리스토텔레스의 제작 이론은 예술가가 작업하는 질료質料 속에 있는 잠재적인 것을 현실적으로 만드는 것에 관한 것이다. 예컨대 아리스토텔레스의 형이상학은 동물을 포함한 모든 것들을 '형상화된 질료'로 파악하는 한에서 '제작주의적'이다. 그런 '형상화된 질료'에 대한 가장 명백한 사례는 질료적인 것에 형상을 주는 장인, 그가 제작한 작품이다. 아리스토텔레스는 『시학』에서 시, 비극의 본질에 대한 것보다는 존재하는 시의 객관적인 요소를 분석하고 비극을 더 잘 쓸 수 있는, 더 효과적일 수 있는 작시술을 논했다. 아리스토텔레스는 시가 성공하기 위해 실행되어야 하는 행위의 연구를 과제로 삼는 시학의 이론 형태를 확립한 것이다. 이 이론을 근거 삼아 모방의 측면에서 비극은 서사시보다 우수한 형식이라고 생각한다. 둘 다 스토리가 있다는 점에선 같지만, 이야기를 낭송하는 것보다 행동을 재현하는 비극이 실재의 모방에 더 가깝기 때문이다. 만일 시를 근거 짓고 시를 결정하는 창작의 행위들이 시적 성공을 보장할 수 있다는 가정을 동반한다면, 이는 창작을 기술적으로 이해한 것이다. 『시학』이라고 번역되는 저술의 원래 제목은 작시술이다.

아리스토텔레스의 『시학』은 이후 모든 예술론의 토대가 되었다. 아리스토텔레스의 예술에 대한 생각은 『시학』에서 작품의 제작에 관한 이론으로서의 예술론과 예술 창작에 관한 이론으로 확립되어, 드디어 예술의 자율성이 성립하게 된다. 이것은 주체가 교육이나 사회화나 훈련을 통해 획득한 능력을 의식적으로 실행할 수 있다는 능력 실행으로서의 예술론이기도 하다.

『시학』은 시를 "창작된, 주관적 정신에 의해 성취된 결합물"로 이해한다. 아리스토텔레스가 『시학』을 통해 시종일관 말하고 있듯, 시인이란 여러 가지 가능성들로부터 한 대안을 선택하는 데 있어서 자유롭다는 사실을 강조하고 있다. 그러나 기술적 의미에서는 아니다. 즉, 시를 근거 짓고 시를 결정하는 행위들이 개별적인 경험들의 점차적인 실행으로 시적 성공을 보장할 수 있다는 가정을 동반한다면, 이는 창작을 기술적으로 이해한 것이다. 시학이 예술을 창작으로부터 관찰한다는 것은 오히려 예술이 표현하는 행동들을 실행하는 자, 예술가는 알 수 있다는 것을 말한다. 따라서 고대 그리스 시대에는 우리가 알고 있는 것과 같은 식의 창조의 개념은 없었다. 오늘날 창조로 이해하고 있는 여러 예술들을 고대 그리스인들은 영감과 기술의 개념에 관련시켜 놓고 있다. 그리고 영감과는 달리 기술에서는 제작자가 준수해야 할 일반적인 규칙이 강조되었고, 그들은 그것을 "규범kanon: canon"이라 불렀다.

아리스토텔레스에게 테크네란 의식적인 것이고, 지식에 입각해 있는 것이다. 시학의 이론 형태에서 예술의 이해는 자기 자신을 의식하는 자유로운 정신의 작품으로 표현된다. 이것이 창작의 예술론으로서의 『시학』

의 의미이다. 왜냐하면 예술 역시 자의식적이고 계획적인 활동의 산물이기 때문이다. 자의식적인 활동 혹은 기술로서 예술의 목표는 형식의 묘사로서 묘사의 형식인 작품의 산출, 즉 삶의 형식의 산출이다. 그리스에서 모든 종류의 인간 행위에 대해 '테크네'란 명칭이 쓰일 수 있었던 것도 예술이 삶 전체와 관계하며 이러한 종류의 진리 체험이 가능했기 때문이다.

그리스인들은 아주 일상적인 물건을 창조하는 능력도 매우 경이롭게 여겼다. 아무것도 없었던 곳에서 무언가를 창조한다는 사실이 곧 존재에 대한 인간의 기여인 것이다. 우리 시대에는 사라져 버린 깊은 경이감을 그리스인들은 갖고 있었다. 그들은 사물이 존재한다는 사실 그 자체를 경이로워했다. 도공이 단지를 깨지지 않게 관리할 수 있는 것, 조각상에 칠해진 색채가 그처럼 선연한 것에도 경이로워했다. 그에 비하면 우리는 이제껏 보지 못한 단지의 형태나 색채같이 새로운 사실에 대해서만 놀라워한다.

예술의 미학화와 인간성의 확장

미학은 철저히 근대 정신의 산물이다. 구체적으로는 18세기 중후반의 바움가르텐, 칸트, 실러가 제시했던 새로운 미학에 대한 자유로운 요청으로 소급된다. 바움가르텐은 미학을 "감성적 인식에 관한 학문"으로 정의했다. 이 새로운 학문의 과제는 지금까지 저급한 것으로 취급되었던 감성적 인식 능력을 체계적으로 확장함으로써 우리의 인식을 개선하고자 하는 것이었다. 이 새로운 학문은 지금까지 소홀하게 다루어진 감성적 인식 능력을 개선함으로써 우리의 인식에 완전히 봉사하는 것이 되었다.

미적 경험의 독립적 영역이 확보되자마자 사람들은 무엇이 '미적'인 것이고 '심미적'인 것인지에 관해 의문을 갖게 되었고, 미적 범주를 어떻게 설정해야 하는지의 문제에 봉착하게 된다. 그것은 현실의 개별적 현재 상태와 관련되는 것이 아니라 현실의 존재 방식과 현실 전반에 대한 '전체적인 감각 방식'과 관련된다. 우리의 인식이 심미적인 것에 의존하고 있음을 인식하지 못한 것이 바로 전통 형이상학이 행한 근본적 실수다. 더 나아가 어떤 인식론적 담론도 자신의 심미적인 근본 요소들을 의식하지 못한다면 성공할 수 없다는 사실과, 미학적인 파악 능력과 인식 능력은 동일하다는 사실, 미학 없이는 어떤 인식도 없다는 사실이 중요해진다. 즉, 우리가 현실과 맺는 관계와 인식은 심미적인 근본 요소를 포함하게 된 것이다.

칸트는 바움가르텐보다 예술의 위상을 한층 높였다. 예술의 자율화에서 최초의 근대적 성공은 칸트의 『판단력 비판』에 의해 성취되었다. 바로 거기서 예술의 영역은 처음으로 자신의 고유한 기초와 원리를 천명할 수 있었다. 예술은 주어진 목적을 달성해야 할 필요가 없고, 모든 목적을 이미 자신의 내부에 지니고 있으며, 그 때문에 자연과 마찬가지로 스스로를 정당화해야 할 필요가 없다는 생각에서 예술은 어떤 유용성도 지니고 있지 않다는 생각이 생긴다. 이러한 생각은 예술이 도덕을 강화하거나 인식을 촉진한다는 예술의 유용성에 대한 전통적 정의를 부정하는 것이 아니다. 단지 이런 유용성은 예술가에게 직접 지시하는 것 같은 방식으로 얻어질 수 있는 것이 아니라, 간접적으로 자율적 예술이 일으키는 효과로 인해 생긴다는 것이다. 어떤 특정한 것에 얽매여 있지 않다는 것은 어디서든 만들어질 수 있으며, 보편적으로 조커의 기능을 가질 수 있다는 의미이기도 하다.

칸트에게서 예술은 자연에 대한 이론적 인식에서 최고선에 이르는 도덕적 완성 단계로 나가는 중간 단계에 해당된다. 진리 인식과 실천적 의지로 환원되지 않는 예술적 미의 자율적 권리가 비로소 정당화될 수 있었던 것이다. 예술은 실용적 목적에서 비롯되는 것이 아니라 유희 혹은 목적이 없는 무상의 행위 속에서 발생하는 심미적 충동에서 비롯된다. 그것은 개념의 세계가 아니라 직관의 세계이며, 감각 경험의 세계가 아니라 관조의 세계이다. 칸트가 미에 부여한 정의, 즉 "미적 순수 관조에서의 쾌(快)"라는 정의는 이런 의미로 이해된다. 이 미적 관조는 객관화하는 일반적 과정 내에서의 하나의 새롭고 결정적인 단계이다. 진정한 예술은 칸트 이후로 널리 알려진 공식처럼 "목적 없는 합목적성"을 지녔다. 아니면 셸링이 강의에서 표현한 것처럼 "완결되고 유기적이며 모든 부분에서 필연적인 전체"다. 셸링은 천재적인 예술가를 '자율적인' 존재로 규정하기까지 했다. 칸트의 사상에 따라 예술을 그 자체의 목적을 지닌 것으로 인정하고 도구화시키지 않을 것을 요구하게 된다.

미학의 성립 과정

감성학 혹은 감성의 논리로서 추구된 근대 미학이 탄생한 이후 이 시대의 예술에 대한 반성은 인간의 감성적 상태, 즉 아이스테시스aisthesis에 대한 반성과 동일시된다. 이에 따라 '기술'이 예술을 정의할 수 없는 시대가 되었다. 예술은 곧 주체의 예술이 될 수밖에 없게 된 것이다. 18세기에 새로운 학문으로 태어난 미학은 철학자뿐만 아니라 예술가, 예술 애호가, 감식가 및 교양인 모두가 준거할 수 있는 기준을 제시한다. 특히 예술가의 일차 과제는 먼저 예술가가 되는 것이다. 예술과 예술가는 개념의 세계에 살고 있지 않으며, 그렇다고 감각 지각의 세계에 살고 있는 것도 아니다. 예술과 예술가는 독자적인 영역을 가진다. 이제 예술적 현상과 미의 본성은 더 이상 역사적 현실 전체에 대한 정치적 관계로부터 파악되지 않는다. 심지어 그 관계는 차라리 망각되어 버리기까지 한다. 예술은 다만 감성적 체험의 고유한 특성으로부터 연역되는 데 그친다. 그것은 예술이라는 놀이가 실행되는 규칙을 서술하는 작업일 뿐이다. 또한 예술 작품이 미를 담지하고 있는 한, 그것은 동시에 체험하는 자를 심미적 체험에서 감각적으로 느끼는 향유하는 상태로 옮겨 준다. 그리하여 미학 내에서는 예술이 인간의 감정 상태의 경험, 즉 아름다움에 대해 느끼는 감성의 관계로 규정된다.

미학은 질료를 제시하고, 직관을 보증하며, 표현과 이해력을 개선한다. 특히 그것은 예술가 주체의 능력으로 파악된다. 그리고 예술 작품은 우리에게 심미적 향유의 대상이 된다. 이렇게 예술의 모든 것을, 심지어 예술의 존재 자체를 예술가가 결정하는 시대에 예술가가 된다는 것은 스스로 예술가로서의 자신을 '발명'하는 것이다. 예술 작품은 미를 담지한 것으로 규정되며, 이때 담지하고 있는 미란 곧 형상화된 질료의 형상인 것이다. 그리하여 예술 작품은 한 예술가의 형상 기교적인 능력으로 간주된다. 아마 예술의 역사에서 이토록 작가의 삶과 작품이 서로를 직접 규정한 적은 없을 것이다. 근대 예술에서 작품의 의미는 작가의 인격적 특성, 즉 삶 자체를 바탕으로 세워진다.

칸트의 경우 미학은 인식론적으로 근본적인 것이 되었다. 누구보다 먼저 칸트는 우리 지식이 기본적이며 구성적인 감성 속에서 심미적으로 구성되어 있음을 지적했다. 이러한 관점이 잘 드러나는 곳은 미학과 관계된 칸트의 제3비판서인 『판단력 비판』이 아니라 그 유명한 제1비판서 『순수

이성 비판』이다. 그것은 칸트의 전체 비판서의 기념비를 세울 토대를 마련함과 동시에 그에 이를 첫 관문을 열어 준다.

칸트는 학적 인식이 지성에 의해서만 이루어지는 것이 아니라 감성의 대상 수용 작용이 먼저 있어야 한다고 보았다. 즉, 인식은 대상이 우리에게 주어지는 한에서 발생하는데, 직관에 의해서만 대상이 주어지기 때문에 인식은 지성의 사유에서만 이루어지는 것이 아니라 감성의 직관과 사유가 통일됨으로써 가능하다. 따라서 미학은『순수이성 비판』의 선험적 원리론 제1부 '선험적 감성론'으로 등장한다. 선험적 감성론은 경험에서 심미적 구조가 절대적으로 필요하다는 사실을 보여 준다.

우리의 인식과 현실은 감성적 직관 형식인 공간과 시간을 통과해야 가능하다. 인식은 일차적으로 직관이다. 공간과 시간 안에서만 대상들은 우리에게 주어질 수 있다. 그런데 감성적 직관 형식인 공간과 시간은 심미적 조건들이다. 직관으로서 '직관된 것'은 단지 직접적으로뿐만 아니라 오히려 제한된 부분들에서조차 전체를 함께 바라본다. 이때 직관 활동의 심미적 구조가 경험의 대상들을 하나의 전체로 구성하기 때문이다.

더 나아가『판단력 비판』은 (취미)판단력, 즉 미적 판단력에 관한 비판인데, 이 책은 인간의 심성 안에서 작용하는 쾌·불쾌를 느끼는 감정의 세계를 다룬다. 칸트의『판단력 비판』은 주관적이고 개인적일 수밖에 없는 감성적 체험이 이성적 논리에 뒤지지 않는 보편적 타당성을 지닐 수 있다는 점을 보여 준다. 이때부터 비로소 미학은 이론적 판단이나 실천적 판단과 구분되는 자기 고유의 판단 형식을 자각하게 되었다.

그런데 칸트 철학 체계에서는 삶의 근본적인 두 가지 원리인 자연(인식 능력의 대상, 곧 필연 혹은 법칙)과 자유(욕구 능력의 대상)라는 전혀 다른 두 세계 사이에 거대한 심연이 가로놓여 있다. 쾌·불쾌를 느끼는 감정은

이 두 세계를 매개하여 인간의 능력 안으로 포괄할 수 있기 위해 필연적으로 요청되는 것이다. 미적 판단력은 자연에서 자유로의 전이를, 또는 자연 안에서 자유의 실현을 준비하는 것을 가능하게 해 준다. 특히 미적 판단력은 대상의 현존에 대해 완전히 무관심하기에 자율적이며, 오직 활동적인 능력들의 주관적이며 자발적인 조화에만 관여하기에 반성적 판단력이라고도 한다. 다시 말해 반성적 판단력은 심미적 사태에서 미적 체험이 일어날 때 가동되는 인식 기능들(감성, 오성, 상상력, 이성 등)[13] 간의 조화로운 일치 관계에서 발생한다. 그것에 의해 주관적 타당성을 넘어선 공통감이 성립함으로써 상호 주관적, 의사소통적 타당성의 권리까지도 획득하게 되었다.

예술에 대한 미학적 모색은 예술을 바라보는 우리의 안목을 한 차원 높여 주고, 건조한 우리 삶을 질적으로 풍요롭게 하고자 함에서 비롯된

---

13. 미는 개인의 차원을 넘어 공동체 안에서 서로의 감정을 공유하게 하고 소통하게 한다. 칸트 미학에서 소통 및 전달 가능성을 이끄는 능력이 미적 판단 능력으로서 취미이다. 취미란 개인적 욕망이나 욕구와는 달리 사회 안에서만 문제가 된다. 미를 판정하는 능력인 취미 판단의 전제는 공통감이다. 취미 판단의 주체는 그의 판단이 단지 사적이지만 '보편적인 목소리'로 말하고 공통감을 표현한다. 이는 보편성과 필연성을 요청하는 근거가 된다. 아름다움을 통해 이성 안에 감정의 근거를 놓는 인간에 고유한 내적 성향이 공통감이다. 일상의 모든 사람이 예외 없이 미적인 것에 대해 느끼고 판단하는 것을 표현하는바, 우리는 이를 공통감을 통해 공유한다. 공통감의 무규정적 규범은 실제로 우리에게 전제된다. 무엇보다 공통감이 있기에 다양한 감정의 소통이 가능하며, 일상 속에서 사회성을 일깨워 준다. 인간 본성에 내재되어 있는 동물적 성향이 기본적인 삶을 지탱해 주는 본능적인 힘이라는 사실을 부인할 수 없지만, 인간은 학적 인식과 더불어 그리고 미적 인식을 통해 심성을 가꾸며 도덕화하고 사회화한다. 도덕화란 곧 사회 규범과 더불어 사회화를 뜻한다. 말하자면 감관 기관을 통해 우리는 현상으로서의 환경에 접하여 이를 느낄 수 있고 감정의 사교적 전달 가능성을 통해 공공의 안녕과 행복의 상태에 다다를 수 있다. 이러할 때 감각은 그것의 경험적 연관체와 관련을 맺게 되는데, 이때 감각은 인식을 위한 다양한 소재를 제공해 주며 충족시켜 준다. 감성적 인식은 이성적 인식이 제한된 폭을 다양하게 넓혀 주고 부화하는 일을 한다. 김광명(2014) 『예술에 대한 미적 모색』, 학연문화사, 80~90쪽 참고.

다. 예술이나 미적 대상물이 인간에 대해 지니는 파급효과가 크다는 것은 동양에서나 서양에서나 오래전부터 인지되어 왔다. 그것은 인간의 정서적 부분에 관여해 감흥과 쾌를 불러일으키고 일상적 경험으로부터 다른 초월적 영역에로 인간을 유도하기도 한다고 생각되었다. 예술은 다른 무엇을 위한 수단이 될 수 없는 그 자체로 절대적 목적이 되어야 하며, 모든 일상적 관심으로부터 떠난 관조 속에서 생겨나는 심미적 기쁨의 원천이어야 한다고 하면서 예술의 무목적적 심미적 쾌의 기능을 강조한다.

'예술을 위한 예술'이라거나 순수한 미적 특징의 관점은 미적 경험에서 다른 여타의(일상적인 것뿐만 아니라 종교적, 도덕적인 것을 포함하는) 관심이 배제된 무관심성을 강조하게 된 후의 일이다. 무사심 혹은 무관심이란 아름다움 이외의 관심이 거기에 부재한다는 말이다. 그렇게 함으로써 예술적 감수성은 진리 인식과 실천적 판단으로부터 분리되었고, 따라서 감성적 진리는 논리적 진리에 대한 종속의 상태로부터 벗어나지만, 다만 협소한 영역 내에서만 자율성을 구가하게 되었다. 칸트에게 미의 체험은 감성적인 자극의 세계에서 초감성적인 이념의 세계로 향하는 어떤 초월을 함축한다. 그러나 칸트의 예술적 초월성은 도덕적 이념에 대한 상징적 지시 작용에 귀속되는 한계를 갖는다.

칸트는 미에 대한 판단에 관심이 섞이면 그것은 편파적이며 순수하지 않다고 한다. 쾌적한 것에 대한 만족과 선에 대한 만족은 관심과 결합되어 있는데, 미에 대한 만족은 무관심적이고 자유로운 만족이다. 칸트는 무관심성이 결국에는 도덕적 이념이라는 점에서 궁극적으로는 관심성이 될 수밖에 없다고 생각한다. 왜냐하면 결국 무관심성 역시 삶의 맥락 속에 자리 잡기 때문이다. 칸트의 무관심 이론은 예술 작품의 미적 가치를 여타의 이론적 가치나 실천적 가치로부터 온전히 지켜 내고자 하는 시도에서 나온 것이다. 그런데 무관심성은 쉽게 확인되는 경험이 아니다. 무관심은 초월적 성격이 강하다. 그래서 사물을 변화시키려 하기보다는 있는 그대로를 순간적으로 받아들이고, 있는 그대로의 세계에 몰입될 때 향유의 상태에 이르게 한다.

예술 작품의 도덕적 사명과 그 평가에서 벗어나려고 하지만 미학의 평가적 전통에 자리 잡은 것처럼 보이는 인물이 있다. 우리는 실러를 통해 새로운 울림을 가질 필요가 있다. 실러에게는 미적인 것이 도덕적 차원을 넘어서는 위치에 있다. 예술은 개인들을 부족한 존재에서 균형 잡히고 '온전한' 인간으로 만든다. 예술은 오로지 '즐거움'의 도움으로만 그것을 달성할 수 있다. 실러의 글을 보자. "이 같은 인공적인 세계에서 우리는 꿈을 꾸면서 실제 세계를 넘어선다." 그는 예술 작품을 행복한 체험으로 받아들일 것이라는 사실에 모든 것을 걸었다. 그 체험은 변할 수 없는 것으로 여긴 현실을 갑자기 창백하고 중요하지 않은 것으로 보도록 만드는 강렬한 인상으로 발전한다. '즐거움'이 지닌 흡입력 덕분에 인간은 스스로를 감지할 수 있는 자유 공간을 얻게 되고, 동시에 편협함을 극복하고 새로운 목표를 설정할 수 있는 힘을 얻게 된다.

도덕적 차원을 넘어서는 미는 따라서 도덕적 기원을 가지지 않는다. 오히려 실러는 미학이 윤리학의 모태라는 메타포를 주장한다. 미적인 판단이 지성과 이성의 연결 요체였던 칸트와 달리, 실러에게 미는 가장 완전한 단계이며 미적 상태는 그 자체만으로 전체다. 예컨대 예술에서 얻는 자유로운 쾌감은 인간의 저열한 기능을 억압하고 고통을 줌으로써 고귀한 기능에 의해 높은 차원에서 얻는 쾌감이다. 실러는 아름다움을 감성적이고 객관적인 것으로 본다. 즉 아름다움을 판단하는 기준은 칸트의 취미판단처럼 주관에서 비롯되는 것이 아니라 객관적인 세계 안에서 찾을 수 있다는 것이다. 실러는 〈칼리아스 서한〉에서 아름다움의 객관적인 기준을 자유에서 찾는데, 자연 사물이 스스로에게 의존해서, 즉 자유롭게 존재하는 경우, 또한 그 사물이 어떤 규칙을 따르는 듯이 보이는 경우에야 비로소 그 사물은 아름답게 여겨진다고 본다.

이것은 아름다움이 주체의 능력에서 비롯된다는 칸트의 견해와는 다르다. 칸트에게는 숭고함과 아름다움을 경험할 수 있는 장소를 마련해 주는 것이 항상 그 무엇보다 자연과 자연에 대한 우리의 경험이었다. 그러나 이러한 경험을 미학적 감상을 위한 무언가로 정말 구체화해 주는 것은 또한 예술 작품이었다. 그래서 칸트가 항상 자연과 관계하는 것으로 시작하긴 했지만, 결국 그러한 자연 경험의 가치와 영속성을 가장 확고하게 보장해 주는 것은 예술이었다. 이처럼 예술 작품이 감각적인 경험을 완성—그것을 좀 더 만족스럽고 도덕적으로 우월한 형태로 만들어 줌—해 준다는 생각은 미학 담론에서 핵심적인 믿음이며, 곧 일상적인 경험에는 일반적으로 불완전하고 불만족스러운 무언가가 있다는 것—현실에는 종종 확실히 그렇다—을 암시하기도 한다.

트로이 목마처럼 바움가르텐이 학문이라는 요새에 침투시킨 미학은 이미 학문과 인식의 개념에 변화를 가져왔다. 즉 이제부터 참된 인식은 심미적이고 논리적인 인식이어야 하며, 참된 학문은 자신의 심미적인 결정인자들을 무시해서는 안 되고, 정당화해야만 한다. 학문이 '전체적으로' 심미적으로 재조직되어야만 한다는 사실은 결코 부당하지 않다. 결국 바움가르텐의 감성학으로서의 미학은 칸트에게는 감성의 차원을 넘어 이성의 이념으로 나아가는 교량이 되었고, 실러는 예술을 이성의 도덕적 영역도 넘어서는 것으로 자리매김했다.

미학으로의 전환은, 이를테면 논리학이 독단적 우위를 상실함으로써 자유의 공간이 열리자, 이제 감관을 가지고 지각하는 인간의 입장에서 세계가 서술되기 시작하는 것이다. 우리 모두의 경험이 말해 주듯 확실히 감성과 느낌의 주관적인 힘, 이들은 세계를 생생하게 드러낸다. 이때 미감적인 것은 감각을 직접 열광케 하려는 목적을 지닌 심미적 작용으로서 힘을 통해 촉발된다. 그것의 강력한 감흥 효과 때문에 또한 그것은 위험시되기도 하고 통제의 대상이 되어야 한다고 생각되기도 했다. 플라톤은 당시의 예술이 이성적인 것을 결여하고 있음을 비판했는데, 근대에 실러는 그 예술을 통해 이성의 불완전함을 극복하고자 했다.

미학으로 본 인간

미학은 인간 내면에 인간성의 한 부분으로 존재하면서, 바깥 세상에 존재의 또 다른 한 차원으로 존재한다. 근대 미학은 예술과 미에 대한 이론이 아니라 감각 가능성을 통한 인간 존재의 확장과 상승, 해방을 우선적으로 다룬다. 미학은 고대 그리스어인 감성적 지각aisthesis, 지각하다 aisthanesthai와 감성, 지각적인aisthetos이라는 어원적 기원을 가지고 있다. 감각이 쾌와 감정과 관계한다면, 지각은 대상과 관계가 있으며 인식적이다. 따라서 미학은 모든 예술적인 의미 이전에, 일반적으로 감각과 지각이라는 표현들로 서술된다. 그것은 예술이 자신의 진리를 갖는 인식적 능력이며, 또 어떤 의미에서 예술 언어가 숨겨지고 억압된 진리를 발견하는가에 관한 것이다.

미학은 엘리트적 주관성의 특권도 아니요, 또한 도무지 알 수 없는 예술 창조에 관련된 어떤 전문 분야도 아니다. 미학은 우리와 아무런 상관이 없는 것이 결코 아니다. 지나친 추상화가 아니라 살아 있는 현재성이야말로 개인의 경험을 위해 반드시 필요한 것이라는 사실, 바로 이것이

미학의 정수이자 진실이지 않은가? 본래 인간은 숨을 쉬며 사는 개별적인 생명체이다. 개별적 인격성에 속하는 하나의, 때에 따라서는 탁월한 계기가 처음부터 함께 작용함으로써 세계는 충만한 의미를 지닌 존재로 이해될 수 있다. 인간의 이러한 사정은 오직 구체적으로 경험될 수만 있을 뿐, 개념적으로 보편화될 수 없다. 그리하여 미학의 예술은 인간적 세계 이해의 다양한 가능성을 새로운 가치로 정립하기 위한 시도이다.

예술은 감각의 진리와 힘, 즉 감각적 쾌락의 영역을 발견하여 자유롭게 한다. 우리는 예술이란 낡은 것의 파괴로부터 출현하는 새로운 직접성을 발견하고 창조하는 것이라고 말할 수 있다. 이것은 감각이 일상적인 잡무와 일상적 즐거움에 가려져 있었음을 일깨우며, 우리의 현재 상태 및 사물의 현재 상태를 진실로 보고 듣고 감지하는 것이다. 예술은 생명감을 주고, 대상을 친숙한 대상이 아니라 이상vision으로 감지하게 한다. 예술은 그 자체로 자신의 실현을 향해 나아가는 성향을 지니고 있다.

삶의 현장은 감각이다. 세계는 분명 감각을 통해서 알려진다. 삶의 만족 여부 역시 궁극적으로 이 감각에 의해 시험된다. 우리는 오직 감각의 우회로를 통해서만 존재를 경험할 수 있다. 예컨대 우리에게는 싱그러운 풀잎, 눈부시게 푸르른 하늘, 황량한 사막, 찬란한 별들만이 있을 뿐이다. 존재는 오직 감각적인 것으로서만 우리에게 자신을 나타내지만, 감각적인 것은 현상에 속한 것일 뿐 존재 자체와 동일한 것으로 오인되어서는 안 된다. 즉, 존재는 단지 신체 위에 작용하는 힘들의 행위 혹은 감각인 것이다. 우리에게 알려지는 모든 것들은 우리 자신의 존재를 통해 새롭게 일어난 현상들일 수밖에 없기 때문이다. 그 현상이 비로소 습관화된 경험과 타성으로 인해 망각해 버린 삶의 근원적 의미를 일깨운다.

감각과 지각의 의미의 갈라짐으로 인한 감성의 복잡성과 불명료함을 한계나 결점으로만 볼 필요는 없다. 그것은 감성의 고유한 특징일 수 있다. 비록 부정적이긴 하지만 플라톤도 예술이 감성에 작용하는 힘을 인정하고 있다. 감성은 감각과 지각은 물론 상상, 허구 등을 포함하는 하나의 '덩어리'로서, 하나의 '전체'로서 다가온다. 따라서 감성적 인식 자체의 완전성의 요건이라고 할 수 있는 '풍부함', '위대함', '진리', '광휘', '그럴듯함' 등의 심미적 성취가 가능하다.

몸으로 존재하는 자는 살 위에서 일어나는 감각의 평면 위에 거하는 자이며, 오직 그 감각의 평면 위에서만 존재를 경험할 수 있다. 소리를 듣거나 살 위를 스쳐 지나가는 바람을 느끼거나, 감각은 언제나 우리와 우리가 아닌 그 어떤 존재자 사이에 형성된 상호작용의 연속적이고도 통일적인 장을 이루며 일어난다. 예컨대 밤하늘의 별들은 우리로서는 도무지 닿을 수 없는 먼 곳에 있다. 우리는 멀리 떨어져 있는 별들을 보는 것이 아니라, 실은 별들이 뿌리는 빛과 그 빛을 감각할 수 있는 우리 몸이 함께 만들어 내는 통일적인 힘의 장 안에 머무는 것이다. 자신이 감각의 평면 위에 머물고 있음을 자각하는 것은 사물과 공간의 관점에서 벗어나 모든 것을 하나로 아우르는 절대적인 통일성 안에서 존재를 이해한다는 뜻이다. 감각의 평면은 우리 자신으로는 환원될 수 없는 초월적 존재의 경험과 더불어서만 형성되는 것이다.

감각의 평면 위에 머무는 한 밤하늘의 별들은 나의 의식 안에 내재하는 환영일 수는 없다. 감각은 분명 살 위에서 일어나는 것이고, 살 위의 감각을 통해 알려지는 것인 한 별들은 감각이 일어나는 살 위로 돌출한 초월자여야만 한다. 그것은 무한의 깊이와 높이로 펼쳐지는 세계로 다가온다. 인간에게 감각이란 자신의 존재를, 자신의 존재로 환원될 수 없는 그 어떤 초월자와 자신 사이에 맺어진 힘의 관계 속에서 이해하는 것이다. 감각의 평면 위에서는 누구도, 그 어떤 것도, 다른 것으로부터 동떨어진 것일 수 없다. 감각의 평면이란 모든 것을 하나로 아우르는 힘의 장이다. 우리는 자신의 안과 밖으로 넘나드는 존재의 힘을 이해하는 법을 배워야 한다. 힘이란 오직 감각할 수 있는 존재자에게만 예감될 수 있는 존재의 역량을 표현하는 말이다. 오직 힘으로서 존재하는 것만이 우리에게 알려질 수 있고, 우리 자신 역시 오직 힘으로서 존재하는 한에서만 자신이 아닌 다른 존재자를 경험할 수 있다. 그리하여 주위의 모든 것들과 언제나 이미 하나로 연합한 자신을 느껴야 한다.

인간성의 확장은 근대 미학이 제기한 비판적인 요청이다. 이제 우리는 세계를 상像으로 만들어 자신 앞에 세우는 표상·재현하는 주체가 아니다. 그런 인식 주체는 존재자의 고유한 존재와 존재 양식에 관심을 두지 않는다. 근대 미학의 기원을 되돌아본다면, 근본적으로 어떠한 변화가 일어났는지 확인할 수 있을 것이다. 실상 근대 미학은 유럽의 자기의식 그 내면에서 일어난 근본적인 변혁과 관련된다.

인간의 자아는 자신의 가장 깊은 내면에서 어떤 것과 생동적이고 발전적인 관계를 맺으려고 노력하는 것으로 보인다. 인간의 감각 체험은 단순히 외적 자극이 아니라 우리의 내부에 깊이 공명하는, 그리하여 감각의 체험을 넘어가는 지속성과 일체성을 가지고 있다. 그것이 바로 미적 경험의 상태이다. 그것은 감정을 포함한 마음 상태의 흐름을 만들어 낸다. 예술적 창조와 정열의 상태 속에서 인간은 자신이 의욕하는 형태를 생산하도록 자신의 감관感官에 강요할 것이다. 그리하여 자신이 의욕하는 대로 보고 듣고 느낄 것이며 그에 따라 세계 또한 주어질 것이다.[14] 감각의 수용 능력인 감수성이 다면적으로 발달할수록 그만큼 더 많은 세계를 파악하고, 그만큼 더 많은 자신 속의 소질을 발전시킨다. 그리하여 세계와 다양한 접촉을 만들고 감정 측에서 수동성을 최고도로 행사한다. 이성적 계획 자체도 그 검증은 감각적으로 이루어진다. 인간이 육체적 존재인 한 그의 이성적 계획은 육체가 존재하는 현세 속에서 검증되어야 하기 때문이다.

바움가르텐이 주목하는 것은 근본적으로 한 명의 자유로운 인간이다. 그의 이러한 사상은 『미학』의 주요 모티브인 '행복한 미학자'라는 말에서 특히 잘 드러난다. 감성적 차원을 인정하는 '행복한 미학자'는 자유로운 우리 내면의 최선의 자아와 함께한다. 일단 편견과 습관의 덫에서 벗어남으로 해서 행복한 미학자는 자신이 사라진 경험을 한다. 이럴 때 대상은 그대로의 자신을 드러낸다. 관심적인 생각이 끊어진 자리에서 그 너머의 소식에 계속 귀를 기울이다 보면 푸른 하늘이 진정으로 푸른 하늘이 되고, 하얀 구름이 진정으로 하얀 구름임을 직관하는 순간이 온다.

예술은 감성에 맡겨져 있다. 감성이 작용하는 방식은 직관이다. 직관은 상황 그 자체에만 집중함으로써 대상의 통일적 형태를 직접 인식할 수 있는 능력이다. 이때 의식은 삶의 흐름을 타고 전개되면서 끊임없이 자신을

---

14. 경험은 본래 명석하지 않다. 인간과 세계는 답을 알 수 없는 모호한 수수께끼 같다. 하지만 이들은 해석될 수 있으며 또 해석을 요구하고 있다. 세계를 미적으로 제시하는 것은 오성적 합리성이나 단순한 분석의 수준을 넘어서는 일이다. 여기에는 불가피한 과제가 놓여 있다. 예컨대 예민한 감각, 그리고 창조적인 해석 능력과 더불어, 생명이 전개되고 형태화하는 과정을 진정으로 파악하는 그러한 이성에 따라야만 하는 것이다. 그 자신 하나의 해석인 예술은 그야말로 해석의 모범을 제시한다. 음악, 소설, 시, 그림, 조각 등 예술 작품을 비롯한 모든 철학적 사유들은 모두 세계 해석의 결정체들이다. 이들은 각자의 수신인에게 호소하고 있다. 자신의 가능성을 깨달으라고, 자신의 고유함을 느끼라고, 그리고 그것을 밖으로 표현하여 인간적 자기 이해의 과정을 시작해 보라고. 자유는 한 개인이 자기 경험에 대한 해석자로 존재하는 바에 따라 작동한다. 이제 우리가 삶에게 기대하는 것은 자유의 모험이라는 미적인 활동이다. 따라서 [자기]동일성은 어떤 확정적인 것이 아니라, 시간적이고 역사적이며 과정적인 것임에 틀림없다. 인간의 활동은 끊임없이 '세계 속으로 얽혀' 들어간다 한스 페터 발머(2014) 『철학적 미학』 임지연 옮김, 미진사, 197~208쪽 참고.

어떤 특유한 체험의 질로 변형시킨다. 그것은 삶 전체를 총체적으로 느끼게 하는 하나의 일관된 체험 형식이라고 할 수 있다. 일단 그 상황은 우리로 하여금 한순간 삶 전체를 무엇인가 성취한 것으로 느끼게 한다. 한마디로 초월적 진실의 세계가 직관을 통해 드러난다. 예컨대 신비로운 체험을 하는 경우에는 생명성과 개방성, 그리고 예민한 감성 속에서 인간 중의 인간이 될 수 있는 저 복 받은 자로 마침내 기꺼이 인정받게 된다.

근원적으로 세계가 발생했다 함은 곧 관계 맺음이 시작되었음을 의미한다. 어쨌든 우리가 세상에 마음을 열고 세상에 존재하는 다양한 차원의 세계들을 그 자체의 조건으로 활성화시키며, 그리고 그 체험 세계를 이미지나 언어를 빌려 표현하여 다른 사람과 나눈다면, 언제 어디서든 바로 그 속에 해방된 인간의 행복이 존재한다. 그 행복감 속에는 인내심을 다 소진한 오랜 기다림 뒤의 어떤 편안함 같은 것이 감지된다. 그는 어떤 확고한 기준으로 평가되는 것이 아니라, 상황에 따라 늘 새롭게 자기 개인의 힘과 직접적으로 관계를 맺는 가운데 드러난다.

예술매체의 감각성과 프락시스

무용수가 무대에서 춤을 출 경우, 그의 몸은 그의 몸 자신을 표현하는 매체이자 주체이다. 표현행위의 선도적 역할을 하는 것이 바로 예술에서의 매체이다. 예술의 공통된 특징은 매체가 있다는 것이다. 모든 예술이 고유한 매체를 갖고 있다는 것은 너무나 당연한 사실이다. 그림은 색채가 없으면 존재할 수 없으며, 음악은 소리가 없으면 가능할 수 없다. 건축은 돌과 나무가 없으면 존재할 수 없으며, 조각은 대리석과 청동이 없으면 성립할 수 없다. 문학은 단어가 없으면 있을 수 없으며, 춤은 살아 움직이는 육체가 없이 행해질 수 없다. '매체'는 무엇보다도 사이에 있는 것을 의미한다. '수단'이라는 단어도 같은 뜻을 가진다. 매체나 수단이라는 것은 중간에 있는 것이고, 사이에서 중재하는 것이다. 심미적 효과는 본질적으로 매체의 특성에 달려 있다. 단 하나의 매체를 사용한다는 것은 하나의 중심을 향하여 집중적이고 강렬하게 표현되도록 다양한 요소들을 묶어 주는 감각의 효과를 사용하는 것이다. 그리하여 '일상적' 경험에서 사태의 '실재'에 대한 고양된 감각을 갖게 된다.

건물을 임시로 지을 때 임시로 주위에 세워 두었다가 건물이 완성되고 나면 철거하는 가설물의 경우, 그것은 매체가 결과와 분리되어 있는 수단에 불과한 것이다. 이러한 수단에 대해 적절한 명칭을 붙인다면 '외재적 수단' 또는 '단순한 수단'이라고 할 수 있다. 우리가 매체라고 말할 때는 수단이 결과와 동떨어져 있는 것이 아니라 결과에 통합되는 것을 의미한다. 벽돌과 반죽이 집을 짓는 데 사용되면 집의 한 부분이 된다. 이것은 집을 짓는 데 사용된 외재적 수단이 아니다. 사용된 수단이 집의 성격을 결정한다. 수단이 단순히 결과를 위해 사전에 준비해 둔 것이 아닐 때 수단은 매체가 된다.

"자신의 삶을 한 개의 예술 작품으로 한다"는 이념에서도 분명해지듯이, 푸코의 '실존의 미학'은 자기 형성에서 '신체'와 '실천'을 주요한 구성 요소로 삼고 있다. 이것은 아리스토텔레스 이래, 예술이 포이에시스(제작)와만 결부됐던 상황이 비판되고, 그 프락시스(실천적 행위)와의 연결이 요구된다. 도식적으로 말하면, 포이에시스란 제작의 행위나 행위 주체로부터 분리된 외적인 대상의 제작을 목적으로 하는 것이며, 거기서 행위 주체는 자신의 제작물로부터 기본적으로 영향을 받지 않는다.

그에 반해 프락시스는 "행위 주체의 내적 속성에서 유래하며, 또한 거꾸로 그 형성을 돕는" 것이다. 푸코는 '실존의 미학'과 관련된 모든 실전은 삶의 양태를 변형하고 다른 식으로 만들어 내는 것이라고 했다. 거기에서 먼저 얘기되는 것은 자신의 삶을 소재로 삼아 작품으로서의 자기를 만들어 나가는 삶의 방식이다. 이런 의미에서 프락시스로서의 예술이란 행위 주체와 그가 산출하는 것이 불가분한 생산과정이다. 그런데 생산과정은 공장의 제품을 생산하듯 일정한 공정을 거치는 과정이 아니다. 그 과정에는 재료와의 대화가 있고, 관념의 수정과 변경이 있으며, 제작자가 자기 스스로와 나누는 소통이 존재한다. 그 과정에서 작가는 자신이 구상한 작품이 어떤 결과로 나올지, 작품이 완성되기까지는 알 수 없다.

이러한 과정에서 산출된 예술 작품에는 구체적 실체로서 다른 인공물과 자신을 구별 짓는 분명한 존재론적 지평이 있다. 이리하여 프락시스로서의 예술은 듀이가 말하는 "경험으로서의 예술"이라는 발상의 연장선상에 자리매김한다. 여기서 경험이라는 말은 '그곳을 통과한 후에는 자기 자신이 변형되는 어떤 것'이라는 의미로 사용된다. 인간이 예술품과 상호작용하여 하나의 경험으로 될 때, 그리하여 예술품이 지닌 성격 때문에 하나의 경험이 향유할 만한 것이 될 때 예술품은 비로소 예술 작품이 된다.

예술가들은 실존하는 것 그 자체에 관심을 갖는다. 인간이 살아가면서 하는 정신적이고 실천적인 모든 활동의 정점에는 아름다움의 추구가 있기 때문이다. 철학자의 삶이든, 도공의 삶이든, 청소부의 삶이든 모든 삶에는 예술적 속성이 내재하고 있다. 예술가는 삶의 예술적 속성을 매체를 통해 새로운 영역을 창조한다. 그 영역이란 조형적 형식, 건축적 형식, 음악적 형식의 영역이며, 다시 말해 형태와 디자인의, 또한 멜로디와 리듬의 영역이다. 이 영역에 사는 것, 즉 색이나 음, 선과 윤곽, 음정과 운율 속에 사는 것, 이는 어떤 의미에선 참된 예술적 삶의 알파이자 오메가이다. 예술은 말이나 이미지의 단순한 환상에 의해서 우리를 기만하고 있는 것이 아니다. 예술은 우리를 예술 자체의 세계, 즉 순수 형식의 세계로 끌어들임으로써 우리를 매료시킨다. 순수 형식이라는 매체 속에서 예술가는 세계를 재구성한다.

예술의 영역은 순수 형식의 영역이다. 그것은 단순한 색, 음, 촉각만으로 이루어진 세계가 아니라 모양과 구도, 멜로디와 리듬의 세계이다. 어떤 의미에서 모든 예술은 언어라고 말해도 좋다. 그러나 예술의 언어라는 것은 매우 특수한 의미에서이다. 예술은 언어적 상징을 사용하는 언어가 아니라 직관적 상징을 사용하는 언어이다. 그러한 직관적 상징을 이해하지 못하는 사람은, 즉 색과 모양, 공간적 형식 내지 양식, 화성과 멜로디 등이 지닌 생명을 느낄 수 없는 사람이다. 예술에서 우리는 세계를 개념화하는 것이 아니라 지각화한다. 예술은 감각 인상의 재생이 아니다. 예술은 형식의 창조이다. 그러한 형식은 추상적이 아니라 감각적이다. 만일 우리가 감각적 경험의 영역을 포기할 경우, 그 즉시 근거를 잃고 증발해 버리고 말 것이다.

예술에서는 우리의 감각적 경험의 지평이 확대되는 것만이 아니라 우리의 시야, 즉 실재에 관한 조망이 변화한다. 우리는 실재를 새로운 빛 가운데서, 즉 감각적 형식들의 매체 가운데서 보는 것이다. 예술 및 예술적 형식이라는 매체 속에서 우리가 직관하는 것은 이중의 실재, 즉 자연이라는 실재와 인간의 생이라는 실재이다. 위대한 예술 작품은 모두 우리에게 자연과 인생에의 새로운 접근법과 새로운 해석 방식을 부여한다. 그러나 이 해석이 가능해지는 것은 오로지 직관에 의한 것이지 개념에 의한 것은 아니다. 바꿔 말해 감각적 형식에 의해 가능해지는 것이지 추상적 기호에 의해 가능해지는 것이 아니다. 이러한 감각적 형식을 놓치자마자 우리의 미적 경험의 근저가 상실되고 만다.

색은 그림의 수단이며, 음정은 음악의 수단이다. 수채화 물감으로 그려진 그림은 유화물감으로 그려진 그림과는 다른 감각적 표상을 산출한다. 하나의 매체로서 색은 일상적 경험에서 약하게 드러나는 것을 강렬하게 지각하게 하며 분산된 의미들을 집중적으로 표현하는 중개인이며, 또한 그림 속에 들어 있는 의미를 새롭고 강렬하게 지각하게 하는 매개물이다. "매체는 메시지다"라는 말로 유명한 마셜 매클루언Marshall Mcluhan의 그 매체로 인해 새로운 감각 비율과 지각 패턴이 달라진다. 예를 들어 텔레비전의 출현은 활자 문화 시대의 그림책과 만화책과는 다른 '극화劇畫'라는 형식으로 사람들의 마음을 끌었다. 또한 텔레비전이 발전하자, 저절로 그 속에 청각적 음악과 미각적 요리가 새로운 형태로 자리를 차지하고, 사람들은 그것을 음미하고 즐기게 되었다. 새로운 매체의 출현과 발달은 감각의 모든 영역에 영향을 끼칠 수밖에 없다. 이는 감각하고 감각되는 것이 매체성을 규정하는 데 근본적이라는 사실을 매클루언이 암암리에 전제하고 있다는 것을 나타낸다. 매클루언의 언명이 진정 의미를 갖는 것은 표현 내용이 표현 형식을 벗어나서 따로 존재하지 않는다는 것을 짚어 내는 데 있다. 유명한 소설을 영화로 만들었을 때 표현하는 내용이 같을 수는 없다.

매체성의 근본 원리는 감각성에 근거한 매체성이다. 감각은 매체와 따로 떼어 낼 수가 없다. 심미적 효과는 본질적으로 매체의 특성에 달려 있다. 매체의 미학적 힘으로 접근하는 것은 감각적인 것을 활동성으로서 사유하려는 시도이다. 감각적 활동성의 내적 원리는 일종의 힘이다. 그 힘은 우리를 형성하는 무의식적 표상들을 언제나 더 확장해서 변형한다. 이제 예술은 어떤 대상이나 자연을 모방할 필요가 없으며, 그리고 현실을 재현할 필요가 없다. 더 나아가 이러한 예술을 창출해 나가는 과정에서 매체는 단지 예술을 창출하기 위한 단순한 도구로 머무르는 것이 아니라, 매체 그 자체가 미학적 관념들을 표현하기도 하고 또 미학적 계기들을 내포하기도 한다.

매체의 가장 중요한 척도 또는 일차적 속성은 상징적 특성이다. 매체의 상징적 특성으로 인해 미학적 힘은 표현들의 끝없는 산출이자 해체이며, 하나의 표현이 다른 표현으로 끝없이 이행하는 변형이다. 새로운 매체 상황은 지각과 감각조직에 광범위한 영향을 미친다. 그래서 모든 단일한 계기 속에 있는 미학적 힘의 작용은 그 힘 자체가 산출했던 것을 뛰어넘는 데 있다. 미학적 힘은 기존의 것과 관계를 끊음으로써 새로운 표현을 창조한다. 매체의 내재적 작용은 수단과 결과가 결합되어 있다. 어떤 것이 심미적이지 않은 것이 되는 것은 수단과 목적이 서로 분리되어 있기 때문이다.

매클루언의 결정적인 중요한 테제는 매체가 중앙신경체계의 연장으로 이해될 수 있다는 것이다. 이를 통해 인간은 궁극적으로 매체의 효과일 뿐이라는 인간학적 질문을 제기하게 된다. 그런 점을 참고한다면 감각적 표상을 산출하는 매체의 내재적 작용은 하나의 내적 원리를 가진다. 즉 자의적인 규칙이 아니라 어떤 내적 동인을 통해 인도되는 이행의 운동으로 간주된다. 왜냐하면 감각적 표상 산출이 자기 의식적이고 자기 통제적인 방법적 이성 작용의 행위 속에서 해소될 수 없기 때문이다. 동시에 그것은 한갓 인과 작용의 연관도 아니고, 자의적이고 임의적인 유희도 아니다. 차라리 그것은 의식되지 않은 원리이더라도 고유하고 내적인 원리에 따라 움직이는 작동이다.

예술적 놀이의 미학과 자유

　유아들의 놀이에는 목적이 없다. 팽개친 공이며 쌓았다가 허물어 버린 블록은 대개 야성의 충동을 증거한다. 이렇듯 목적 없는 유희를 하면서 아기는 세계를 학습한다. 아기는 신체의 조정력과 균형을 계발한다. 여기저기 돌아다니면서 만지고 조작하면서 대상의 실재와 공간의 구성을 익힌다. 성인이 된 배우actor는 언어와 행위를 통해서 놀이하고(spienlen: 상연한다), 음악가는 악기를 다루며(spienlen: 연주한다) 즐거워한다. 놀이란 행위를 통해서 다른 목적을 추구하지 않으며 행위 그 자체를 즐기고 만족해하는 것을 의미한다.

　그러나 이러한 놀이는 마음대로 행동하는 것도 아니고 악기를 아무렇게나 다루는 것도 아니다. 그것은 어떤 다른 사람의 삶을 묘사하면서 그 사람의 삶에 공감하고, 그 공감을 전달하는 것이며, 전원의 아름다운 풍경을 악기가 가진 특별한 소리로 나타냄으로써 자연을 생동감 있게 표현하는 것이다. 즉, 분명한 표현의 목적과 의지를 가지고 나타내는 정신적 감각적 표현의 놀이 활동이다. 예술은 사람이 정서적으로 스스로를 즐겁게 하고자 하는 본능에서 시작된 행위라는 것이다. 내적 에너지를 발산하고 즐기기 위해 놀이를 위한 도구를 만들거나 놀이 행위를 통하여 만들어진 산출물이 예술로 전개되었다.

　예술은 놀이의 요소를 가지고 있다. 음악이 놀이로 규정될 수 있다는 사실은 음악을 표현하는 언어에도 나타나 있다. 예를 들어 독일어의 spielen, 영어의 play, 프랑스어의 jouer 등은 모두 '놀다'라는 뜻을 가지고 있는데, 이 단어들은 동시에 악기와 연결되어 사용될 경우 '악기를 연주하다'라는 뜻을 가진다. 예컨대 영어의 play the piano는 '피아노를 연주하다'를 뜻한다. 이처럼 악기를 연주하는 행위, 즉 음악 활동이 놀이의 유희활동과 밀접한 관련을 맺고 있음을 암시한다.

1930년대의 유명한 러시아 문화심리학자인 레프 비고츠키Lev Vygotsky는 자유놀이는 아이들이 자기 욕구와 감성을 통제하는 최고의 수단이라고 강하게 주장했다. 그에 따르면, 놀이는 "머리 하나만큼 더 크는" 경험을 만든다고 한다. 놀이는 상상력이 주도하여 사회적 상호작용 형태로 구체화된 것을 나타내는 역동적이며 복잡한 활동이다. 놀이의 열광은 꿈과 상상력의 산물이다. 놀이가 단순히 생물학적 차원에서 심심풀이가 아니라 인간과 동물을 가르는 문화의 산물인 이유는 그것이 인간의 꿈과 상상력을 현실화하는 행위라는 점 때문이다. 우리는 아이들의 모래성 쌓기 놀이에서 그들의 진지함과 우쭐거림이 그들의 상상력을 현실화하고 그 결과와 관계한다는 것을 알 수 있다. 그 과정에서 수많은 시행착오를 겪으면서 그들이 최종적으로 얻은 것은 자신의 상상력을 실현했다는 자기도취와 자기만족일 것이다.

놀이는 자유와 규칙을 전제한다. 보다 엄격히 말하면, 이 두 가지를 하나로 묶는 것이 놀이이다. 놀이는 '자유의 규칙', '규칙 있는 자유'라는 이율배반적인 모습을 가지고 있다. 이런 이율배반 속에서 놀이의 '긴장'이 나오며, 자유와 규칙의 양자의 가능성을 최대로 확대·발현시킬 수 있다. 이런 의미의 긴장 속에 '조화로운 떨림'이 있고, '놀이'가 음악처럼 연주된다. 놀이에서 이 양자는 상반적이지만 상보적이기 때문에, 규칙 없는 자유나 자유 없는 규칙은 불가능하다. 놀이의 영역에서는 새로운 규칙을 만들 자유, 그것을 위해 기존의 규칙을 위반할 자유가 허용된다. 놀이를 위해 자유와 규칙은 필수 불가결하며, 양자는 서로에게 맞서 언제나 팽팽한 균형을 이루어야 한다. 비고츠키의 말로 "규칙은 미리 만들어지고 놀이 과정에서 변하는 것이 아니라 상상적인 상황으로부터 나오는 것이다." 즉, 그것은 놀이 활동에서 창조된다. 여러 종류의 놀이에 따라 상상적 상황과 규칙 간의 관계가 바뀐다.

유희활동의 미학적 구조

인간의 예술 활동은 생명의 충동이며 발현이라고 할 수 있다. 생명의 충동으로서 예술 활동은 일종의 놀이로서 즐거움 즉, 쾌의 정서를 체험하기 위한 활동이다. 인간의 감각을 즐겁게 하고 만족시키는 요소들—원래 미적이지 않은 맥락에서 발생하는 요소들, 예를 들어 밝은 색, 매력적인 형태와 소리, 율동적인 동작, 감정적으로 유의미한 청각·몸짓·시각상의 윤곽—을 이용하고, 이 요소들을 특이한 방식으로 배열하고 유형화하여 놀이로 형식화하였다.

놀이의 이 전통적 뜻은 미적 경험에 대한 칸트의 분석에 의해 체계화됐다. 예술은 놀이를 통해서 자기를 규정하는 유희라고 할 수 있다. 가장 좁게 정의된 놀이는 자기 자신 외에 다른 목적을 갖지 않은 활동이다. 그것은 사물과 사람들에 대한 어떤 유효한 능력도 갖지 않는다. 예술적 놀이경험의 일차적인 기능은 노동, 강요, 삶의 진지함에서 벗어나 놀고 싶어하는 본능적 욕구를 미적인 것에 대한 경험을 통해 충족시키는 데 있다. 놀이의 자유는 노동의 복종성과 반대된다. 모든 욕구의 충족이 인간에게 즐거움을 주듯이 예술적 놀이를 통해서 인간은 노동, 강요, 삶의 진지함에서 벗어나 예술적 즐거움을 경험한다. 예술적 놀이와 같은 유희활동의 특징은 예술의 기능이 놀이하는 상태에서 예술적 즐거움을 향유하는 데 있다는 사실에 주목할 필요가 있다.

찰스 아이브스Charles Ives 부자의 이야기는 유희활동에 대한 한 사례를 제공한다. 아버지 조지 아이브스George Ives는 작곡가이자 밴드의 리더였으며 음악 교사이기도 했는데, 자신의 아들이 노는 것은 최대한 존중했지만 아들이 '진부한' 음악적 관습에 매달리는 것은 용납하지 못했다. 찰스는 이렇게 기억한다. "내가 동생과 놀고 있을 때 아버지께서는 한 번도 우리가 놀면서 경험하는 정신적 과정을 방해한 적이 없으셨습니다. 당신께선 항상 우리들의 놀이에 진지하게 참여하셨지요." 즉 놀이는 상상적 상황에서 행동하는 능력을 요구한다. 상상의 세계와 관련하여 하는 행동은 생성적이고 심미적이다. 상상의 세계를 만드는 모든 행위에는 그 세계를 형성하고 형태를 잡고 "마무리 짓는"데 있어 미적 가치가 있다. 나와 너는 서로에게 그 세계가 더 잘 빚어지고 형성되고 의미가 있도록 매 순간 그 세계를 함께 창조한다. 상상 속의 세계를 만드는 모든 움직임은 너를 향한 나의 몸짓이다.

찰스는 천둥과 폭풍우가 심하게 치는 날 아버지 조지 아이브스가 정원으로 달려 나가 그 빗속에서 위급 상황을 알리는 교회 종소리를 듣고는 다시 집 안으로 달려 들어와 피아노로 그 소리를 재현하려고 하던 것을 생생하게 기억한다. 놀이에 대한 새로운 이해는 미학의 역사와 밀접한 관계가 있다. 음악에서 놀이의 본질을 잘 보여 주는 것은 심미적 상상력이다. 그것은 감성적 인식이 독자적으로 심미적 판단이 가능하다는 통찰을 보여 준다. 음악은 속성상 대상의 모사와 무관하고, 대상과 지성을 일치시키고자 하는 개념적 활동도 아니다. 음악의 놀이적 성격에 따르면 음악에는 근본적으로 모두가 확인할 수 있고 동의할 수 있는, 모사해야 할 절대적 원본이 없다. 음악은 음의 차이와 반복을 통해 긴장과 이완 등의 효과를 낸다. 조지 아이브스가 이렇게 음악을 가지고 논다는 것은 음악을 연주하는 것 이상이 된다. 놀이에서는 우리의 놀이 태도가 우리를 놀게 한다기보다는 놀이가 우리를 놀게 한다는 것이 더 적절한 표현이다. 놀이가 우리를 잡아끄는 것이다. 유희충동에 사로잡힌 찰스의 아버지의 광적인 행동은 가상적 존재 상태에서 음악을 창조하는 모습을 보여 주고 있다.

인간은 단순한 육체만도 아니요, 또한 단순한 정신만도 아니다. 실러F. Schiller가 보기에 인간에게는 근본적인 두 충동이 있다. 인간의 충동에는 감성적 소재충동과 이성적 형식충동이 있다. 감성(감각)충동이란 인간의 신체적 생존에서 나오는 자연적 본능을 의미하고, 형식충동이란 인간의 이성적 본능에서 나오는데 감성충동에 형식을 주고자 하는 본능을 의미한다. 항상 변화하는 감각의 세계 내에 살면서도 그러나 감각자료들을 법칙으로 조직해 내는 내적 자기동일성을 유지한다는 인간의 이중적 본성 때문에 인간은 두 개의 기본적 충동을 갖는다.

음악의 놀이성은 이 두 충동의 모순과 차이를 근거로 성립한다. 얼핏 보아서 인간의 감성적 충동과 이성적 충동은 서로 경향이 모순된 것 같지만 충돌하는 일이 없다. 그것은 두 충동 간의 경계선을 감시하는 교양이 있기 때문이다. 교양은 불편부당하게 공정을 지킬 책임이 있으므로, 이성(자유)의 간섭에 대해서 감성을 방위하고, 또한 감수성의 압력에 대해서 인격의 안전을 기하게 한다. 실러에 따르면, 교양인이란 "감각과 정신, 수용력과 형성력이 조화롭게 균형"을 이루고 있는 자를 말한다. 교양인에게는 감각충동과 형식충동이 그것의 가상적 형식으로 인하여 통일될 수 있다. 실러는 비록 가상적일망정 현실적일 수 있고, 그렇다고 현실인가 하면 현실은 아니기에 가능한 하나의 가상의 존재 상태를 떠올린다. 가상적 존재 상태가 가능한 것은 인간의 본능에 또 다른 충동이 있기 때문인데, 실러는 이를 유희충동Spieltrieb이라 부른다. 유희충동은 이 두 가지의 충동이 조화를 이룬 제3의 충동이다.

놀이는 노동과 달리 놀이 그 자체를 목적으로 한다. 노동은 자신의 목적이나 의도를 대상에 실현하는 인간의 행위이다. 노동의 경우 인간은 대개 그 결과가 주는 이익을 위해 노동한다. 그래서 노동의 과정 자체가 목적이 되는 경우는 드물다. 그러나 놀이의 경우는 다르다. 어린이들이 연필을 사용하게 되면, 아무 데나 간단한 선을 긋거나 낙서를 하고 즐거워한다. 그려 놓은 연필 흔적의 운동감에 마음이 끌릴 것이다. 선이 이어지고 중복되어 점점 복잡해지며 부분과 부분이 연결되어 드디어 어떤 형태를 나타내는 그림이 된다. 형태들 속에서 어머니와 비슷한 얼굴을 발견하기도 하고, 다른 선과 연결하여 꽃을 발견하고 몇 개의 선을 첨가하여 화분을 만들기도 한다. 즉 어떤 형상을 만드는 행위 자체를 목적으로 할 뿐, 무엇을 위한 수단으로서 그것들을 만들지는 않는다. 놀이를 하는 이유는 재미와 즐거움이다. 놀이가 재미없거나 즐겁지 않다면 그만두면 그뿐이다. 예술가의 행위를 놀이의 본질을 실현하는 대표적인 사례로 보는 것도 이런 이유에서이다.

예술이 어떤 독자적이고 자유로운 창조의 영역이라고 한다면 이런 경우 유희활동의 가상적 존재 상태에서 충실히 발현될 수 있는데, 이를 실러는 미적인 존재 상태라고 보았다. 즉 가상은 단순히 비진리에 그치는 것이 아니라 진리를 구성하는 적극적 요소이다. 가상은 진리가 존재하고 역사적 생애를 살아가는 방식 자체에 해당된다. 특히 예술적 가상은 자연과 일상적 세계를 감싸고 있는 직접적 경험의 통속적 인상을 물리친다.

우리는 아름다움을 느낌으로써 사는 존재다. 아름다움은 헤어날 수 없는 인간의 육체적 속박으로 인해 그로부터 벗어나기 위해 초월적으로 요청된 인간의 필수적 조건이다. 유희충동의 예술적 가상은 소재충동과 형식충동 사이의 상호 대립적 우연성을 지양하고 형식을 소재 속으로, 또 소재를 형식 속으로 끌어들이고 양자의 강요를 소멸시키는 유희활동을 이끌어 간다. 사람은 가상으로서의 아름다움에 대한 유희적인 거리감을 유지함으로써 직접적인 물질에 의한 결정을 넘어서고 형식을 부여하는 과정에서 자신을 자기가 되고 싶은 것으로 만들 수 있게 되는데, 이때 사람은 자유의 순간이 된다.

예컨대 대리석괴는 생명이 없는 물질적 소재이지만 예술가에 의해서 살아 있는 형태Gestalt가 될 수 있다. 실러는 형식미학자인 칸트의 영향으로 예술의 보편성은 소재보다 형식에 있다고 보았다. 인간성 개개의 힘들에 작용하는 것은 내용이지만 인간성 전체에 작용하는 것은 형식이라는 것이다. 그러므로 훌륭한 예술가의 예술적 비밀은 그가 형식을 통해서 소재를 다룬다는 점에 있다. 그런데 형식은 실제로 무엇을 성취하는가? 형식은 물질에 목적을 부여하기 위하여 질서를 조직하고 결정하며 부여한다. 즉 목적이란, 문자적 의미로는 물질의 힘이 성취와 완성의 한계 내에서 정지하게 되는 것이다. 이와 같이 형성된 물질은 유기체적이건, 비유기체적이건 간에, 얼굴의 형식, 생활의 형식, 돌과 책상의 형식이며, 또한 예술 작품의 형식일 수도 있다.

인간의 능력을 활동력으로 만드는 것은 감성뿐이지만 그러나 그의 인격만이 그의 활동을 그의 것으로 만든다. 그의 활동은 시간의 형식 없는 내용(자연세계)에게 형식을 부여하고, 자기 속의 소질을 현실화하고, 자연세계의 다양성을 그의 자아의 통일성 밑에 예속시키는 일이다. 따라서 감각충동으로 가득 찬 인간이 아름다운 영혼의 인간으로 바뀌기 위해서 인간은 형식충동에 점차로 익숙해져야 한다. 만일 감성충동이 형식충동의 영역을 침범하여 완전히 기선을 제압하면 인간은 도덕적 자유를 상실하고 단순한 감각적 존재로 전락하게 되며 반대로 형식충동이 감성충동의 영역을 침범하여 완전히 기선을 제압하게 되면 인간은 모든 감각적 세계를 도외시한 채 허공에 떠서 살아가는 단순한 이성적 존재가 되고 만다. 실러는 앞의 인간을 미개인, 뒤의 인간을 야만인이라고 칭했다.

자신의 본능적 충동 상태에 머물러 있는 것도 아니며 그렇다고 이성혹은 목적의식이나 외적인 것의 강압·충동에 쫓겨 무엇인가를 성취하는 개성이 아닌, 자신의 본능이 시키는 대로이되 이성적으로 개성을 자유롭게 표현하며 사는 것이 진정 바람직한 삶일 것이다. 실러는 이렇게 말했다. "인간은 오로지 아름다움과 더불어 놀이해야 하며, 오직 아름다움과 더불어서만 놀이해야 한다. 간략하게 말하면, 인간은 오직 그가 그 말의 완전한 의미에서 인간일 경우에만 놀이하며, 놀이할 경우에만 온전한 인간이다." 예술적 놀이의 유희활동은 결국 아름다움과 연결된다. 그것은 칸트가 말하던 무관심의 경지에서 노는 일이다.

세계의 미학적 전유, 자유와 형상화

자유는 모든 물리적 강제로부터의 자유뿐만 아니라 자신의 반성되지 아니한 충동으로부터의 자유를 말한다. 그러나 자유를 완전한 자의적 자아 의지의 발현으로 본다면, 그것은 결국 모든 가치를 부정하고 결국에는 자유 그것마저도 무의미하게 된다. 참다운 의미에서 자유를 실현하는 것은 일정한 가치와 목적에 따라서 산다는 것을 말한다. 물론 이 가치와 목적은 외부로부터 부과되는 것이 아니라 자아의 내부로부터 나오는 것이다.

결국 사람이 원하는 자유는 자신의 뜻에 따라 행동하면서 동시에 그 뜻이 사기 삶의 깊은 봉기와 세계에 일지하는 상태를 말하는 것이다. 자아와 세계가 일치하려면, 자아는 단순히 자의적 욕망의 담지자 이상의 것으로 생각되어야 한다. 예술의 도움을 받아 인간은 깊은 욕망과 참다운 운명에 걸맞은 방향으로 인간적 환경을 가꾸어 나가게 된다. 결국 자신의 본능이 시키는 대로이되 이성적으로 인격을 자유롭게 표현하며 사는 것이 진정 바람직한 삶일 것이다.

미가 자유인 것은 가상에 대한 관심에서 드러난다. 감성충동과 형식충동의 지배에서 자유로운 유희충동은 가상을 만들어 내는데, 그것이 바로 아름다움의 출발점이다. 가상은 거짓됨이라는 부정적인 의미가 아니라 현실을 벗어남이라는 적극적인 의미이며 예술이 자연 그 자체가 아니라 인간의 자유에 의해 창조된 것임을 이르는 말이다. 그런데 칸트는 미적 예술에서 미의 창조보다는 미의 판단을 중요하게 여겼다. 그것도 "이해득실에서 벗어난" 미적 판단이어야 한다. 취미는 판정 능력이지 생산 능력이 아니다. 칸트에게서 예술은 독자적인 영역이지만 자연에 대한 학문과 도덕의 영역을 매개하는 중간적 위치를 갖는다. 그래서 칸트는 예술에서 천재도 중요하지만 여전히 지성적일 것을 요구한다. 칸트는 미를 위해서 필수적으로 요구되는 것은 이념이 풍부하고 독창적인 것보다 구상력이 자유롭게 활동하는 가운데 지성의 합법칙성에 합치되는 것이라고 보았다.

칸트와 달리 창작하는 작가의 입장을 더 고려한 실러는 가상을 즐기는 것은 수동적으로 받아들이는 것을 즐기는 것이 아니라 능동적으로 창작하는 것을 즐기는 것이라고 한다. 그는 예술 작품을 행복한 체험으로 받아들일 것이라는 사실에 모든 것을 걸었다. 그 체험은 변할 수 없는 것으로 여긴 현실을 갑자기 창백하고 중요하지 않은 것으로 보도록 만드는 강렬한 인상으로 발전한다. '즐거움'이 지닌 흡입력 덕분에 인간은 스스로를 감지할 수 있는 자유 공간을 얻게 되고 동시에 편협함을 극복하고 새로운 목표를 설정할 수 있는 힘을 얻게 된다.

"예술의 아름다움은 이성이나 의지 모두에게 결코 어떤 결과물도 주지 않으며, 어떤 지성적인 목적이나 도덕적인 목적을 실행하지도 않는다. 그리고 예술은 단 하나의 진리도 발견하지 못하고, 우리를 위해 단 하나의 의무도 충족시켜 주지 못한다. 한마디로 말해 예술은 개성의 토대를 마련하고 머리를 계몽시키는 것에 아주 서툴다." 사람들이 예술과 관련해서 무작정 읊조리는 도덕적인 수다에 대해 실러가 얼마나 거부감을 지니고 있는지가 이런 표현에서 충분히 느껴진다. 유희는 우리의 일상적 존재의 하찮은 관심사로부터 우리를 구제해 줌으로써 우리를 엄숙한 진지함에 서게 해 주며, 그럼으로써 그것은 우리를 성역으로 인도해 그곳에 머물도록 해 준다.

실러는 "문자 그대로 사람인 한 그는 놀이하고, 놀이를 즐기는 한 그는 온전한 인간이다"라고 함으로써 놀이를 인간의 본능적 충동이라고 규정하고, 예술이 인간의 유희충동에 기인한다고 했다. 예컨대 우리들 중에서 악보를 읽으면서 머릿속으로 음악을 들을 수 있는 사람은 별로 없다. 전문 음악가라면 전에 연주해 본 적이 있는 음악의 이미지를 머릿속에서 만들 수 있을 것이다. 그런 사람들은 그리 힘들이지 않고도 음표를 들을 수 있다. 마치 삼각형의 상을 머릿속에서 자유자재로 움직이고 변형시키는 사람들처럼 그들도 음악 선율을 들을 때 음조와 리듬을 바꿔 가며, 음의 진행 방향대로 듣기도 하고 그 반대로 듣기도 한다. 소리로 생각하기는 일류 음악가들이 '소리를 안 내고 연습하는 것'이 어떤 것인지 말해 준다.

음악의 경우는 그것이 감각적 체험이면서 인간의 자유로운 삶의 향유 가능성을 보여 준다는 데 큰 의미가 있다. 그것은 단순히 외적 자극이 아니라 음악가의 내면에서 깊이 공명하여 그것이 내면 그 자체에서 나오는 듯한 체험이기에 자기완성의 희열을 느끼게 한다. 그러한 자기완성의 내적 체험은 음악 형식과 체제의 테두리 안에서 이루어짐으로써 자신이 음악가로서의 미적 성품을 추구하는 것이기도 하다. 실러가 생각했던 의미대로 작품이 효과를 발휘하기 위해서는 작품이 외부에서 주어진 목표로부터 벗어난 자유로운 상태에 있어야만 한다. 그렇지 않으면 보편적인 매체로서 작품이 지닌 특징이 위험에 빠지게 된다. 그렇게 되면 주어진 임무에 따라서 작품은 격식을 갖춘 사람, 무기력한 사람 혹은 아주 긴장하고 있는 사람들에게만 도움이 될 것이다.

실러는 인간 내면 깊은 곳에 '감성충동'과 '형식충동'이 있다고 본다. 감성충동은 삶의 생동과 변화를 직접적으로 추구하는 반면, 형식충동은 생동하고 변화하는 삶의 원칙을 제시하려는 충동이다. 형식충동의 경우는 칸트의 실천이성의 원리 "너의 의지의 격률(주관적 원리)이 언제나 동시에 보편적 입법원리가 되도록 행동하라"라는 사상적 계승이다. 따라서 유희활동은 단지 소재에 대한 감성적인 변화를 파악하는 소재충동뿐 아니라 자신이 누구인지 규정하는 정신적인 형식충동 양자를 함께 지닌 것이다. 둘의 조화는 인간의 건강한 삶의 요체인데, 그것은 인간의 미적 성품에서 가능하다. 미적 성품이 삶의 총체성을 회복하고 참된 자유에 이르게 함으로써 인간성의 실현을 가능하게 한다. 그리하여 유희활동은 인간의 기본적인 존재양식으로서 세계 파악의 기초적 수단이 되고 있다.

즐거움은 단순한 감각적 자극, 기분 전환 혹은 미끼 이상의 것이다. 그것은 생래적 거부감으로부터 사람들을 해방시키고, 다른 경우라면 관심을 덜 받았을 삶의 측면들을 위한 공간을 열어 주며, 사람들의 관심을 강하게 끌어낸다. 인간은 사물의 가상을 지어 가면서 그는 세계 속으로 들어가고 또 세계에서 다시 자신에게로 돌아온다. 세상의 사물들에서 취미를 발견하고 아름다움을 느끼며 그것을 보다 높은 현존으로 형상화할 수 있는 기회가 열리는 것이다.

우리는 어떤 일에 주의를 기울일 때 몰입의 의식 상태에서 마음의 눈으로 볼 뿐만 아니라 마음의 귀로도 들으며, 냄새의 맛과 몸의 느낌을 '상상'하기도 한다. 몰입의 상태에서 즐기는 무용수는 마음으로 듣는 음악을 춤으로 연기한다. 이때 모든 행동과 움직임, 생각은 마치 재즈를 즉흥연주하는 것처럼 이전 것에 따라 뒤따라 이어지듯 가상의 존재 상태로 진입한다. 그 상태는 갈등과 고민 없이 우리의 정신력이 하나의 흐름으로 모아지는 순간이기도 하다. 이런 현상이 일어나기에 몰입을 영어로는 'flow(흐름)'라고 하는 것 역시 이 때문이다.

유희충동으로 발생된 가상적 존재 상태에서는, 이를테면 물이 흐르는 것처럼 아주 자연스럽게 빠져 들어가서 전혀 힘이 들지 않은 상태에서 상상을 통해 형상화가 이루어진다. 형상화라는 것은 어찌 보면 시각이나 청각, 그 밖의 뛰어난 감각을 이용한 일종의 개인적이고 개별적인 속기술 같은 것이다. 거기에는 현상을 그대로 재현하는 것에서부터 특이한 추상 능력, 감각적인 연상에 이르기까지 망라되어 있다. 이런 모든 감각을 통해 형성되는 것들은 상상이나 이미지를 떠올리는 것과 관계가 있다. 이때 상상력은 자율적이지도 않고 타율적이지도 않다.

상상력의 산출 방식은 유희충동의 흐름 안에서 스스로 움직인다. 그 유희는 이미지의 산출 방식이며, 여기서 이미지는 이미지로, 형태는 형태로 지속적으로 변형된다. 형상화는 모든 사회적으로 정의되는 재화, 척도, 규칙을 넘어서 세계의 본질을 드러내 주며, 새로운 대안을 고안해 내기도 한다. 그리하여 사회석 실전의 평범함과 습관으로부터의 해방을 요구한다. 이러한 해방의 힘이 바로 미학적 자유의 개입이다. 앞으로 모든 것을 포용하는 '심미적 깨달음'의 상태에서 자신의 자유로운 선택에 따라 자신을 형성할 수 있는 힘을 되찾게 된다. 말하자면 심미적 자기 형성을 통해서, 사람의 감성이 이 모든 것—수동과 능동, 한계와 무한, 물질세계로의 종속과 도덕적 자유, 진리의 의무와 즐김 등—을 하나가 되게 하는 매체가 되는 것이다.

결국 인간이 유희충동의 지배를 받는다는 것은 물질과 정신의 조화를 의미하며, 인간성의 총체성을 회복했다는 뜻이다. 인간은 놀이를 할 때 비로소 온전한 인간이 된다는 생각은 오늘날 '몰입immersion'이라는 개념, 말하자면 총체적으로 몰두하는 존재자라는 개념으로 표현된다. 몰입이란 그 자체가 좋아서 그 활동에 전적으로 빠지는 심미적 깨달음의 상태로 진입하고 있는 것이다. 그것은 형상 또는 외형의 세계, 놀이의 세계에 속한다.

그런 점에서 많은 노력이 필요한 것으로 부담스럽고 힘들다는 느낌을 주는 집중력과는 비슷하게 보이지만 중요한 차이점이 있다. 스스로 목적성을 가지고 적극적인 사고를 가진 사람만이 내재적으로 자신의 행동에 동기화되어 있기에 외적인 영향에 쉽게 방해를 받지 않으면서 몰입의 경험을 할 수 있다. 미학적 쾌감의 경험을 하는 순간이다. 비로소 우리는 사회적 규범성의 영역 피안 혹은 차안에 놓이게 된다. 이곳에서 미학적 자유가 시작된다.

실러의 미적인 자유는 도덕적 자유를 목적으로 하는 것이 아니라 도덕적 자유를 포괄하며 그것을 넘어선다. 미감적 형성의 충동은 즐거운 유희와 가상이 지배하는 제3의 왕국을 건설한다. 그리고 미적인 표상만이 인간에게 전체성을 만들어 내며, 미美만이 우리를 개체인 동시에 인류의 대표자로서 향유하게 한다. 그래서 취미가 지배하고 미적 가상의 왕국이 확장되는 한 어떤 특권도 어떤 독재도 허용되지 않는다. 실러는 미적인 자유를 통해서 유類로서의 인간이 형성될 수 있고, 그럴 때 이상적인 사회가 이루어진다고 보았다. 실러는 삶에 대한 모든 것이 인간의 미적 관계를 형성시키는 것이라는 것을 주창했다.

미학의 실천으로서의 미적 교육

미적 형성의 충동은 사람을 모든 상황적 조건의 쇠사슬로부터 풀어내고, 물리적인 것이든 도덕적인 것이든 모든 강제력으로부터 해방된다. 이것은 세계와 자아가 온전하고 충만한 것을 향하고 있다는 것과 함께 자유로운 상태에 있다는 느낌을 전해 준다. 실러의 유희충동은 예술적 놀이로 일깨워진 충동이라고 할 수 있다. 이것은 어떤 강박이나 억압이나 구속에 의해서는 일어날 수 없는 충동이다. 자연스러운 상태에서 발원하는 유희충동은 공리적 목적에 관계되지 않으면서 사물의 아름다움만이 아니라 인간이 아름다움을 즐기고자 하는 가상의 존재 상태에로 고양한다.

인간은 이 경험을 통해 자신이 적극적 자유의 존재, 아직 실현되지 않은 풍요로움을 향해 열려 있는 존재라는 것을 확인한다. 실러에 따르면, 이것은 "예술이 번창하고 좋은 취향이 지배하던 거의 모든 역사적 시기에 인류가 몰락했음을 발견하게 되었다"는 사실에서 확인된다. 사람들이 "순수한 아름다움을 즐기는 것에 몰두하게 되면" 모든 대립은 해소될 것이다. 궁극적으로 자신이 원하는 것을 "자신의 내면에서 스스로 만들어 낼 수 있게 된다". 일상에서, 노동과 관습 때문에 생긴 소외로 인해 잃어버린 '인간성'이 다시 주어진다는 것이다.

미적 체험을 통해 인간의 전체적인 상을 회복시키는 일이 미적 교육의 목적이다. 미적 체험은 인간들에게 세계에 대한 미적 관계를 일깨워 주고 인간의 마음속에 리듬, 색, 비례, 조화로운 척도 및 무한히 거대한 것에 대한 감정을 형성시키고 발전시킨다. 인간의 마음은 심미성에 위치함으로써만 물리적 세계와 이성의 법칙 세계 어느 쪽으로든 쉽게 옮겨 갈 수 있다. 예를 들면 자연에 대한 인간의 관계에서 보더라도 우리 내부에서 단지 인간에 대한 자연의 필요성 및 유용성에 대한 의식만이 아니라, 동시에 자연의 미와 위대함을 느끼는 인간의 감정으로부터 비롯되는, 자연에 대한 진정으로 사심 없는 사랑과 기쁨과 존경에 의해 규정되어야만 한다. 그뿐만 아니라 한 인간의 윤리적 태도가 전인적 성격을 획득하게 되는 것은, 오직 그가 특정한 행위를 할 경우 단순히 그 행위의 윤리적 필요성을 의식하고 감지할 뿐 아니라 또한 그 행위의 아름다움이나 숭고함을 감지하고 의식하는 한에서이다.

실러에게는 미적 교육이야말로 인간의 전인성을 회복하는 길이다. 인간의 미적 능력은 감각과 이성, 다양한 능력들을 통합하는 것이기 때문이다. 아름다움은 인간의 여러 능력을 종합하고 조화하여 사람으로 하여금 그 스스로 완전한 존재가 되게 한다. 이것을 통해 인간은 스스로의 존엄성, 다시 말해 자신의 삶이 귀중하며 살 만한 것이라는 사실을 확인한다. 그러므로 인간을 인간답게 하기 위한 교육의 가장 중요한 과제는 가능한 한 인간을 미적으로 만드는 일이다.

심미적 세계는 경험 그것에 내재한 원리들을 더욱 분명하게 구성할 뿐만 아니라 가장 넓게 의미 있는 것으로 포괄하고자 한다. 그리하여 감각의 세계가 열리고 모든 가능성을 조정하고 균형 있게 하나로 통합하는 과정이 시사된다. 그 과정에서 사람은 자신을 아름답게 하려는 생각을 갖게 된다. 플라톤에 의하면 "젊은 생물들은 그들의 몸이나 혀를 가만히 놓아 둘 수가 없으므로" 그것은 인간과 동물 모두에 공통적인 활동이라고 한다. 그러나 다른 모든 동물들은 그렇지 못한 데 비해 인간에게만은 유희를 할 때 리듬과 조화에 대한 즐거움의 지각이 주어져 있다고 한다. 그리고 이것이 유희활동에서 춤과 노래의 기원이라는 것이다.

비록 유희를 여전히 모방의 한 형태로 간주하는 입장이기는 하지만, 플라톤은 유희에서 본능과 형식, 비합리성과 합리성의 연계를 보고 있다. 그리하여 춤과 아름다운 몸가짐과 일정한 리듬이 있는 노래와 군대의 대열이 생겨난다. 미적 가상을 통해 자연, 현실, 시간을 초월하려는 이 이상주의적 요구를 실현하기 위해 국가와 사회, 인간의 존엄성 등은 모두 미적 이상화의 기획 속으로 수렴된다. 오직 예술만이 유한한 현존으로 살아가야 하는 인간을 세속에서 벗어날 수 있도록 도와준다.

실러에게 미는 자연이면서 자유다. 미감적 정서는 자유를 부여하는 것이므로 자유에서 생겨나지 않으며, 그것은 자연의 산물이다. 실러에게 "자연은… 자유로운 있음, 사물들의 스스로의 지속, 그 스스로의 변함없는 법칙에 따른 존재 이외의 다른 것이 아니다". 우리가 꽃이나 냇물, 바위, 새, 윙윙대는 벌들에 있어서의 자연을 사랑하는 것은 그 "말 없는 창조적 삶, 스스로의 조용한 작용, 스스로의 법칙에 따른 있음, 스스로에 영원히 일치하는 내적 필연성"이다.[15]

자유 그 자체는 자연의 적용이며 인간의 작품이 아니다. 그러나 자연이 인간에게 능력을 제공하지만 그 능력의 사용은 인간의 자유의지에 일임한다. 사람이 자연으로 되돌아간다면, 그것은 이성과 자유를 통해 되돌아가는 것이다. 자연에서 기쁨을 느끼는 일 자체가 이미 이념에 의하여 매개되는 것이라는 실러의 지적은 정당하다. 현실적으로 미를 실현하는 것은 인간의 자유에 의한다. 미는 현상에서 유일하게 가능한 자유의 표현이다.

우리는 실러의 예술적 놀이 철학에 담긴 의의를 인정해야 할 것이다. 특히 실러는 미적 교육의 중요성을 강조하는데, 그것은 인간성 회복을 위하여 예술적 놀이를 사회·문화적 지평으로 넓히고자 고민한 결과물이다. 문제의 발단은 도구적 이성의 비대화로 인해 삶의 현실로부터 우리의 관념과 감성과 상상력이 유리된 데 있다. 이로 인해 인간의 형성 과정은 축소되고 왜곡된다. 이런 경우 해결책은 삶의 현실로 돌아가는 예술일 수 있다. 삶에의 밀착을 고집하는 예술적 태도를 흔히 리얼리즘 혹은 사실주의라고 부르는 것이다. 그러나 삶의 현실을 부여잡는다는 것은 얼마나 어려운 일인가?

이런 경우 리얼리즘은 소외나 불평등에 대한 공격성, 증오 등의 강한 도덕적 관심으로 이끌리는 경향이 있다. 도덕은 하나의 교과서적 진실이 된 이데올로기적 도덕성으로 전락하기 쉽다. 그리하여 세계의 사실적 정직성과 인간적 유연성을 잃어버리고 화해할 수 없는 극단적 진영 논리에 빠져들게 된다. 그렇다면 리얼리즘은 삶의 온전함을 딛고 있는 예술적 비전이라기보다는 분열된 현실, 삶과 예술, 삶과 도덕 또는 이념과의 심각한 분열을 드러내 주는 징후이고, 그러한 분열을 구성하고 있는 현실의 일부

---

15. 실러에 따르면 자연은 "우리가 일찍이 그러했던 모습, 우리가 다시 그래야 할 모습을 나타낸다". 그러니까 사람은 자연의 조화 상태로부터 타락한 것이다. 이 타락은 사람에게 다시 한 번 원상으로 회귀해야 한다는 것을 상기시켜 준다. 그러나 이 회귀는 똑같은 상태로 돌아가는 것이 아니다. 그것은 인간의 마음속에 일어나는 생각 또는 이념을 통하여 되찾아진 것이다. 사람이 자연으로 되돌아간다면, 그것은 이성과 자유를 통하여 되돌아가는 것이다. 자연에서 기쁨을 느끼는 일 자체가 이미 이념에 의하여 매개되는 것이라는 실러의 지적은 정당하다. 김우창(2007), 『자유와 인간적인 삶』, 생각의나무, 108~113쪽 참고.

에 불과한 것이다.

실러 역시 자신의 시대에서 인간의 분열과 소외의 극단을 목격한다. 이 문제는 결국 이념 과잉과 물질 과잉의 양극단이 초래한 것이다. 실러는 이 것을 극복하는 길은 인간의 전체성 회복에서 찾을 수 있다고 생각하면서 감성충동과 형식충동의 조화에서 그 길을 찾는다. 실러에게 있어 미적 교육은 이와 같은 예술적 놀이의 유희충동 체험들을 생생하게 해서 인간의 감성충동에 형식충동의 지배가 자연스럽게 조화되도록 훈련하는 과정이다. 그것은 외적인 현실의 움직임을 포착하여 직접적이고 감각적 자명함 속에 구체를 재구성하여 형식으로 옮겨 놓는다. 이 구체성은 상관관계와 통일성을 통해서 구성되며 형식은 여러 사항을 하나로 구성하는 상상력의 작용 속에서 나타난다. 물론 이 형식은 내용에 인위적으로 부과하는 것이 아니라 내용이 되는 현실 그 자체가 드러내는 전체성이다.

실러에 따르면, 인간은 인격과 감각적 상태라는 인간의 근원적인 두 가지 속성으로 구성되기 때문에 인간은 살아가면서 늘 두 가지 과제에 직면하게 된다. 인간은 한편으로 인격이 있어서 불변적인 이성적 측면에 충실해야 할 과제를 가지고 있으며, 다른 한편으로 감각적 상태를 가지고 있기에 부단히 변화하는 감각적 측면에 충실해야 할 과제를 가지고 있다. 인격과 감각적 상태는 인간의 내면에서 각기 스스로를 충동하는 힘이다.

감각은 육체적 존재로서 인간의 토대를 이루며 사람과 사람 사이의 의미 있는 관계를 맺게 한다. 한편으로 이 감각적 상태를 어떻게 극복하는가도 인간의 문제이다. 인간은 자아에 대한 물음에서 일어나는 활동으로 자기를 설명하고 나타내려는 인격을 추구한다. 사람은 그 인격성을 통해 모든 변화하는 것을 종합하면서 지속하게 된다. 즉, 시간과 변화를 지양하면서 시간의 연속 전체를 포괄한다. 이 인격은 현실적인 것이 필연적이고 영원하기를 갈망하고 진리와 정의를 지향한다.

개인적으로나 사회적으로나 더 나은 삶은 바로 감각의 강박성을 극복하는 것에서 시작한다고 할 수 있다. 감각을 넘어가는 추상적 공간에 더 넓은 삶의 가능성이 있고 더 넓은 사회가 존재하는 것이 현실이다. 사람은 이상을 통해서 비로소 자유로워진다. 물론 그 이상은 상식의 이상적인 형태일 것이다. 실제의 공동체가 아니라 이상화된 공동체의 이념을 통해 우리는 사회의 직접적인 압력과 개인적인 편견으로부터 해방될 수 있다.

인간은 감각과 이성의 이중적 경험을 동시에 행함으로써 스스로를 소재로 느끼는 동시에 정신임을 깨닫게 되며, 이때에 비로소 그의 인간성의 완전한 직관을 가지게 된다. 여기에 사람이 스스로 좁은 테두리를 넘어서고자 하는 삶에 내재하는 초월의 가능성이 놓여 있는 것이다. 어떠한 삶이나 초월의 동기를 포함하고 있다. 사람이 스스로를 넘어선다는 것은 쉽게 말하여 큰 관점에서 스스로를 파악하고 또 산다는 말이다. 삶의 잡다함을 넘어선 전체성을 지향하는 삶의 기획은 인간과 세계의 조화된 질서, 적어도 그 가능성을 전제하는 것일 때 아름다움으로 드러난다. 실러는 인간이 이런 삶을 살 수 있어야 한다고 믿었다.

유감스럽게도 현실의 인간은 오직 '예술'에서만 이런 자유를 맛볼 수 있는 것으로 보인다. 미적 교육은 결코 자립적인 교육 형식이 아니다. 왜냐하면 그것은 자기 고유의 특수한 대상을 갖고 있지 않기 때문이다. 미적 가치는 별도의 대상 영역을 이루는 것이 아니라, 인간이 감각적으로 지각 가능한 전 세계를 전유하는 과정에서 발생하는 것이다.[16] 동시에 어떠한 교육활동도 그것이 미적 교육의 요소를 포함하지 않는 한, 가치 있고 효과적일 수 없을 것이다. 지금까지 미적 교육의 실천이 대개 임의적으로 수행되었으며, 가장 효과적인 수단과 방법은 단지 직관적으로만, 말하자면 장님 코끼리 더듬는 식으로 정초되었다는 사실을, 그리하여 그것이 때로는 완전히 그릇된 방식으로 진행되기까지 했다는 사실을 솔직히 인정하지 않을 수 없다. 미학은 교육학 및 심리학과의 긴밀한 협조하에 사회가 어떻게 성원들의 미적 의식을 형성시키며, 그렇게 하는 데 어떤 수단을 사용하며, 미적 교육이 지니는 사회문화적 의미는 어떠한 것인지를 해명해야 한다.

예술로서의 삶

우리가 알고 있는 모든 사회는 서양에서 '예술'이라고 부르는 것들을 적어도 한 가지는 행하고, 각 사회의 많은 집단들이 예술에 가장 큰 노력을 쏟아붓는다. 예술을 만들고 즐기는 이 보편 특성은 인간의 중요한 욕구나 필요가 예술에 의해 표현되고 있음을 암시한다. 원시 사회에서 예술은 삶의 과정을 강화하는 수단이었다. 미개한 사회의 관행이지만, 종족적

---

16. 미적 교육은 세계 속의 미적 가치를 지닌 모든 것에 대한―자연, 다른 인간, 자기 자신, 인간의 생명 활동의 모든 형식들, 인간의 손에 의해 창조된 '제2의 자연', 즉 사물의 세계, 그리고 마지막으로 미적 가치의 특수한 담지체로서의 예술에 대한―인간의 관계를 형성시키는 것이다. 따라서 예술만이 미적 교육의 수단이 되는 것이 아니다. 오히려 실천 활동의 모든 영역이 그것의 수단이 되는데, 그러한 실천 활동은 모두 인간에게 자기 고유의 미적 가치를 현시해 주고, 동시에 인간 내부세계에 대한 미적 관계의 구조―미적 정향, 미적 욕구, 미적 취미를 규정해 주는 일반적인 심리학적 원리가 형성되는 것을 돕게 된다. 이로부터 미적 교육은 다른 모든 교육 형태의, 필수적이며 극히 중요한 측면임이 드러난다. 이로써 미적 교육은 또한 예술적 교육과 불가분한 연관을 맺게 된다. 인간은 예술이 지닌 미적 특질을 파악하지 않고서는 예술을 심오하게 이해할 수도, 올바르게 평가할 수도, 진정으로 사랑할 수도 없기 때문이다. 예술적 교육은 세계에 대한 인간이 미적 관계가 형성되고 발전하는 데서 특별한 역할을 담당하는 것이다. M. S. 까간(2012), 『미학강의 1』, 진중권 옮김, 새길, 227~233쪽 참고.

단합의 표시였던 무기, 깔개, 모포, 바구니, 물동이의 특징적 패턴에서 알 수 있듯이 삶 자체가 예술이라고 할 수 있다. 그것은 집단을 이루는 개별 구성원들 사이에 협동, 조화, 통일을 향상하기 위한 행동 수단을 발전시킴으로써 원시인들은 삶을 충실하게 했다.

원시인들은 주위의 세계를 흡수하여 자신의 것으로 만들고자 열망한다. 또한 그는 고립된 개인으로서의 존재에 만족하지 않는다. 즉 그의 개체성을 사회화하기 위하여 노력한다. 왜냐하면 그는 한 개체로서 전체이며, 존재 가능한 모든 것이기 때문이다. 증가하고 추가되는 인간의 욕구는 인간이 개체 이상이라는 것을 지적해 준다. 제의, 놀이, 웃음, 이야기, 일치된 동작, 자기 초월적인 무아 감정 공유 등을 통해서 예술은 전체를 개체에 몰입시키는 수단으로서 필수 불가결하다.

근대 미학의 성립과 더불어 예술의 자율성 토대가 구축된다. 미학적 모더니즘의 칸트적 전통에서 보았을 때, 미적 체험의 '무관심성'으로 인해 예술적 활동에 개입하는 이론적·실천적 판단의 권리가 축소될 수밖에 없다. 부르디외Bourdieu가 보기에 칸트의 미적 판단은 "사회성을 거부"하는 최고의 장소였다. 예술적 체험은 이론적 진리나 실천적 진리에 대한 관심으로부터 어떤 단절의 체험이다. 그것은 예술의 파편화 현상을 초래하게 된다. 예술가의 자유 범위가 넓어질수록 그러한 현상은 더욱 가속되기 마련이다. 예컨대 아무 장난이나 예술이란 이름을 달고 나오는 시대를 맞이하게 된 것이다. 결국 자율성이라는 미명 아래 자신의 고유성 안에 안주하자마자 비예술적 진리와 실천으로부터 고립되는 예술은 자신의 의미를 스스로 왜소하게 만들어 버리고 만다. 오늘날은 그런 자율성의 이념을 비판적 성찰의 대상으로 바라볼 필요가 있다.[17]

예술은 삶의 본래적 과제이며, 삶의 형이상학이다. 즉 예술은 삶의 관점으로 수렴된다. 삶은 완벽할 수도 없고 아름답지도 않다. 그래서 우리는 예술 작품과 비슷해질 수 있고 자율성과 완전성을 위해 분투하지만, 그 유사성은 항상 잠정적일 수밖에 없다. 그럼에도 불구하고 예술로서의 삶이라는 개념은 예술적인 방식들을 따르는 하나의 삶을 구조화하는 흥미로운 가능성을 제시한다.

그리하여 삶의 형태가 된 예술이 감각적 질서 안에서 성립한다. 즉 예술 안에서 형태를 취하는 것이 삶이다. 그것은 새로운 삶의 생활 형태들과 구성물들의 건설 안에서 진실로 수행하고자 한다. 더 이상 예술은 사회적 해방의 꿈과 같은 유토피아적인 전체주의 프로젝트에 의해서 평가되지 않는다. 이때 예술은 현실적 삶을 넘어 자신을 성취하는 과정으로서 인간의 자기구현 및 자기성취와 연결된다. 이것을 두고 "예술의 사회적 기능은 사회적 기능을 갖지 않는 것이다"라고 아도르노가 말한 것이다.

감성적 삶의 방식, 심미성

우리는 보통 옛 문명의 모습을 남겨진 예술 작품을 통해서 짐작하고 판단한다. 다양한 관습과 의례를 포함하여 모든 공동체적 활동은 미적 통일체로 향한다. 그런 의미에서 보면, 인류 문명의 삶과 발전은 바로 미적 경험을 터전으로 한다고 할 수 있다. 신석기 시대로까지 거슬러 올라가는 먼 원시 시대부터 인간은 단순한 생활 도구를 만드는 데도 미적인

---

17. 예술의 자율성 이념은 근대적 심미주의가 어떤 기만의 상태에 빠져 있음을 암시한다. 미의 영역으로 향할 수 있는 비예술적 관심의 개입을 거부하는 동시에 비예술적 영역으로 향한 어떠한 배려도 금지하는 것과 같다. '예술을 위한 예술'은 그런 거부와 금지에 대한 표현이다. 그렇다면 플라톤에게서 이론적 진리로부터 예술적 경험이 소외되는 것은 어떤 강압적 추방의 결과였다면, 모더니즘 시대에 이르러 그 추방은 단지 자발적 티가으로 바뀐 것에 불과하지 않을까? 김상환(2001), 『예술가를 위한 형이상학』, 민음사, 242~253쪽 참고.

고려를 했던 것으로 보인다. 특별히 미적 대상으로 만들려는 의도가 없었다고 하더라도, 토기의 형태나 안료 장식, 기하학적 도안, 동식물 무늬 등은 인간에게서 심미 의식의 근본적 성격을 생각하게 한다.

예술은 그 본성에서 삶의 세계에 속한다. 그 세계에서 사람들은 산다. 이 세계의 거주자로서 모든 사람은 잠재적으로 예술가이기 때문이다. 또는 어쨌거나 이 세계와 그 나타남의 초월론적 조건처럼 작동하는 감성을 지닌 자이기 때문이다. 감성은 세계의 기본적인 가능성을 이룬다. 경험의 기반으로서 감성은 경험의 전체이자 또 그처럼 세계의 전체다. 그러므로 세계는 반드시 전체처럼 주어진다. 왜냐하면 감성은 '세계'의 모습을 받을 수 있는 모든 것의 초월론적 조건이기 때문이다.

심미성은 감성적인 삶의 한 방식을 가리킨다. 그리고 상관적으로 그 삶에 속하는 세계의 한 방식이다. 다시 말해 심미적인 삶은 곧 감각적인 세계로서 삶의 세계가 지닌 한 방식이다. 예술가나 예술 애호가의 특수한 활동은 감성적인 삶의 현실화일 뿐이다. 일단 자신이 고유한 존재로 살아 있다는 사실을 직감한다면, 자신에게 이르는 통로가 열린다. 그 자체를 위한, 그 자체를 통한 자체의 적용이자 자체의 자기 발전이며, 자체의 자기 성취이자 이처럼 자체의 증대이다.

이것은 예술로서의 삶을 자기완성을 지향하는 존재 방식으로 고양시키는 가치를 지닌다. 왜냐하면 심미적 경험은 더 옳고 더 나은 것에 대한 감각적 예민화 혹은 정련화 작용과 다름없기 때문이다. 예술 활동이란 감수성의 섬세화 과정이다. 이렇게 예민해진 감각은 예술로서의 삶에 응답하려는 자기들을 창조하는 일에 끊임없이 그리고 전략적으로 헌신하게 된다. 예술에서의 인간의 삶은 실제의 삶과 마찬가지로 지적인 활동과 완전히 고립된 정서적 활동이 아니다. 여기저기에서 체험은 숙고로 귀결되고, 느껴진 감정은 사상을 불러일으켜 그것이 이러한 정서적 체험을 해명하고 확증하고 해석할 것을 요구한다. 그런 점에서 예술로서의 삶은 일종의 '해석적 실천'이라고 말할 수 있다. 그것이 감각과 사유와 형식 부여로 이뤄진다면, 앞으로 다가올 참여를 예비케 한다는 점에서 정치적이며 윤리적인 행동이다.

자기완성을 향한 운동은 새로운 자기들이 창조되는 반복적인 과정이다. 물론 이 기획은 성공이 보장되거나 현실에서 실현된다고 장담할 수 없다. 그러나 다듬고 개선하는 과제는 단순하게 우리 자신을 작품으로 만드는 것이 아니라 우리 자신을 잠재적으로 완전한 어떤 것으로 만드는 것을 목표로 한다. 이는 다르게 생각하는 법을 배우고, 또 온 힘을 다해 지혜를 추구하는 노력이 중요하다는 말이다. 이는 경험과 감각에 의지하고 그것의 도움을 받는 심미적인 이성을 의미한다. 따라서 자신만의 삶의 양식을 일구어 나가고 취미를 발전시키는 것은 예술가적인 면모와 인식하는 활동이 합심하여 달성할 수 있을 것이다. 이러한 시도는 미학의 성립 이후에 지속적으로 이루어져 왔다.

칸트의 세 번째 비판서인『판단력 비판』은 훌륭하게 미적 판단을 그의 도덕적인 체계와 인식론적 체계를 연결시켜 주는 것으로 보았다. 칸트 연구자로서, 실러는 예술을 도덕적 자기 입법과 완전한 자율성을 성취하는 데 결정적인 것으로 보거나 그렇지 않더라도 예술이 그것을 성취하는 데 충분하다고 보았다. 또 다른 사람으로 헤겔은 이념의 감각적 실현으로서 미학을 철학의 성취와 종교로서의 정신의 완전한 자각을 위한 필수적인 예비단계로 만들었다.

그런데 니체는 다르다. 니체에게 예술은 지식에 선행하는 것 또는 도덕과 철학의 수단으로 이해되는 것이었을 뿐만 아니라, 더 정확히 말하면,

지식과 함께 이상적인 삶에서 중심적인 요소로도 이해되는 것이었다. 즉, 사유 역시 기꺼이 예술과 삶이 서로 교차하도록 돕는다. 따라서 이상적인 삶은 단순히 철학적이거나 도덕적인 삶이 아니었다. 이상적인 삶으로 살아가고 창조하고 사유하는 과제는 우리의 존재를 위한 것이며, 가장 세부적인 것들에까지 이른다. 심지어 "사소한 사항들—영양 섭취, 장소, 풍토, 휴양, 이기심의 모든 궤변은 이제껏 중요하다고 받아들여졌던 모든 것보다 상상을 초월할 정도로 중요하다." 보다 암시적이고 구체적인 어조로, 니체는 명백하게 삶의 기술이 존재의 "사소한 것들", 우리의 식습관, 즐거움을 주는 것, 가치들, 실수들, 목적들 그리고 우연한 사건들을 선취하는 것임을 증명한다.

니체에 따르면, 우리가 가지고 있는 현실에 대한 도안은, 기본적으로 심미적인 요소들을 포함하고 있을 뿐만 아니라, 전체적으로도 심미적으로 재단된다. 따라서 "현실 생산"의 원칙이 심미적인 것의 새로운 길잡이가 되었다. 니체 덕분에, 우리는 예술이 더는 단순하게 철학적인 탐구의 대상이 아니라 개인이 자신의 이상적인 삶을 창조하기 위해 사용할 수 있는 일차적인 도구 중 하나로 나타나는 독특한 운동을 만난다. 삶과 예술의 동일함뿐만 아니라 지식에 대한 예술의 종속을 부인함으로써 니체는 '예술로서의 삶'을 탄생시킨다. 낭만주의적으로 말해서 삶은 매일매일 새롭게 형성되는 한 점의 예술 작품이다. 예술가는 직관 형식들, 기본적인 이미지들, 환영이라는 허구적 수단들과 은유적인 행위를 통해 현실을 산출한다.

이 새로운 미학은 이제 종종 기존의 인식 이상에 저항한다. 개념적 진리는 추상적이고 빈곤하며, 항상 개별적인 현실을 정당화하지 못한다. 개별적인 것을 위해서는 다른 기관이 필요하다. 바로 미학이 이제 개별적인 것의 변호사가 되었다. 따라서 이러한 이상을 위해서는 심미적 계기가 현실의 이름으로 그리고 인간 조건에 대한 호소로 전면에 등장한다. 심미적인 것은 인식 능력을 넘어 삶의 유형으로 설명될 때 강력한 힘이 생겨난다. 그런 의미에서 예술적 경험은 인식론적 경험에 대하여 초월적이다. 이제 상상력을 매개로 해서 성립하는 가상, 산출, 허구 등과 같은 용어들이 등장한다. 낭만주의가 자유의 이념을 담보하기 위해서 도입했던 것이 상상력 개념이다. 상상력은 현실을 주어지는 것이 아니라 산출되는 것으로서 이해하는 데 기여한다.

인간은 항상 이미 주체인 것은 아니었다. 주체는 되는 것이다. 거기에 주체화의 작용이 있는 것이다. 인간은 자신을 세계와 만나도록 하고 또 이러한 만남을 표현하고 구성하고 해석하여 자기 자신에게 방향과 의미가 제시되도록 하는 능력인 지각을 통해서 규정되는 것이다. 우리는 얼마만큼이나 세계를 '가지고' 있는가, 즉 우리는 얼마만큼이나 세계를 이해하고 있는가? 이러한 물음과 사유는 감성과 감응, 관조, 직관 그리고 상상력에서 자라난다. 존재는 지각된 것이고 현실은 인간이 감응하고 파악하는 바에 따라 존재한다.

그렇다면 주체가 되기 전에 인간은 무엇이었는가? 아무것도 아니지는 않았다. 인간은 감각적 존재였다. 더 정확히 말하면, 감각적이고 어두운 힘을 지닌 존재였다. 어두운 힘이라고 하는 이유는 감각적인 것이 근거와 합리성이 없는 것으로, 때문에 무법칙적이고 무목적인 것으로 기술한다는 점이다. 자연과학적으로 증명할 수 없는 이 힘은 체험 그 자체일 수밖에 없다. 색, 소리, 향기, 맛, 촉감 그 밖에 육체적 감각 전반에 걸쳐 힘의 작용은 경험적으로 특별한 예외 없이 존재한다.

우리는 예술이라 부르는 현상을 통해서 감각에 부딪치는 의미 있는 힘을 창출하기도 한다. 그 힘의 작용은 철저히 주관적일 수밖에 없다. 그 힘을 무어라 부르든 중요한 것은 그 힘이 느껴지는 그 순간에 의미 있는 힘은 구체적인 모습으로 존재한다는 사실이다. 독일의 미학자 헤르더의 저술 『칼리고네, 쾌와 아름다움에 대하여』는 칸트의 『판단력 비판』에 대한 메타비판으로 쓰인 책이다. 여기서 미감적인 것은 영혼에 직접 작용하는 힘으로 이해된다. 즉 미감적인 것은 "감각을 직접 열광케" 하려는 목적을 지닌 심미적 작용으로서, 에르곤érgon, 즉 작품을 통해 촉발되는 것이 아니라 에네르게이아enérgeia, 즉 힘을 통해 촉발된다. 이미 헤르더는 칸트의 판단력을 미적 경험이 발생되는 분명한 장소라고 생각할 수 없었다. 오히려 그는 감각의 점진적인 구축과 반성의 무한성을 강조한다.

헤르더와 동시대의 인물인 셸링에 따르면, 인간적 구상력의 반영 속에서 우주는 생명으로 가득 찬 상상력의 세계로 형성되고, 마침내 "모든 것은 대자적으로 다시금 전체"가 된다고 한다. 셸링은 구상력을 말 그대로 "하나로 형성되는 힘"이라고 설명한다. 바로 이 힘으로부터 "모든 창조 행위"가 비롯된다. 예술적 현상을 비롯한 모든 현실이 힘의 현상인 것이다. 이러한 힘이 예술가의 심미적 삶을 형성한다.

현실이라는 구조는 전체적으로 심미적인, 즉 산출적인 일차적 투사에 의존한다. 즉 "자유롭게 창작하고 자유롭게 만들어 내는" 인간의 행위, 즉 "심미적 관계"에 기초한다. 그러나 우리는 습관적으로 그것을 지각하지 못하고 망각하거나 억압한다. 니체가 우리에게 이러한 심미적 근본 과정에 대한 억압을 일깨워 주었다. 우리는 도처에서 허구적인 수단들과 은유적인 행위를 통해 현실을 산출한다는 사실을 새삼 확인할 필요가 있다. 예술과 사유는 삶의 혼란스러운 경험들에 질서를 부여하고, 어떤 의미에서는, 우리가 겪어야만 하는 예술적인 허구이기도 한 예술의 가상들을 활용함으로써 해방된 하나의 삶을 만든다. 예술로서의 삶이 실행 가능한 삶과 사유의 방식이라면 그것은 놀이와 실험을 통해 예술과 사유를 종합함으로써 이루어질 수 있다.

감각과 상상력의 미학적 힘

몸 전체로 음악을 듣고 몸 전체로 시를 읽는 것처럼 우리의 상상력과 감수성은 뇌의 활동에만 국한된 것은 아닐지도 모른다. 예를 들면, 모차르트는 공공연히 손과 입을 움직이며 곡을 썼다고 한다. 생각하고 창조하기 위해 근육의 움직임과 긴장, 촉감 등이 불려 나오는 순간이 바로 '몸의 상상'이 작동하는 때이다. 상상력은 산출하거나 생산한다. 그것은 개념에 따르는 것이 아니라 "경험 전체"를 지향하며 그것과 "함께 성장하는" 것으로 이해된다.

상상력은 모든 것을 포괄하고 종합하는 능력, 말 그대로 "하나로 형성하는 힘"이라고 할 수 있다. 바로 이 힘으로부터 모든 창조적 행위가 비롯된다. 상상 속에서 이루어지는 창조 행위의 주목할 만한 능력은 인간의 유년기에 이미 형성되어서 그의 전 생애에 걸쳐 예술에 의해 고무된다. 이미 오래전부터, 아이들이 소위 직업배우의 능력을 선취할 수 있고, 상상된 대상들을 가지고 놀 수 있다는 것이, 더구나 똑같이 만들어진 인형이나 자동차보다 나무토막이나 얼룩덜룩한 헝겊을 좋아한다는 것이 확인되었는데, 이는 그러한 것들이 사유를 통해 그것들을 임의의 대상으로 변화시킬 수 있는 넓은 유희 공간을 허락해 주기 때문이다. 우리는 또한 아이들의 상상이 어떻게 생명이 없는 대상들에게 살아 있는 존재의 특성을 자유롭게 부여하는지, 어떻게 그들이 삶으로부터 개별적인 인상들을 조합해 내는지, 그들이 동화 속의 형상들에게 어떤 구체성과 현실 충실성을 부여하는지를 알고 있다. 이러한 능력의 발전은 특히 재능 있는 사람이 상상 속에서 이루어지는 창조 행위로부터 실제적인 예술 창작으로 이행하는 것을 가능하게 해 준다. 예술 창작에서 창조 행위의 목표는 단지 사람들에게 삶에 대한 일정량의 지식을 전달하는 데 있는 것이 아니라, 사람들로 하여금 거기에 서면 예술가의 견해에 따라 삶을 지각할 수밖에 없는 어떤 특정한 입장을 취하게 하고 그들에게 삶에 대한 특정한 관계를 암시해 주고, 존재의 진정한 가치와 거짓된 가치를 분별할 수 있는 눈을 열어 주는 데 있는 것이다.

인간의 가장 중요한 능력으로서의 창조력에 대한 본격적이고 설득력 있는 논의를 시작한 사람들은 영국의 낭만주의 시인들이었다. 이미 플라톤은 예술가를 '광기 어린 사람', 또는 '신들린 사람'으로 묘사하고 있으며, 근대로 넘어오면서 예술가는 '천재'로 이해되었다. 그렇다면 이런 견해의 배후에는 어떤 생각이 자리 잡고 있는 것일까? 광기와 신들림 또는 천재는 인간의 어떤 본질적 사태를 지시한다. 즉 하나의 예술가가 되려면 기억 속에서는 경험을, 표현 속에서는 기억을, 형태 속에서는 재료를 끄집어내어 그것을 변형시키는 일이 필요하다. 예술가에게는 감정만이 전부가 아니다. 그는 자신의 작업을 알고 있어야 하며 그 일을 즐겨야만 한다. 그리고 모든 규칙이나 기술, 형식이나 관습을 이해해야만 한다. 예술의 창작 과정을 생각하듯 우리는 그런 식으로 인간세계를 창조한다. 예술은 바로 이러한 창조의 중요한 한 가지 수단이다.

이제 인간에게 각별하게 주어진 과제는, 자신의 고유한 감각을 긍정하고 확장하고 축적하여, 감각의 그 끝까지 사유하는 데 있다. 사실, 한 개인이 자율적인 존재가 되기 위해서는 자신의 모든 감각에 대한 신뢰가 필요하다. 그것은 인간학적이고 미학적으로 사유하려는 근본적인 노력이라고 할 수 있다. 무엇보다도 전제되어야 할 것은 자신의 고유한 감각에 대한 뿌리 깊은 믿음이다.

일상의 세계에서는 인간은 감관이 수동적으로 받아들인 바에 따라 행동하고 사고한다. 그러나 미적 상태에서는 이 관계가 역전된다. 자신의 감관을 능동적으로 의욕을 가진 대로 사용함으로써 감관의 민감성을 정신으로 높여 이념들이 외적 자극 없이도 이를 통해 밖으로 흘러나오게 할 수가 있다. 여기서 정신은 활기를 찾고 진정으로 자유롭다. 로댕의 유명한 조각 작품 〈생각하는 사람〉은 자신의 고유수용감각적 상상력에 육체적인 형태를 부여한 것이다. 몸으로 생각하는 것은 근육의 움직임, 자세, 균형, 접촉을 느끼는 우리의 고유수용감각에 의지한다.[18] 로댕의 말을 빌리자면 모든 시인과 화가, 발명가를 상징하는 한 벌거벗은 남자가 긴장감을 주는 자세로 바위 위에 앉아서 생각에 빠져 있다. 로댕은 "내 작품 〈생각하는 사람〉을 '생각하는 사람'으로 만드는 것은 무엇인가? 그것은 그의 머리, 찌푸린 이마, 벌어진 콧구멍, 앙다문 입술만이 아니다. 그의 팔과 등과 다리의 모든 근육, 움켜쥔 주먹, 오므린 발가락도 그가 생각 중임을 나타낸다"라고 썼다.

한 사람이 어떻게 주체적인 창조자로 행동하며 또 동시에 세계와 공존하는가 하는 것은 예술가의 매체와의 투쟁에서 가장 잘 예증될 수 있다.

---

18. 우리는 대부분 자각하지 않은 상태에서 몸의 느낌을 알게 된다. 신경학자 올리버 색스(Oliver Sacks)에 의하면 "지속적인, 그러나 무의식적인 감각의 흐름이 우리 몸의 동작 부위에서 나온다"라고 한다. 이 감각의 흐름이란 우리가 '제6감' 혹은 '비밀의 감각'이라고 부르는 것이다. 그는 계속해서 "우리는 자신의 근육을 살피고, 위치나 긴장상태, 움직임을 끊임없이 재조정한다. 그러나 이 과정은 자동적이고 무의식적으로 일어나기 때문에 숨어 있는 과정이라고 말할 수 있다"라고 적고 있다. 그 과정은 색스의 말처럼 대개는 숨어 있다. 로비드 루드번스타인·미셸 루트번스타인(2007) 『생각의 탄생』, 박종성 옮김, 에코의서재, 216~218쪽 참고.

찰스 시몬스Chales Simonds가 조각가가 된 것도 어린 시절 공작용 점토를 가지고 놀았던 일이 계기가 되었다고 한다. "어느 날 밤 나는 흙덩이의 일부를 떼어내어 근육질의 레슬러가 드러누운 모양을 만들었다. 점토를 주무르면서 내가 느낀 흥분은 이루 말할 수 없었다. 점토의 느낌, 그것과 내가 이어져 있다는 감각, 내 손으로 만들어 낼 수 있다는 것이 놀라울 따름이었다." '인식을 행하는' 것은 감각중추의 다양한 힘들이다. 감각적 표상 산출은 자아의 자기 의식적이고 자기 주도적인 행위의 산물이 아니다. 미학적 '파악'은 '갑작스러운 인상' 혹은 '예기치 않은 감정'이다. 오히려 그것은 의식되지는 않지만 그에 못지않은 '내적 원리'를 통해 인도되는 어떤 운동의 표현으로서 사유되어야 한다.

미학에서의 문제는 감각적인 것에 관한 사유다. 상상력은 감각의 영역에 속한다. 감각의 그 끝까지 사유하려는 예술 활동은 철저히 상상력의 자유를 통해 이루어진다. 인간은 상상력의 존재였다. 모방과 달리 상상력은 자율적이다. 상상력은 그 자신이 세운 목표를 충실하게 추구하는 반면, 모방은 그 목표를 실재에 준거하여 추구하며 그 때문에 문제에 부딪치곤 한다. 상상력이야말로 직관이요, 정서요, 무의식적이자 본능처럼(자연처럼) 움직이는 힘이다. 이 힘이 심미적 삶을 형성하는 예술 활동의 원리이고 그 형성의 원리에 대한 예술적 관심이 인간 체험의 본질을 이룬다고 볼 수 있다. 듀이에게 상상력은 인간의 모든 힘이 집중되어 극점을 이루고 있는 상태이며, 모든 모순들을 하나로 통합하여 비로소 완전한 경험을 가능케 하는 능력이다.

상상력의 미학적 힘은 "확장과 수축의 유희"로서 작용한다. 미학적 힘의 유희는 일종의 과정, 곧 우리가 그 속에서 "수용하고, 가공하고, 번식하는" 과정이다. 그것을 통해 영혼은 "모든 것을 수용하고 자기 안에서 변화"시킬 수 있다. 예컨대 시각형 사고자는 어떤 사물의 모습을 상상 속에서 그려 내는 형상화 능력이 있다. 위대한 발명가들 사이에서 생생한 형상들의 유희충동 체험을 엿볼 수 있다. 그들의 자서전에 따르면, "나는 어떤 생각이 떠오르면 머릿속에서 즉시 그것의 기본 모양을 상상으로 그려 본다. 상상 속에서 그것의 구조를 바꿔 보기도 하고 한번 작동을 시켜 보기도 한다. 중요한 것은 내가 실물이나 형체 없이 그 모든 것을 상상 속에서 한다는 것이다"라고 적고 있다. 이미지에 의존하는 정도는 사람마다 다르다. 개인에 따라서, 또한 그가 추구하는 바에 따라서 특정한 이미지가 더 중요해질 수가 있다.

　기술로서의 예술이 자의식적인 주체 활동인 것에 비하면 상상력의 자유로운 유희는 법칙적이지도, 자의적이지도 않기 때문에 주체 자신의 활동이 아니다. 기술로서의 예술은 제작과 뗄 수 없는 관계에 있으며 다 같이 어떤 의도에 의해서 만들어진다. 즉 언제나 이미 결정된 목적을 위한 수단으로서의 활동이다. 예술의 제작과정에서 이루어지는 것들―꾸미기, 과장하기, 유형화하기, 병렬하기, 모양 짓기, 변형하기 등―을 쉽게 포괄한다. 반면에 상상력의 자유로운 유희로서 미학적 경험은 무의식적이다. 상상력의 자유로운 유희는 주체의 고유한 활동이지만 주체를 통해서도, 주체가 따르는 주어진 법칙을 통해서도 주도되지 않는다. 그것은 자기 고유의 활동이지만 자기 규정적, 자의식적 활동은 아니다. 그것은 능력의 실현이 아니라 힘의 전개이자 자의식적이며 "진정한 본래적 자기"의 행동이 "아직 아닌"(그리고 결코 그렇게 될 수도 없는) 미학적 힘의 유희적 표현에서 한 흐름인 것이다.

　미학적 힘은 어떤 표현 산출을 위한 힘이자 이런 표현을 넘어가기 위한 힘이다. 미학은 '격렬한 감정'(공포, 슬픔, 희열 등)과 크고 작은 정동 및 정서(창피함, 수치, 질투, 짜증, 불안, 경멸, 놀람 등)의 두 영역을 모두 아우른다. 미학은 지각과 감각, 주의의 형태들(예를 들어 산만함, 장관, 집중, 몰두)와 감각의 세계(촉각적, 청각적, 미각적, 후각적, 시각적 경험), 그리고 몸(게슈탈트와 그 부분들)에 호응한다. 미학은 이 모든 요소의 얽힘에 관한 것이라는 점이 중요하다. 감각과 정동은 서로에게로 흘러 들어간다. 이곳에서는 정서적 공명을 품게 된다. 감각, 정동, 감정의 연결고리가 형성된다. 감각적이며 신체적인 경험, 즉 만지기, 느끼기, 움직이기 등이 사랑 또는 비통함이라는 열렬한 감정과 얽히면 그것이 물질적이냐 관념적이냐 하는 각각 다른 범주로 분류하기가 힘들어진다. 이러한 미학적 힘의 표현들은 서로를 압박하고 서로 투쟁한다.

힘은 유희로서 혹은 유희 안에서 작용한다. 생산을 통제하는 보편적 형태나 규범으로 지향하지 않고, 지속적인 산출과 산출된 것을 변화시키는 유희로 힘은 작용한다. 그렇기 때문에 '상상력'은 그에 선행하는 인상들의 결합을 통한 이미지들의 산출이 아니다. 시인 스티븐 스펜더는 시 짓기를 가리켜 '이미지들의 논리' 작업이라고 표현했다. 그에게 시는 매우 생생한 기억, 대개는 시각적인 기억에서부터 출발하기 때문이다. 물론 이 시각적 기억은 풍부한 표현력을 가진 문어文語로 형상화한다. 시적 이미지는 상상의 세계이며, 예술적 직관과 정신의 자유로운 창작에 의해 드러나는 세계이다. 그러나 이 세계는 현실 세계보다 더 나쁘지도 덜 실재적이지도 않으며, 사람들은 이 세계 안에서 현실에서처럼 잘 살 수 있으며 시적이면 시적일수록 더욱 진실할 수 있다.

'상상력'의 미학적 작용은 다른 이미지와의 결합을 통한 이미지 산출이다. 이러한 관점은 상상력이 통일성 형성을 위해서 산출한 이미지들이 독립적으로 주어진 요소들, 이를테면 감관의 인상들의 결합이라는 방식으로 이해했던 기존의 태도를 뒤집는다. 시적 형상을 완성하기 위해 미학적 힘이 반복됨으로써, 그것은 개개의 모든 표현들을 뛰어넘고 다른 것을 통해 그것을 대체한다. 이미지의 산출은 어떤 힘의 작용이고, 나아가 모든 이미지는 어떤 힘의 표현이다. 이미지는 어떤 특정 인상들에서 변화된 것이 아니라 매 순간순간 개별적이며 그 자체일 수밖에 없는 체험된 것들의 이미지들로부터 창조된 것이다.

사람들의 예술지각은 예술적 상상이 지니는 창조력에 의해 산출된 내용의 내적인 층위에 반응한다. 마찬가지로 지각은 예술 형식 속에서 형식의 외적인 층위, 즉 기호적 성격과 구성적 특질에 반응한다. 따라서 예술지각은—당연히 직관적으로 그리고 즉각적으로—형식에서 내용으로, 다시 내용에서 형식으로 나아간다. 그리하여 예술의 세계는 일상의 세계를 파괴하기도 하고 그것을 넘어서 있는 세계이므로 예술 안에서 형성된 세계는 나름대로의 특이한 존재론적 지위를 갖는다. 그것은 어떻게 보면 현실을 직접 반영하고 있는 것도 아니고 상상의 세계이므로 현실에 직접적인 영향을 미칠 수 있는 것도 아니다. 이러한 측면에서 횔덜린이 시를 창작하는 행위는 가장 무책임한 인간의 행위라고 한 말이 타당성을 갖게 된다. 시인은 상상 속에서 무슨 이야기이든 엮을 수 있으며, 그것이 아무리 비판적이라 하더라도 자신의 시에 대해 현실적 책임을 지지 않아도 된다.

미학적 주체 되기

예술로서의 삶은 미학적 사유와 행동이라는 두 형식의 정식화를 통해 자기를 창조한다. 그것은 자유롭고 의미가 충만한 삶을 창조하는 삶의 방식들과 연결된다. 예술로서의 삶은 예술, 사유, 그리고 행동 사이의 관계를 끊임없이 강화함으로써 작동하며, 따라서 심미적인 것이 지니고 있는 미학적 윤리학의 차원을 인식하게 된다. '예술적'이란 용어가 예술 작업의 외적 성과나 예술 작품과 관련되어 있는 반면에 '심미적'이란 것은 주체가 인간과 사물, 현실과 자연과 풍경을 접할 때, 그가 갖는 감각과 인식에서의 내적 변화, 즉 자기형성의 변화과정에는 심미적인 요소가 들어 있다. 즉 사물의 일반적 지각이나 세상의 경험에서 그것은 미와 추, 선과 악, 진실과 거짓, 정의와 부정의에 대한 분별력을 키워 주고, 이 분별력을 구성하는 감수성과 논리를 단련시킨다.

그리하여 우리는 심미적인 것을 삶의 효소로서 유효하게 만드는 일에 착수한다. 미학적 윤리학은 일상의 삶의 다양한 양상들을 통한 자기 구성의 가능한 방식들을 제공한다. 미학적 주체가 된다는 것은 무엇보다도 일상적 태도와는 구별되는 어떤 태도를 상정한다. 그것은 세상과 관계 맺는 특별한 방식이며 미학적 힘에 반응하는 일련의 양상들에 대한 관심이며 감지이다. 여기서 일상적 태도를 엄밀하게 정의할 수는 없고, 그냥 경험적으로 우리 삶에서 특별하게 의식되지 않고 흘러가는 대개의 시간들 정도로 이해하면 좋다. 에른스트 피셔Ernst Fischer가 자신의 책『예술이란 무엇인가: 예술의 필요성』에서 인용한 시인 루이 아라공Louis Aragon의 시구는 일상의 세계 속에서 어떤 특별한 세계가 발휘되는 미학적 힘의 작용을 엿볼 수 있다.

> 나는 그냥 기계적으로 말들을 갖다 쓴다
> 떨어지는 눈송이보다도 더 기계적으로,
> 신문에 실리는 그 특징 없는 말들.
> 나는 그런 말들로 다른 많은 사람들처럼 이야기한다.

동전 한 닢이 아스팔트에 떨어지는 소리

우리는 불현듯 멈춰 서서

눈에 찍힌 발자국을 밟으며 오던 길을 되돌아간다.

의식 저편에서 울리는 어떤 아픔의 메아리.

우리가 마음 깊숙이 침묵시킨.

우연히 떨어진 말들. 적절치 못한 말들…

내가 새들에 대해, 느릿느릿한 변화들에 대해,

클로버 잎 사이에서 빛바래진 8월에 대해,

바람에 대해, 장미에 대해

무언가 말하려 할 때

갑자기 멜로디가 끊기고

그 멜로디는 흐느낌이 된다.

미학적 힘은 "그 멜로디는 흐느낌이 된다"라는 표현에서 알 수 있듯이 물리학적 방식으로 측정하거나 증명할 수 있는 객관적인 것은 아니지만 일단 느끼면 확실히 거기 존재하는 힘이다. "의식 저편에서 울리는 어떤 아픔의 메아리"처럼 무언가 안으로부터 작용하는 어떤 불가사의한 힘에 의해서 시인은 일상적인 삶의 연속적인 흐름에서 잠시 떨어져 나오는 모양새를 취한다. 그것은 삶의 맥락에서 분리된 듯싶은 존재 양상이면서도 삶 전체를 총체적으로 느끼게 하는 하나의 일관된 체험 형식이라 할 수 있다. 부분들의 총합보다 더 큰 자기를 창조함으로써 생기는 예술로서의 삶은 과거에 기반을 두면서도 미래에 충실하며 현재에 대해 긍정하려는, 삶과 사유와 봄의 방식으로서 가장 바람직하게 이해된다.

우리는 예술이 더는 단순하게 철학적 탐구의 대상이 아니라 개인이 자신의 이상적인 삶을 창조하기 위해 사용할 수 있는 일차적인 도구 중 하나로 나타나는 독특한 운동을 만난다. 그로 인해 삶과 예술의 동일함뿐만 아니라 지식에 대한 예술의 종속을 부인함으로써 예술로서의 삶은 탄생한다. 미학은 요즘 생활 세계 내에서 만연하듯 단지 아름답게 꾸미기의 한 갈래가 아니라 미학적 윤리학의 심급으로서 작용해야 한다. 미학적 윤리학은 예술의 경계선 안에 머무르지 않고 오히려 생활 세계적 문맥들로 발산되어 나아갈 수 있다. 그리하여 미학적 윤리학은 모두 예술적인 삶을 사는 일에 헌신하는 자기 또는 다수의 자기를 구성하라고 명령하는 기술들과 사유 방식들을 고안해 낸다.

주체가 된다는 것에는 여러 가지 차원이 있을 수 있으나 미학적 주체가 보여 주는 것은 세계에 질서를 주는 원리로서의 인간의 개성적 존재 가능성이다. 미학적 인간은 '아름답고 고상한 정신'이라 할 수 있다. 그는 감각능력과 예민한 감응력, 그리고 변화에 대한 유연성 등에 따라 자신이 처한 매 상황을 기반으로 어떠한 활동을 이어 나가는지를 살펴보면서, 그는 그때마다 상황에 대한 해석을 하고 있었다는 사실이 드러난다. 해석은 수용적이든 생산적이든 현존재가 의미를 요구하고 있다는 사실을 잘 보여 준다. 그렇다면 미학은 전체 실천 철학의 토대라 해도 좋은 것이다. 메이블 콜린스Mable Collins는 「하얀 연꽃의 시」에서 다음과 같이 썼다.

> 사람의 영혼은 불멸이며
> 그 미래는 성장과 영광에 한계가 없다.
> 생명을 부여하는 원리는 우리 안에 있으며,
> 우리와 관계없이 그것은 사멸하지 않으며 영원히 자애롭다.
> 그것은 들리지도 않고 보이지도 않으나

알고자 하는 모든 사람에게 지각되며,
제가끔 자신의 절대적인 입법자로서
영광과 어둠을 자신에게 나누어 주고
자신의 삶과 상과 벌에 관한 준칙을 정한다.

이 글에서 생명심이 발현하는 체험을 함께할 수 있는 사람도 많겠지만
함께할 수 없는 사람들도 있다. 느꼈으면 느낀 것이고, 느끼지 못했으면
느끼지 못한 것이다. 이 시는 일상적인 방식으로 눈에 보이거나 귀에 들
리는 현상적 세계 너머에 있는 초월적 세계를 담고 있다. 지금까지 우리
에게 익숙한 개념 중심의 사유를 벗어나 생명을 새롭게 바라보는 마음의
눈을 작용시키고 있다.

시인은 세계에 자신을 열어 궁극적으로 자신을 비우고 만물과 조응하
는 것, 즉 생명이라는 커다란 관심이 '나'를 놓게 할 수도 있다. 그리하여
자신의 개성적인 삶을 완성하는 절대적 입법자의 윤리적 형상과 만날 수
있다는 것을 표현하고 있다. 개성적인 스타일은 세계에 열려 있는 어떤
한 인간의 존재 방식이다. 이것은 그 사람에게 각별하게 독특한 것이면서
세계와의 교섭 없이는 성립하지 않는다.

따라서 미학적인 것은 이미 일상의 핵심적 차원으로서 현실 일반을 경
험하고 구성할 근거를 마련한다. 만일 어떤 경험이 미적인 특성을 지니지
않는다면, 제 아무리 경험이라 해도 통일성을 드러내지는 않는다. 미적 경
험은 지적이지 않은 요소로 시작해서 하나의 의미 깊은 경험을 형성하는
것이기 때문에, 인식보다 더욱 분명하고 뚜렷하다. 상황을 한눈에 간파하
는 일 역시 합리적 추론에 기인하는 것이 아니라 그 상황의 의미를 감지
해 낼 수 있는 능력에서 비롯된다. 오직 인간만이 그러한 존재였기 때문

에 인간은 미학적 주체로 될 수 있는 것이다.

이제 우리는 예술이 현실이 아니라 허구라는 점을 상기해야 한다. 그리하여 우리가 현실의 삶에서 갖는 체험은 그 자체로서 의미를 가지면서 동시에 그다음의 체험에 대한 영향으로서의 의미를 갖는다. 그렇게 감각 체험은 깊은 의미를 가진다. 또 표상, 관찰, 기억은 근원적 감각이 미적인 성질로 현상할 때까지 계속 변화된다.

여기서 우리는 육체의 기관 조직을 우리 마음대로 할 수 있고, 여기서 육체의 기관 조직은 정신에 이바지한다. 특기할 만한 것은 날것 그대로의 본성을 표현하고자 하는 욕구와 단순한 감정의 표출은 스스로 변형되길 요구하면서 표출된다는 사실이다. 그리고 물질이 변성되어 매개로 전환되는 한, 표현활동은 미적인 의미를 지니게 된다. 변성 속에서 완전히 새롭게 재편된 관계의 구조물이 발생하게 되는 것이다. 이를 통해 감각 역시 다시 새롭게 깨어난다.

2부

세계가 있는 삶의 예술과 정치

1.
어떻게 삶을 예술로 가꾸는가?

살 만한 삶의 의미와 조건

나름대로 '내 삶이 살 만하다'라고 말할 때, 그 삶은 어떤 것일까? 그것은 한마디로 '자족적이며 잘 사는 삶'이며, 우리가 누리는 것, 매일 매 순간 느끼고 생각하고 말하고 행동하는 모든 것을 포괄한다. 그것은 어떤 정해진 하나라기보다는 어떤 분위기고 기운에 가까우며, 그래서 그것은 일정한 맥락과 전체에 닿아 있다. 그 삶의 전체를 드러내려면 공간을 끌어들여야 한다. 공간을 만들고 세계를 펼치는 존재로서의 인간은 필연적으로 공간의 근원일 뿐 아니라 공간의 영원한 중심이기도 하다. 이것은 인간이 거주함을 말하는 것이다. 거주는 사람이 땅 위에서 하는 가장 원초적인 행위다. 이곳에 살고, 이곳을 가꾸는 이들이 이곳의 공간을 거주의 터전으로, '장소성'을 가진 장소로 탈바꿈시킨다. 이렇게 자신의 존재와 결부시킬 때 비로소 공간 속에서 분위기와 기운의 모든 것이 가장 잘 느껴질 수 있기 때문이다.

이것이 살 만한 삶의 심미적 조건이다. 심미적 조화의 구극적 원리는 개인의 주관이나 여기에 맞서는 물화된reified 객관으로 있는 것이 아니라 그것은 주관과 객관이 서로 맞부딪는 곳에서 성립한다. 이때 지각작용 속에 흩어져 있는 의미를 압축하여 표현으로 존재하게 하는 주체의 전체화 작용이 행해진다. 개인에게 이것은 스타일을 형성하게 한다. 심미적이란 것은 예술/작품과의 관련성을 포함하면서 그보다 넓은 함의를 갖는다. 주체가 인간과 사물, 현실과 자연과 풍경을 접할 때, 그가 갖는 감각과 인식에서의 변화에는 심미적인 요소가 들어 있다. 예술은 감각과 이성, 나와 세계, 자아와 자연의 관계, 이 관계 방식의 조직화에 기여한다. 그것의 심미적 경험은 삶의 새로운 배치를 상상하도록 삶의 전체적 역동성을 실험하고 수련하는 자유의 공간이다.

거주함의 이해

인간이 자기 집에서 사는 방식을 우리는 거주라고 말한다. 인간은 자기 집에서 거주한다. 거주란 특정한 장소를 집으로 삼아 그 안에서 뿌리를 내리고 거기에 속해 있다는 뜻이다. 중요한 것은 집과 내적인 관계를 구축해 집이 우리에게 든든한 발판을 제공할 수 있도록 하는 것이다. 인간은 자신의 세계에서 거주하는 방식을 배워야 한다. 결국 거주한다는 것은 공간 속에 고정된 자리를 갖는 것, 그 자리에 속하는 것, 그 안에서 뿌리를 내리는 것이다.

우리가 한 장소에 뿌리를 내린다는 것은 세상을 내다보는 안전지대를 가지는 것이며, 사물의 질서 속에서 자신의 입장을 확고히 하는 것이다. 특정한 어딘가에 의미 있는 정신적이고 심리적인 애착을 가지는 것이다. 2011년 여름의 우면산 산사태와 2014 봄 세월호 참사, 그리고 그해 가을 판교 환풍구 붕괴 사건을 겪으면서 사람들은 스스로 묻게 되었다. '과연 나는 안전한가? 우리 마을에서, 도시에서, 또 이 나라에서?' 국가도 도시도 결코 내 안전을 지켜 주지 않는다는 것을 이내 깨닫게 되었다.

"지구상에는 모든 이를 위한 공간이 있다"고 실러는 자신 있게 말한다. 여기서의 공간은 더 일반적인 의미의 삶의 공간으로서 세계, 즉 인간이 자신의 삶을 펼칠 수 있는 가능성을 말한다. 우리가 공간과의 관계, 즉 공간성을 중요하게 여긴다면 공간 속의 그 기준점에 뿌리를 두고 있어야 한다. 기준점은 인간이 정신적 존재로서 공간에서 입지를 얻는 장소이고 그가 공간에서 "머물며", "살아가는" 곳이다. 거주하기는 "남아 있고 체류한다"는 뜻을 가지고 있다. 이런 의미에서 거주하기는 근원적인 의미의 윤리, 즉 에토스와 맞닿아 있다. 하이데거의 해석에 따르자면, "에토스는 체류지, 거주하기의 장소"를 뜻한다.

이렇게 인간의 존재 방식을 자연스럽게 거주하기로 확정 지을 수 있다. 다시 말해서 인간이 존재한다는 것은 그저 단순히 눈앞에 존재하는 존재자처럼 존재하는 것이 아니라, 거주한다는 것을 의미한다. 하이데거에게 거주하기의 근본 특징은 보살핌이다. 이때 인간이 거주하며 보살피는 것이 바로 세계이다. 그런데 세계를 보살피는 거주하기는 반드시 사물 곁에서만 가능하다. 사물 곁에서, 그리고 그 속에서 세계를 보살필 수 있는 것이다. 바꿔 말하면 사물이 사물화되도록 보살핌으로써 세계를 보살필 수 있는 것이다. 사물 곁에서 세계를 보살피는 것, 그것이 바로 거주하기의 요체이다.

원시시대의 세계는 중심을 둘러싼 질서라고 할 수 있다. 어떤 유목민들은 성스러운 기둥을 가지고 다니면서 정착하는 곳마다 그 기둥을 세웠다고 한다. 고정된 중심을 가운데 두고 형성된 원시시대의 신화적 공간은 유한한 공간이었다. 자신이 사는 낯익은 거주 영역의 경계선 바깥에는 더 이상 세계가 존재하지 않는다. 그들이 사는 영역은 '세계'이고 우주인 반면에 나머지 영역은 우리의 세계가 사방에서 혼돈에 눌러싸여 있는 것이다. 이 혼돈의 영역에서 원래 공간이라는 말을 쓸 수 없고, 그곳은 오히려 "공간이 없는 곳"이라고 말한다.

초기의 공간 체험은 인간을 받아 주고 보호하는 거처로 여겼던 동굴의 모습에서 영향을 받았다. 공간이 아닌 곳을 개척해 빈 공간을 만든다는 생각을 한 것이다. 우리는 타고난 믿음—존재에 대한 신뢰, 삶에 대한 궁극의 신뢰 등—을 가지고 그 안에서 살아간다. 그런 신뢰가 없으면 사방에서 위협하는 파괴적인 힘에 직면해 애시 당초 집 짓기 자체를 무의미하게 여길 것이다. 또한 내가 몸을 갖고 있지 않다면 나에게 친숙하며 포근한 환경 세계 속에 머물고 이러한 세계를 보살피고 가꾸어 나갈 어떠한 공간도 없을 것이다. 우리는 공간적 존재다. 메를로퐁티의 말을 빌려 보자. "세계는 우리가 생각하는 그것이 아니라 내가 살고 있는 그것이다."

우리는 그 세계를 경험을 통해서 도달하게 된다는 것, 또 그것이 우리가 자기 자신을 경험하는 방식 속에서 이해된다는 것, 즉 우리와 만나는 세계는 하나의 사건으로 제시된다. 여기서 세계는 우리의 경험을 통해 변형되고 경험 안에서 우리가 거주하는 곳이다. 하이데거에게 진정한 존재란 장소에 뿌리내리는 존재다. 하이데거는 숲속 농가의 사례를 들면서, 거주는 인간이 세계에 존재하는 방식으로서 존재의 본질이라고 말한다. 거주로서의 장소는 지도 위의 점과 같은 얄팍한 장소 개념이 아니라 그것은 마치 땅속에 있는 것처럼 뿌리내린 그런 장소를 지칭하는 것이다.

몇 년 전부터 우리나라에서는 지역 이름이 담겨 있는 지번 주소를 없애고 도로명 주소를 사용하고 있다. '무슨 동 몇 번지'로 불리던 곳이 '무슨 길 몇 번지'로 바뀌었다. 위치 정보의 체계를 위해 마련된 새로운 주소 표기법 때문에 우리의 의식 속에서 동네라는 장소 관념이 더 빨리 사라지고 있다. 장소가 어디에나 존재하고 우리는 장소를 통한 지각과 경험에 의해 지평의 세계를 알게 된다. 존재한다는 것은 어떤 장소에 있다는 것이며, 우리들의 이러한 위치와의 관계 및 상호작용의 변화는 삶을 이해하는 데 필수적이다.

거주에는 일정한 공간이 필요하다. 거주의 개념은 근본적인 공간 감각의 변화를 표현한다. 일단 거주함에 따른 공간 관계의 체계는 중심점인 집을 기준으로 얽혀 있다. 그리하여 거주한다는 것은 인간 존재의 모든 것이다. 거주함으로서의 사유는 조작하거나 '행하는' 것이 아니라 존재가 들어갈 수 있는 자유로운 공간을 관리한다. 그것은 존재를 보존하려는 노력의 일환이며 살아가는 힘의 작용이다. 자신의 존재를 지속적으로 유지하려는 존재 보존 노력은 거주함을 통해서 존재론적 이성으로 전개된다. 거주함은 그것이 존재 부근에 머무르고 표상적 사유 자체를 의문시하는 한에서 성찰적 사유이다. 그것은 개념적으로 매개되지 않는 열림의 사유 방식이다.

대도시의 공원에서 흔히 볼 수 있는 잔디밭이 상징하는 의미가 있다. 티 없이 깔끔한 잔디밭은 영국의 온화하고 습도가 균일한 기후에서 발전했다. 산업혁명 이전의 잔디밭은, 땅 주인이 어떤 땅에 식용작물을 심지 않고 순전히 관상용으로만 써도 될 만큼 부유하다는 것을 모두에게 보여주는 과시용이었다. 한편 짧게 깎은 잔디 역시 부유함의 징표였다. 그것은 잔디를 짧고 고르게 뜯어 먹을 만큼 양떼가 많다는 뜻이었다. 잔디밭은 신분을 드러내는 척도라는 의식이 수 세기에 걸쳐 내려온 것이다. 이런 역사적인 영향을 의식적으로 깨닫게 되면 그로부터 자유로워질 수 있으며 공원의 전체 경관을 잔디로 뒤덮어 버리려는 반사적인 충동에서 벗어날 수가 있다. 잔디밭은 생물다양성의 측면에서 보면 반생태적인 환경이라고 할 수 있다.

거주함의 밑바탕에 놓여 있는 것을 하이데거는 '존재이해'라고 부른다. 다시 말하면, 존재자와의 모든 관계에 앞서 우리가 언제나 이미 알고 있는 것을 존재이해라고 하는 것이다. 예컨대 자신이 머무는 공간이 자신이 살아가는 방식의 하나라는 걸 아는 순간, 자신을 둘러싼 모든 존재자들이 자신과 관계 맺고 있다는 걸 느끼게 된다. 즉 우리는 거주함을 통해서 그렇게 존재이해를 할 수 있다. 비록 개념적으로 분명하게 알고 있는 것은 아니지만 그 나름대로 존재이해를 하고 있는 것이다. 그래서 하이데거의 통찰처럼 거주한다는 의미는 존재한다는 의미이다. 그런데 그 거주공간을 부동산 가치로 개념화하거나 재산가치의 증식으로 대상화하면서, 삶 자체의 존재 의미를 상실케 하고 있다.

거주자의 삶의 가치에 공감하려면 특별한 노력이 필요하다. 방문자의 환경 평가는 미학에 기울어져 있는 외부인의 시각이기 때문이다. 유럽의 어느 도시에서 중세풍 지역을 찾은 관광객은 멈춰 서서 사람들이 실제로 어떻게 살았을지 따위는 생각해 보지도 않고, 검은 자갈이 깔린 도로, 친근한 구석과 모퉁이, 그림처럼 밀집한 주택들, 색다른 가게들에 기꺼워한다. 차이나타운에 들르는 관광객은 시각과 후각 자극에 현혹된다. 관광객은 과밀함, 노곤한 삶, 눈부신 파사드 뒤에서 벌어지는 도박판에는 다행히도 무지한 채로 그곳을 떠난다.

메를로퐁티는 거주의 개념을 영혼과 몸의 관계를 표현할 때도 사용한다. "영혼은 몸에 거주한다." 이는 메를로퐁티가 즐겨 쓰는 표현인데, 공간적 구성물인 몸에 "체현된" 영혼과의 밀접한 관계를 뜻한다. 영혼과 몸의 관계처럼 사람이 집에 거주하는 것도 일종의 체현이다. 거주라는 말은 인간이 세계에 거주한다는 표현으로도 쓸 수 있다. 즉 인간이 세계에 아무렇게나 나타난다는 말이 아니라, 인간이 세계와 신뢰 관계로 묶여 있다는 뜻이다. 외부인의 시각으로는 토박이들의 터전을 생경한 세상으로 그려 낼 뿐이다.

인간이 공간에 존재할 때는 항상 "어떤 식으로든" 처해 있다. 이것은 공간이 일종의 매개체가 되고 나는 그 안에 처해 있게 된다. 이런 매개체라야 지향적 공간과는 다르게 공간에 처해 있다는 말이 의미를 갖게 된다. 지향적 공간은 지각하고 움직이는 인간 주위로 구성되는 공간이듯이, 그 공간은 중심을 이루는 인간의 현 위치와 관련을 맺고 있다. 즉, 주체의 주변에 있는 지향적 공간은 거리와 방향이 있다. 이를테면 관광객의 시선은 지향 공간적 활동이다. 따라서 원주민의 눈에 띄지 않는 환경의 장단점을 지각해 내곤 한다. 예를 들어 보자. 매연과 그을음으로 영국 북부의 산업 도시들은 심각하게 오염되었다. 관광객들은 그들의 눈으로 이를 흔히 목격했지만 지역 주민들은 효과적으로 통제할 수 없는 것에는 눈을 감은 채 목전의 불쾌한 현실을 회피했다. 영국 북부 주민들은 산업 오염에 순응하며 '블라인드'를 드리운 채 두 종류의 모임을 진행했으니, 바로 아늑한 실내 콘서트와 오후 차 모임이었다. 인간이란 예외적이라 할 만큼 적응력이 뛰어나다. 미나 추는 자신의 세계에서 사는 법을 배우려 할 때는 무의식 속으로 가라앉는 것 같다.

예를 통해 알 수 있듯이 이런 매개체로서의 공간은 인간이 공간 속의 사물만이 아니라 공간과도 실제로 특정한 방식으로 관계를 맺고, 그러면서도 공간을 대상화하지 않는다는 점에서—그리고 공간을 주관화하지 않는다는 점에서—물질과 유사한 무엇이 된다. 매개체로서의 공간은 "대상"과 "관찰 방식"의 중간적 대상이다. 즉 주체와 무관한 "그릇"도 아니고 단순히 주관적인 설계도 아니다. 매개체라는 표현은 직접적인 공간 경험에서 현상적으로 주어진 것이라고 할 수 있다. 공간에 처하여 공간과 관계를 맺는 다양한 방식이 무엇을 뜻하는지는 구체적인 경험을 통해 분명히 드러난다. 이때 다양한 방식의 공간 느낌이 존재한다는 것, 그리고 이것이 인간 삶에 대한 모든 감정과 밀접한 관련이 있기 마련이다. 특히 거주라는 개념이 쓰인 곳마다—예를 들면 인간 혹은 자아는 몸에 거주하고, 집에 거주하고, 사물들에 거주하고, 세계에 거주하고, 공간과 시간에 거주한다고 할 때—영혼이나 정신적인 것이 공간적인 것에 녹아 있는 긴밀한 관계가 표현된다.

사회학자 하버트 갠스가 발견한 견습 사원용의 숙소에 대한 비망록을 보면, 빈곤층 주택가에 겉으로는 누추하지만 '거주자에게 매력 있고 안전한' 다문화 거주지역이라고 따스하게 묘사했다고 한다. "인간은 사물에 거주한다"라는 말 역시 인간이 사물과 내적으로 연결되어 있어 사물은 인간에게 외부 대상이 아니라 깊은 존재의 담지자로 인간의 삶에 포함된 대상이라는 뜻이다. 이런 점에서 본다면 거주라는 개념은 정신적인 것이 신체적인 것 "속"에 "체현"되는 양자의 일체성을 표현하는 데 쓰인다.

메를로퐁티가 볼 때 인간은 공간에 거주한다. 인간은 공간 속 "어딘가에", 즉 특정한 위치에 존재한다. 이때 인간은 공간에 거주하기도 하지만 버려진 듯이 느끼기도 하고 공간을 낯설게 여기기도 한다. 요컨대 거주는 공간 속 임의의 위치에 우연히 머무르는 일시적인 체류와 반대되며 특정한 자리에 속하여 뿌리를 내리고 있다는 점에서 공간에 처한 인간의 심정성을 담고 있다. 지향적 공간 개념으로는 이렇게 의식하는 이유를 의미 있게 설명하지 못한다. 인간이 지향성을 가지고 펼치는 공간에서는 이런 문제들이 나오지 못한다. 지향적인 공간은 단순한 관계 체계에 불과하다.

지각과 기억의 장소성

고대 수렵채집인들은 수십, 수백 제곱킬로미터에 이르는 영토에서 사는 것이 보통이었다. 그들에게 '본거지'란 언덕과 시내, 숲과 열린 하늘을 포함하는 땅 전체를 말했다. 하지만 농부는 종일 작은 밭이나 과수원에서 일했고, 가정생활은 나무나 돌, 진흙으로 지어져 면적이 몇 십 제곱미터에 불과한 비좁은 구조물, 즉 집에서 이뤄졌다. 전형적인 농부는 이 구조물에 매우 강한 집착을 느꼈다. 이것은 건축학뿐 아니라 심리에도 큰 영향을 미칠 커다란 혁명이었다. 이리하여 '내 집'에 대한 집착과 이웃으로부터의 분리는 이전보다 훨씬 더 자기중심적이 된 존재의 심리적 특징이 되었다.

가장 직접적인 의식 형태는 '지각 공간perceptual space'이다. 즉, 각 개인이 지각해서 직면하는 자아 중심적인 공간을 말한다. 이곳은 내용과 의미를 가진 공간이자 장소이다. 이곳은 경험과 의도로부터 분리될 수 없기 때문이다. 예를 들어, 우리가 새로운 거주지로 이사하게 되면, 예전에 우리의 일상생활에서 매우 중요했던 상점과 거리가 이제는 무의미해진다. 지각 공간은 즉자적인 필요와 실천이 중심이 되는 행동 공간이다. 그래서 이 지각 공간과 장소는 매우 잘 발달된 구조가 있다. 일반적으로 인간은 익숙한 세계에서 낯선 환경으로 내던져진다. 그러면 주변 사람들과 사물에 대해 가지고 있던 당연하고 익숙한 느낌은 사라진다. 그는 이해할 수 있는 세계에서 이해할 수 없는 세계로 들어간다. 이 세계에서 인간은 불안을 느끼고 다른 사람들의 삶에서 배제된 느낌을 받는다. 이것은 인간이 처한 공간에서 발생하는 여러 가지 상황적 심정성이며 인간이 공간과 맺는 관계의 변화에 따른 것이다.

공간은 현상으로 지각된다. 예를 들면, 밤의 공간, 신화적 공간, 성적 공간, 일상적 체험 공간 등이 실재한다고 할 수 있다. 그러한 공간이란 앞서 존재하는 어떤 공간이 아니라, 우리 몸이 체화되는 양태이자 동시에 우리의 지각이 활성화될 수 있는 장소이다. 이러한 공간적 장소는 바로 우리의 지각이 가능해질 수 있는 조건인 셈이다. 우리는 각자가 경험의 중심체다. 메를로퐁티의 말처럼 우리의 세계는 처음부터 끝까지 '살아진 세계 lived world', 즉 삶을 통해 경험된 세계다. 즉 세계는 "우리가 지각하는 바로 그것"이다.

문화와 시대에 관계없이 많은 사람들은 알타미라Altamira와 라스코 Lascaux의 동굴벽화, 알함브라Alhambra의 무어Moor 정원, 그리고 어디에 있는 것이든 거대한 원형 석재구조물stone circle에 감동을 받는다. 소소하게는 '우리 할머니의 다락'처럼 다른 사람과는 그 느낌을 공유할 수 없는, 즉 개인적 연상이 강한 장소도 있다. 장소란 인간의 모든 의식과 경험으로 구성된 의도와 구조에 통합된다. 인간은 장소와 분리될 수 없는 주체이기에 장소와 인간과의 상호 감응적 관계가 간과되어서는 안 된다.

우리는 장소 안에서 자신을 확장시키고 자신이 형성되고 규정될 수 있는 맥락이 필요하다. 우리들의 일상은 장소와 연관을 맺으며 펼쳐진다. 지속해서 한 자리에 있는 장소에는 그것이 주는 기쁨이 있다. 현대인으로 살면서 세월이 빠르게 흘러간다는 것은 누구나 느낄 것이다. 그래서 가끔 예전의 풍경들이 그대로 남아 있는 공간에 서면 나도 모르게 옛 생각에 빠져들곤 한다. 덕수궁 돌담길과 정동길이 그런 장소인 듯싶다. 세월이 가도 변하지 않은 채 그대로다. 이런 의미에서 장소란 돈으로 살 수 있는 것이 아니라, 오히려 오랜 시간에 걸쳐 평범한 사람들의 일상생활을 통해 형성되어야만 한다.

피라미드, 깊은 숲, 고독한 해변, 폐허가 된 헛간, 또는 겨울눈이 덮인 앙상한 과수원 등 특정한 장소에서 감정과 의미로 충만했던 경험을 가진 사람들이 많을 것이다. 자신이 있는 장소에 대한 느낌은 현재의 상태와 그곳에서 일어난 일에 대한 기억에 의존하여 끊임없이 만들어지고 또 만들어진다. 그 장소를 매개로 남겨진 기억들은 다시금 그 땅을 배경으로 펼치고자 하는 우리의 꿈을 드러내기도 한다. 우리 주변에는 많은 이야기를 담고 있는 장소들이 산재한다. 그 장소는 수많은 사람들이 스쳐 지나갔으며, 개별적 기억 속에 살아 있다.

우리의 상황이 급변하거나 우리가 일정한 분위기와 정신의 틀 안에서 자신을 발견할 때에서만 장소는 우리의 주의를 끈다. 기억상실증에 걸린 사람은 그가 깨어났을 때 자기가 누군지도 모르고 자기가 누워 있는 곳도 낯설어한다. 그럴 때 그 사람의 첫마디는 "여기가 어디죠?"라고 묻는 말이다. 이 같은 인간의 반응은 인간 '존재'에게 장소가 얼마나 깊은 의미를 갖는지를 보여 준다. 그러므로 인간의 정체성이 장소와 결부되는 경로는 언제나 장소 안에 '자리하는' 세계와 우리의 연결―사람이나 사물과 우리의 모든 조우―이 갖는 근본 성격을 나타낼 뿐이다.

나는 오늘만 살지 않는다. 어제도 살았고 지금도 살고 있으며, 어쩌면 내일도 살 것이다. 과거와 현재, 미래의 나는 분명 '나'일 것이다. 여기서 중요한 것은 기억이다. 기억이 어제의 나와 오늘의 나, 그리고 미래의 나를 내가 될 수 있도록 한다. 아우구스티누스가 『고백록 *Confessions*』 제10권에 기억의 건물, 기억의 창고, 기억의 동굴, 기억의 보물창고 등의 표현을 쓰고 있듯이, 기억은 공간의 메타포와 잘 어울린다. 아우구스티누스에 따르면, 기억은 "말로는 표현할 수 없는 방식으로 기억을 감춰 두는 거대한 기억의 창고에 보관된다". 이처럼 공간적 메타포에 의해 내적 장소 속의 기억이 탄생한다. 공간은 기억을 회복시켜 주는 연상 장치로서 상징적인 방식으로 기능한다.

기억은 어떻게 만들어지고 어떻게 지속되는가? 기억을 분명하고 이해하기 쉬운 구조를 가진 가상의 장소로 바꾸어, 기억하고자 하는 '심상'들로 채우는 것이 기억술의 기본 원리였다. 고대 로마의 웅변가이며 철학자인 키케로가 쓴 장소의 기억술은 지금도 유명하다. 키케로는 기억과 진리에 관해서 플라톤주의의 상기론적 견해를 지녔기에 기억술의 중요성을 강조했다.[19] 실제로 키케로는 산책하면서 얻은 영감이나 철학적인 사고의 모든 내용을 산책로에 나오는 경치 속에 상상으로 기록했다. "장소에 내재되어 있는 기억의 힘은 위대하다"라는 키케로의 말은 장소들의 특별한 기억력과 관련성에 대한 문제를 제기하기 위한 동기를 부여한다. 사람들은 가상의 장소로 건물, 가옥, 사원, 궁전 등을 떠올렸고, 기억해야 할 주제마다 어떤 표시나 로고를 만들어 가상의 복도와 방들을 지나쳐 가는 동안 해당 지점에 남겨 두었다. 그리고 필요할 때 가상의 장소를 다시 지나가면 시각적 표상들이 주제를 환기하여 주었다.

장소에는 다른 시기, 다른 시대를 살았던 사람들의 시간차를 좁히는 기능도 있다. 이것을 통시성coordination이라고 부른다. 이 통시성의 기능이, 단절되어 맥락이 끊어진 수많은 기억들을 지역으로 통합하고 공동체

---

19. 키케로는 플라톤에 의거하여, 영혼은 전생을 상기하는 기억을 지니고 있다고 생각했다. 그는 기억을 '현려'의 덕에 속하는 것으로 보았다. 그래서 인식을 감각 인상에서 유래하는 것으로 보지 않고, 실재의 상기로 간주한다. 키케로가 생각한 완벽한 변론가는 진리를 알고, 영혼의 본성을 알며, 그리고 이를 통해 진리에 관해 사람들을 설득할 수 있는 사람이다. 이것은 현세의 진리와 인식의 상대성에 근거를 부여할 뿐만 아니라, 진리에 대한 끊임없는 탐구, 열린 논의, 개연적인 것에 대한 존중을 중시하게 한다. 그러한 키케로의 태도는 공화정 시기의 로마에서 정치에 참여한 훌륭한 변론가로서 공공의 사업과 생활을 중시하고, 고고한 현자들이 아닌 보통 사람들 속에서 살아가고자 했기 때문이다. 나카무라 유지로(2003), 『공통감각론』, 양일모 고동호 옮김, 민음사, 230~244쪽 참고.

의 역사(기억)를 만들어 나간다. 예컨대 하나의 민족은 공유하는 역사를 가지고 있다. 그러나 거꾸로 말하는 것이 더 진실에 가깝다. 즉 공유할 수 있는 역사를 통해서만 하나의 민족은 가능하다. 왜냐하면 공유할 수 있는 역사를 가지지 못한 공동체는 존재할 수 없기 때문이다. 공동체가 공유하고 공유할 수 있는 이야기, 곧 공동 운명체를 다룬 역사가 없다면, 민족이란 개념 자체가 구성될 수 없다. 당연한 말이지만, 공유 가능한 역사가 공동체 구성원들에게 집단적 소속감을 갖게 해 주고 공동체의 정체성을 마련해 주기 때문이다. 그리고 그런 역사를 통해서 비로소 하나의 민족은 형성된다.

진정한 공동체란 기억의 공동체인 것이다. 집단 기억으로 장소적 의미가 중요하게 다루어질 수 있는 것은 바로 공공성에 기반을 둘 때 가능하다. 특히 도시 재생에서 공공성의 의미를 실현하기 위해서는 대상으로서의 장소에 어떤 장소적 의미를 부여하느냐가 중요하다. 청계천 복원과 마찬가지로, 동대문 플라자 조성으로 인한 동대문운동장의 오래된 장소적 의미와 공간적 가치 상실은 집단 기억으로서의 장소적 의미가 무엇인지를 되묻는 좋은 사례이다.

공간과 장소는 어떤 것의 단순한 용기를 넘어 기억의 재생지가 되기도 하고, 특정한 이미지를 저장할 수 있고, 특별한 만남을 위한 장소로 활용되기도 한다. 특정 도시 공간 속의 거리와 골목길, 건축물과 상점, 수많은 자극과 소음, 색깔과 움직임, 특정한 분위기와 흔적들, 예기치 않은 타자들과의 만남 등으로 구성되는 공간, 수많은 기억과 체취, 오감을 자극하여 움직이게 만들고 변형시키는 문화매개물들이 쌓여 있는 '살아 있는 공간'에 대한 장소감에 주목할 필요가 있다. 공간과 장소의 이러한 측면에 주복하여 이들 상품화하려는 선략이 바로 장소 마케딩 혹은 *스페이스* 마케팅space marketing이다.

광장의 경우 각종 행위가 서로 섞이는 곳, 상업이 이루어지고 대화가 이어지는 곳이다. 아고라 광장처럼 공적인 사안이 논의되는 장소이며, 사적이고 공적인 축제들이 벌어지는 장소이다. 광장은 몇몇 사람이 점유할 수 없다. 시위자들이 천막을 치고 콘서트를 연다고 해도 그것은 일시적인 점유일 뿐이며, 주변 거주민, 관광객, 산책자들과도 함께 나누는 광장으로 남아 있어야 한다. 우리는 광장을 우리와 관련된 모든 것으로 채워야 한다. 독일 건축가 파울 주커Paul Zucker에게 광장이란, 사람들이 모이는 장소이다. "광장은 그곳에서 이루어지는 교환과 접촉에 의해 사람들을 더욱 인간적으로 만든다. 광장은 그곳에 모인 사람들에게 교통 혼잡으로부터 보호받을 수 있는 안식처를 제공한다. 광장은 길거리의 혼잡함에서 오는 긴장으로부터 그곳에 모인 사람들을 해방시킨다." 광장에서 사람들은 각자의 방식대로 오고 간다. 방향을 바꾸거나 멈춰 서고, 말을 하거나 혼자 머무르며 추억을 되살리거나 미래를 생각한다.

누구에게나 자기만의 장소가 있다. 이미 없어졌지만 지금이라도 찾아가면 왠지 그대로 있을 것만 같은 곳, 시간이 지나도 여전히 어제처럼 또렷한 곳, 바로 기억 속의 장소들이다. 장소가 없는 기억은 없다. 모든 기억은 장소와 함께 나타난다. 그곳의 지형이 특이해서도 아니고 풍경이 특별해서도 아니다. 그때 그 장소에서 무언가 깊은 체험을 했기 때문이다. 삶이 깊이 배어 있을수록 이곳은 세상에서 오직 여기밖에 없는 장소가 된다.

갑작스럽게 맞닥뜨린 사건보다는 매일 되풀이되던 일상 속의 한 장면이 선연한 기억을 만들어 내는 경우가 많고, 그 기억은 반드시 어떤 장소 안에 있다. 즉, 장소는 생활 속에서 생겨난다. 다행스러운 것은, 하루가 다르게 균질화되어 가는 도시의 공간 안에서도 작은 장소에 기대어 살아가는 생활방식과 감각이 담긴 곳을 발견할 수 있다는 점이다. 그곳은 버스 정류장이나 지하철역일 수도 있고, 학교 교실이나 시장일 수도 있다. 이것이 어떤 한 사람이 아니고 많은 사람, 더 나아가 모든 사람의 생활 속에서 생긴 것이라면 장소의 의미는 더 공동의 것이 된다.

사실 장소의 정치는 특정한 역사와 기억이 존재하는 장소를 해체시키는 자본주의의 강력한 능력에 대항해서 특정한 장소를 중심으로 하거나 매개로 하는 문화 운동과 대안적인 정치의 새로운 버전으로 제시되고 있다. 즉 장소의 정치학은 시간의 흐름이 포개어져 켜가 쌓이고 수많은 이들의 애환과 기억을 담고 있는 특정 공간의 특성과 역사, 특정 장소—예컨대 집, 고향, 마을 등에 대한 깊은 애착, 특정 장소에 연계된 정체성 정치에 주목한다. 그래서 근대화와 도시화에 의해서 사라지고 연계된 장소들은 장소의 정치학을 통해 어떤 이들의 기억 속에 끈질기게 남아 여전히 존재할 수 있을 것이다.

감정, 세계 체험의 내재성

세계는 일상적 맥락에서 삶 전체를 총체적으로 느끼게 하는 하나의 일관된 체험 형식이라 할 수 있다. 그것을 시 한 수로 읊어 보자. "내게서 잠자던 나를 깨우고, 너에서 감춰진 너를 깨우고, 그리고 그 만남을 노래하리." 물론 이것은 다양한 것 중 하나의 존재 양상에 불과할지도 모른다. 그러나 이런 존재 양상이 특별한 것은 단순히 삶의 맥락 속에서 전개된 하나의 상황일 뿐이거나 그 상황을 이루는 내용의 우연한 성격뿐이라거나 하는 피상적인 것 너머에서 우리로 하여금 한순간 삶 전체를 무언가 성취된 것으로 느끼게 하는 신비로운 힘의 작용이다.

이 세계는 일차적으로 우리에게 계산의 대상도 아니고, 판단의 대상도 아니다. 그것은 그 자체로 '의미'들의 보고이다. 그런데 세계는 그 자체로서 어떻게 있는가? 무엇이 세계를 그 자체로서 드러내는가? 이러한 물음을 통해서 비로소 발견되는 것이 삶이다. 이에 우리의 관점, 더 나아가서는 삶과 세계에 대한 태도가 근본적으로 변화하기에 이른다. 어떻게 초월성이 그 자체로 가능한지, 어떻게 초월성이 내재성의 평면에서 구성될 수 있는지를 물어야 한다.

모든 세계는 삶을 통해서 가능하며, 삶의 바탕에서만 가능한 세계가 있다. 삶은 자신만의 임무를 발견하고 실천해 나가는 여정이다. 사실 삶을 바탕으로 하지 않고서는 그 무엇도 가능하지 않다. 월트 휘트먼의 시 「나 자신을 위한 노래Song of myself」는 이렇게 시작한다. "나는 나 자신을 축하하고 나 자신을 노래합니다. 내가 옳다고 생각하는 것을 당신도 옳다고 생각할 것입니다." 내가 축하해야 할 대상은 신이나 이데올로기가 아니다. 바로 나 자신이다. 자신의 생각을 가장 소중히 여기고, 자신의 심연에서 우러나오는 나만의 유일한 임무를 찾아내는 삶이야말로 행복한 삶인 것이다.

삶은 이 다른 모든 것, 즉 세계의 모든 사물의 토대, 바탕이다. 이 삶은 다른 모든 것에 앞서 주어지고 다른 모든 것은 이 삶을 전제로 한다. 이 삶이 형식적이지 않고 그 자체로 충만하려면 다른 무엇에도 의지하지 않고 그 자체로, 곧 자체 힘으로 자기 자신을 자신에게 주어야만 한다. 삶을 통해 우리에겐 무수한 시련이 닥쳐온다. 그때마다 우리는 많은 상처를 받는다. 그만큼 우리는 상처받기 쉬운 존재들이다. 그러함에도 어떻게든 견디어 낼 수 있다. 그러한 삶의 본질은 거리 없이 자기를 스스로 느낀다는 사실 자체에 있으며 그 외에 다른 아무것도 아니다. 시인 김재진의 「거인」이라는 시는 각자가 자기 삶 안에서 견디어 내는 모습을 여러 이미지로 표현한다.

사람들은 기도로 무엇을 구하는 것이라 여기네.
가까운 이의 죽음 앞에서 아무것도 할 수 없이 무기력할 때
누군가로부터 버림받았을 때
사랑하는 이의 눈동자 속에서 더 이상
내 안을 비추는 따뜻한 빛 찾을 수가 없을 때
답답함이 세력을 얻어 숨조차 쉴 수 없을 때
내일이 안 보이는 깜깜함에 갇혔을 때
어딘가에 매달려 사람들은 기도하고 싶어 하네.
한때 내가 사랑했던 사람과
한때 내가 미워했던 사람과
한때 나를 힘들게 했던 그 모든 벽들과
벽들이 갈라놓은 질식의 공간과
저녁의 식사와 아침의 푸른 공기 사이에 박혀 있는
갈구의 절박함.
그러나 기도는 뭔가를 구하는 것이 아니라네.
기도는 또 하나의 나
내 안에 숨어 있는 거인을 불러내는 일이라네.

이 시는 견디어 내는 삶의 내재적 성취를 거인의 형상으로 비유한다. 그것은 우리 내면의 원초적인 그릇을 키워 내는 과정이기도 하다. 곧 삶이 자기 자신에게 하는 행위다. 그 행위로써 삶은 바꾸는 것이자 바뀐 것으로서 자기 자신을 바꾼다. 그것은 좀 더 높은 실현과 성취의 모습에 이

르고자, 자기를 증대하고자 스스로 달라지기를 멈추지 않는 움직임을 가리킨다. 살아가면서 우리는 감정의 늪에 자주 빠지곤 한다. 애정·분노·슬픔·즐거움·부러움 따위가 그렇게 만든다. 감정은 항상 자기준거적이기 때문이다. 그래서 감정은 어떤 사람이 자기 자신을 인식할 수 있게 해 주는 수단을 제공한다.

이제 삶 자체가 어떠하냐가 아니라 우리가 그 삶을 어떻게 보느냐, 어떻게 경험하느냐, 거기에 어떻게 속해 있느냐에 따라 삶의 세계는 모습을 달리한다. 삶의 무수한 겹들 하나하나에는 우리의 존재가 오롯이 박혀 있으며 그 겹들을 하나하나 벗길 때 우리의 삶은 드러나다 감춰지기를 반복한다. 그 무한한 과정에서 나의 세계는 끝없이 열린다. 핀켈스타인Finkelstein은 감정을 다음과 같이 정의한다. "감정은 개인이 세계에 대해 내리는 판단과 세계 내에서 취하고 있는 도덕적 입장을 상징하는, 세계에 대한 자세이다. 즉 개인이 느끼는 방식이 개인이 바라보는 방식이 된다." 톨스토이는 창작의 동력에 대해 다음과 같이 말했다. "창작은 격정 없이는 안 된다. 작품이 잘 쓰이려면, 그것이 작가의 마음 한가운데서 우러나온 것이어야 한다. 아무런 느낌도 없고 말하고 싶지도 않은 사물에 대해서는 서술하고 싶은 욕구도 일어나지 않는다."

감정이란 어떤 의미에서는 우리가 늘 숨 쉬는 공기와 비슷하다. 공기가 없으면 살 수 없듯이, 살아 있는 한 우리 대부분은 감정에서 완전히 자유로울 수 없다. 즉 우리는 삶을 겪어 나가듯 감정을 겪어 나갈 수밖에 없기 때문이다. 삶의 일시적인 감정의식이 자신의 경험 범위 내에서 순환하며 내적으로 자기성찰의 대상이 되고 누적된다. 미래, 현재, 과거 모두가 동일한 감정적 경험의 일부가 된다. 지금 느끼는 것이 앞으로 느낄 것에 의해 틀 지어지고, 앞으로 느낄 것이 이전에 느낀 것에 의해 틀 지어진다.

이제 연애를 막 시작할 젊은이들은 누군가를 사랑하게 될 것인지 그렇지 않은지 확신이 서지 않을 수 있다. 그런데 우연히 그(그녀)와 마주쳤을 때 자신의 가슴에 손을 한번 얹어 보면 알게 된다. 심장의 박동은 당신이 의식하지도 못하는 사이에 앞으로의 사랑을 예언해 준다. 어떤 외부의 시선도 이 삶에 다가갈 수 없으며, 삶에 이르는 모든 길은 끊겨 있다. 또는 삶은 길 자체이다. 다시 말해 그 자신에게 유일한 길이다. 혹시나 사랑하는 그(그녀)를 생각할 때면 당신에게는 알 수 없는 힘이 샘솟는다. 당신의 몸은 감각의 모든 문이 열리듯 극히 예민해지고 주위 작은 변화에도 기쁨을 느끼게 된다.

그런데 어떻게 이 삶이 자기 자신을 자신에게 주는가? 어떻게 자신을 자신에게 드러내는가? 어떤 나타나기가 여기에 관계하는가? 그것의 나타냄, 즉 현상성을 설명하는 것이 자기-촉발이다. 나는 나 자신으로부터 나를 촉발한다. 삶은 자기-촉발, 곧 스스로 일으키는 가운데 자기 자신을 느끼고 견딘다. 그렇기에 익명의 삶은 있지 않으며 가능하지도 않다. 우리는 삶 안에서 매 순간 산 자의 자기-시련에서 태어난다. 산 자는 삶 안에서만 살아 있는 자이며, 삶에 의해 삶 안에 던져진다. 자기-촉발은 주관적임 힘이다. 느끼면 거기 분명히 있는데 느끼지 못하면 도리가 없다. 자기-촉발은 삶의 흐름을 타고 전개하면서 끊임없이 자신을 어떤 성격의 체험의 질로 변형시킨다. 색, 형태, 소리, 냄새, 맛, 촉각 등과 같은 주어진 감각 소재들을 체험의 질이라는 차원에서 조합하고 선택하고 질서 지으며 진행한다. 자기-촉발의 진행은 어떤 형태로든 마무리되는 완전함을 지향한다. 성취된 체험이라고나 할까.

그래서 삶은 절대적 내재성이다. 내재성은 늘 움직이는 영역이다. 그 영역은 멈추지 않는 흐름처럼 시간직으로 전개되고, 사제 경계를 끊임없이 이동시키면서 공간적으로 확장된다. 내재성의 영역은 먼저 흩어진 다수처럼, 어떤 형태도 어떤 안정된 동일성도 떠오르지 않는 코라chôra, 즉 혼돈처럼 제시된다. 우리 공통의 세계가 해체될 때, 어떤 위기가 존재의 통일성을 위협할 때, 다시 나타나는 것은 바로 이 최초의 혼돈이다.

내재성은 내게서 와서 내게로 간다. 나는 나 자신에게 나를 준다. 내재성은 자기를 주는 방식이다. 불안, 괴로움이나 기쁨을 겪으면서 나는 나 자신과 다른 아무것도 겪지 않는다. 우리가 살아 있는 한 삶을 겪어 나가야 한다면 매 순간은 감정을 겪어 나가는 연속적인 과정이다. 내재적 줌을 특징짓는 것은 자기 자신으로부터 자기 자신에 자신을 주는 힘이다. 자신을 주고자 다른 아무것도 필요로 하지 않는 절대 줌이 관계한다. 삶은 자기-줌이자, 자기 자신을 자신에게 드러내는 순수한 나타나기이자, 자기 이외의 다른 모든 것은 초월성과 외재성 속에서 주어지므로, 모든 초월성과 외재성을 배제한다.

삶은 근본에서 주관적이며, 절대 주관성으로 자신을 규정한다. 자신을 현재화하는 과정에서 자신의 고유한 존재에 대해 자기 자신으로 받아 내고 견디어 낼 때 그곳에 삶이 있다. 삶은 스스로 자기 자신을 촉발하고, 자기 촉발 속에서 삶을 겪어 내는 것이기에 근본적으로 수동적이다. 자기 자신을 받아 내고 자기 자신을 견디는 일, 즉 삶의 촉발성은 어떤 상태도 아니며, 한정되고 고정된 어떤 총체도 아니다. 촉발성은 자기를 겪어 내면서, 자기 껴안음 속에서 자기를 껴안는 무한히 다른 방식이다. 이 자기 껴안음은 삶의 본질이다. 삶의 자기 촉발 속에서 삶은 증대하고 즐길 수 있다. 삶의 촉발성은 애매하고 불투명한 논리로 그 수준을 위장하지 않는다.

우리는 세계의 발생에서 감성을 만난다. 감성은 세계의 기본적인 가능성을 이룬다. 세계에는 삶을 촉발하는 감성 활동의 지혜가 담겨 있음이 분명하다. 세계에서 감성의 배제는 불가능하다. 왜냐하면 감성은 '세계'의 모습을 받을 수 있는 모든 것의 초월론적 조건이기 때문이다. 경험의 기반으로서 감성은 경험의 전체이자 또 그처럼 세계의 전체다. 그러므로 세계는 반드시 전체처럼 주어진다. 감성의 느끼는 능력은 더는 생물학의 뜻에서가 아닌, 참된 삶의 뜻에서 그런 것을 정확히 살아 있는 것으로 만들게 될 것이다.

사람의 삶은 전체적 완성을 지향한다. 그렇기에 심미적 감성 활동 속에서 자기 형성의 도덕 자체를 스스로 만들어 낸다. 이 도덕은 그 명령하에서 인간의 내적 욕구의 어떤 부분을 억제하거나 억압하는 형태의 도덕이 아니다. 예술은 감각에 충실하면서도 거기에서 일정한 규범성을 발견할 수 있다는 암시를 준다. 감각과 규범을 조화한 심미적 원리가 자기 형성을 견인한다. 자기 형성은 삶의 자기 변화이다. 그런데 삶의 자기 변화는 그다지 순탄하지 않다. 삶은 끊임없이 겪어 내야 하는 과정으로서 자기 변화이며, 그 존재를 받아 내고 견딘다.

감성적 세계의 심미적 구성

모든 몸의 감각은 언제나 대상을 향해 열려 있고, 또 그 대상을 향해 꿈틀거린다. 몸의 꿈틀거림은 감각의 확장을 동반한다. 또한 몸은 움직이면서 느끼고, 느끼면서 움직인다. 그래서 몸은 움직일 때 감각들에 의해 즉각적으로 변주되고 있어서 몸 그 자체와 동일시할 수가 없다. 이때 감성이 객체와 연관될 때 감각이 되고, 주관과 연관되면 감정 또는 느낌이 된다. 인식과 경험에 있어서, 대상 세계를 매개하는 것은 감성이다. 감성은 활기차게 움직이려고 한다. 그리고 그것은 칸트가 인정한 바와 같이 그 나름의 형식에 의하여 안정된 표상으로 정착할 수 있다.

감성의 세계를 구성하는 존재론적 인식의 출발점은 직관이다. 즉 주관에게 대상은 감성적 직관의 도움으로 공간과 시간 속의 현상으로 주어진다. 눈 깜짝할 사이에 사라져 버리는 현상에 대해 직관은 표상을 제공한다. 이렇듯 모든 생명체는 감성의 도움으로 외부 세계를 이해하고 소통할 수 있다. 감성은 수용적 능력이기에 직관된 것들은 비대상적이며 동시에 비주체적이다. 이때 미리 보여 주는 것은 병립, 상하, 전후에서의 배열을 가능케 하는 합일적 전체다. 우리는 삶을 대상화해서 바라보기보다는 일종의 정서적 느낌 속에서 받아들인다. 이는 다른 한편으로 이 삶과 내가 혼연일체가 되고 있다는 것으로 해석될 수 있다. 곧 여기서 나와 삶의 관계는 주체와 객체의 관계가 아니라, 주객이 미분리된, 대상화되기 이전의 감성적인 관계이다. 이것이 삶의 자기 형성에서 바탕을 이룬다.

고양된 감각의 세계

인간은 수많은 감각기관과 신체기관을 가지고 있다. 엄밀히 말하면 인간은 그러한 기관이 유기적 관계를 맺고 있는 복합체이다. 인간은 수많은 실제 경험 사태에서 이것들 각각이 따로따로 작용하는 것이 아니라 일정한 유기적 관련을 맺고 작용한다. 이때 특정 기관이 선도적으로 작용하여 전체가 유기적으로 작용함으로써 우리는 사태를 감각하고 파악한다. 그런데 이 엄연한 사실을 강조하는 이유는 무엇인가?

사람은 오감을 동원해 세계를 지각한다. 우리는 늘 접촉 중이다. 접촉, 즉 촉각이야말로 세상에 관여하여 인간에게 엄청난 양의 정보를 제공한다. 사람과 마찬가지로 유인원과 원숭이는 환경을 단순한 무늬가 아니라 대상의 집합으로 볼 것이다. 원숭이와 유인원, 사람 정도가 물건을 만지작거리다 집어 들고 사방으로 살펴볼 수 있는 유일한 동물일 것이다. 이런 능력을 얻는 데는 악력과 손재주 등 손 기능을 계발하는 것이 3차원 시야의 진화에 버금갈 정도로 중요하다. 시력이 없어도 사람은 효율적으로 살아갈 수 있지만 촉각을 잃으면 살아남기가 어렵다.

지각은 바깥으로 뻗어 나가려는 활동의 하나다. 세상에 나아가려는 사람은 전통적인 오감 가운데 시각에 더 의존한다. 사람은 압도적으로 시각적인 동물이다. 시각장은 다른 감각장에 비해 훨씬 넓다. 아주 어릴 때 생겨나는 인간 지각의 특징은 '실제 대상에 대한 지각'이다. 이것은 동물의 지각에는 없는 어떤 것이다. 실제 대상을 지각한다는 것은 세상을 단순히 색과 형태로만 보지 않고 의미를 지닌 세상으로 본다는 것을 의미한다.

자연적이든 인위적이든 물리적 환경에서 우리는 무엇을 보는가? 환경을 제아무리 다양하게 지각한다 해도 동일한 인간 종으로서 우리는 일정한 방식으로 사물을 바라볼 수밖에 없다는 것은 사실이다. 모든 인간은 비슷한 신체기관을 갖춘 덕에 공통 지각, 즉 하나의 세계를 공유한다. 사람의 실재가 동물의 실재와 얼마나 다른가를 잠시 궁리해 본다면 사람의 시각이 독특하다는 사실을 알 수 있다.

사람의 시각은 다른 영장류와 마찬가지로 수목 환경에서 진화했다. 열대우림이라는 빽빽하고 우거진 세계에서는 예리한 후각을 계발하기보다는 잘 보는 것이 중요하다. 오랜 진화과정에서 영장류의 일원은 더욱 큰 눈을 획득한 반면 큰 코는 전망을 방해하지 않도록 주저앉았다. 그런데 사람은 입체적인 시야를 확보한다. 사람의 양 눈은 정면에, 즉 제한된 시각장을 형성하는 위치에 있다. 하지만 3차원 시야를 충분히 계발하려면 시간이 걸리고 경험이 익어야 한다. 동물은 성인보다 훨씬 더 그들의 감각장에 묶여 있어서 의도적 노력에 의해서 변경할 수 있는 능력이 없다. 그러나 사람은 도구 사용과 말하기의 결합으로 감각장의 자연적 구조를 극복하고 새로운(인위적으로 만들어진 그리고 역동적인) 구조적 중심들을 형성한다.

어떤 감각기관이 특별한 수완을 발휘하는지는 개인에 따라 혹은 그가 속한 문화에 따라 다르다. 결과적으로 환경에 따라 태도뿐만 아니라 실현된 감각 역량도 달라서, 어느 문화권 사람들이 후각을 발달시키는 반면 다른 문화권 사람들은 심도 있는 입체적 시각을 획득하는 것이다. 두 세계에서 공히 시각이 우선시된다. 다만 한쪽이 향기 덕분에 풍성해진다면 다른 쪽은 대상과 공간을 인식하는 예민한 삼차원 감각으로 풍성해질 것이다.

우리는 세계를 정밀하게 관찰할 수 있어야 한다. 시야를 통해 세상에 반응하는 일은 몇 가지 중요한 측면에서 다른 감각으로 세상에 반응하는 것과 다르다. 예를 들어 보는 것은 '객관적'이다. 흔한 표현처럼 백문이 불여일견이라 우리는 귀로 얻는 정보를 불신하기 쉽다. 예컨대 '풍문'이나 '유언비어'인 것이다. 눈은 시각장을 탐사하면서 특정 대상들이나 초점을 맞출 지점들, 전망을 추상화한다. 추상은 대상의 전체를 재현하는 것이 아니라 눈에 덜 띄는 한두 개의 특성만을 나타내는 것이다. 모든 추상화는 단순화이다. 뛰어난 추상 작업은 그때까지 드러나지 않던 특성과 관계를 단순화를 통해 드러내는 일이며, 그 결과 새롭고 다의적인 통찰과 의미를 전달할 수 있게 된다. 과학자, 화가, 시인들은 하나같이 추상화 능력이 탁월한 사람들이다. 현실이란 모든 추상의 종합이며, 이 가능성을 알

아냄으로써 우리는 현실을 보다 잘 이해할 수 있다.

지각은 역동적 행동체계의 일부다. 따라서 지각과정의 변화와 다른 지적 활동의 변화 사이의 관계는 매우 중요하다. 결국 관찰행위의 목적은 감각적 경험과 지적 의식을 가능한 한 가깝게 연결하는 데 있다. 하버드 대학교 심리학 교수인 루돌프 아른하임Rudolf Arnheim은 1969년에 쓴 책 『시각적 사고Visual Thinking』에서 "사고라고 부르는 인지작용은 지각 너머의, 지각보다 상위에 있는 정신적 과정이 아니라 지각 자체를 이루는 본질적 요소다"라고 했다. 모든 지식은 관찰에서부터 시작한다. 무엇을 보는지, 무엇을 찾으려 하는지가 중요하다. 관찰하는 것과 관찰한 것을 일정한 형식으로 표현하는 것은 마음이 하는 일이다.

그렇다면 관찰은 감각작용을 이해하는 일이다. 관찰은 과학에서도 가장 기본적인 것이다. 다수의 과학자들도 관찰력의 비결은 시간과 참을성에 있다고 말한다. 그냥 지나가는 사람들이 무신경하게 못 보고 지나치는 순간, 세계는 참을성 많은 관찰자에게 그 놀라운 모습을 드러내곤 한다. 어떤 곤충학자가 벌이 추는 춤을 언어로 보고 해독한 성과 역시 그가 가진 관찰의 힘에서 비롯된 것이다. 현대무용의 개척자인 도리스 험프리 Doris Humphrey는 사람의 육체적·감정적 행위를 예리하게 관찰하려면 밝은 눈과 좋은 귀를 가져야 하고, 관찰한 것들에 의거해 몸으로 이미지를 만들어 내야 한다고 주장한다. 그뿐만 아니라 우리는 매 순간 보고 듣고 느끼는 무질서한 사건들을 분류해서 체계화한다. 패턴을 알아낸다는 것은 다음에 무슨 일이 일어날지 미리 아는 것을 의미한다. 패턴 인식 능력은 예측과 기대 형성 능력의 기초가 된다.

심지어 마르크스는 감각을 "즉각적으로 실천하는 중인 이론가"라고까지 표현한다. 이 표현의 뜻은, 이론석 반성과 마찬가시로 감각은 어떤 기능적 목적을 위해서가 아니라 감각 자체를 위해서 객체와 관계 맺을 수 있다는 것이다. 물건들을 수집하는 것, 이를테면 우표, 동전, 곤충, 단추, 야구카드, 엽서, 책, 사진, 인쇄물, 그림 같은 것들을 모으는 것도 시각적 관찰력을 증대시키는 아주 좋은 방법이다. 진정한 수집가가 되려면 물건의 질과 종류의 차이를 잘 감별하는 능력이 필요하다. 그러려면 평가와 수집에 필요한 눈과 마음 모두를 길러야 한다. 만일 돌이나 조개껍질, 깃털, 뼈, 직물, 털실, 만년필 등을 수집한다면 촉각을 발달시킬 수 있다.

이런 감각의 모범이 미적 감각이다. 미적 감각은 우리가 경험하는 대상들을 보다 큰 전체, 포괄적인 전체의 부분으로 경험하게 한다. 일상적 경험 속에 들어 있으나 잘 의식하지 못하는 모든 것을 포함하는 전체에 대한 감각은 그림이나 시에서 강렬하게 포착된다. 예술 작품은 모든 일상적 경험에 들어 있는 불분명한 전체에 대한 감을 심화시키며, 아주 뚜렷하게 끌어내는 작용을 한다는 것이다. 이 전체를 포착할 때 우리는 우리 자신이 확대되고 있음을 느끼게 된다.

정서와 경험의 예술

정서는 경험 안에서 일어나는 현상이다. 정서는 생명체의 생존을 촉진하고 그럼으로써 진화 과정에서 우세할 수 있도록 만들어주는 간단한 반응에서 비롯되었다. 정서는 행위 또는 움직임이다. 정서 중 상당수는 공개적이어서 얼굴 표정, 목소리, 특정 행동에 드러나는 정서를 다른 사람들이 볼 수 있다. 정서는 실제적으로든 상상적으로든 간에 밖에 있는 대상에서 생기는 것이며, 대상에게 향하여 있는 것이며, 대상에 관한 것이다.

그런데 우리는 보기는 하지만, 느끼지 못하는 경우가 많으며, 듣기는 하지만 직접적으로 보지 않은 것, 즉 간접적으로 보고된 것만을 듣는 경우가 대부분이다. 게다가 사물을 만지기는 하지만 피부 접촉을 넘어서는 감각작용과 결합되지 못하기 때문에 여전히 피상적 접촉에 지나지 않는 경우가 대부분이다. 우리는 단선적 사고에 익숙해져 있고 습관화됨으로써 우리의 일상이 증거해 주는 바와 같이 무감각한 반복으로 경화될 수 있다. 즉 상황의 다양성이나 즉각성과의 접촉을 잃어버린다. 이런 경향은 사회가 기술적으로 그리고 기능적으로 정교하게 발전함에 따라 점점 더 강화되는 것으로 보인다.

실제로 경험되는 사건이나 상황은 모두 두 번 다시 반복될 수 없는 고유한 질적 특성을 갖는다. 이때 정서는 주어진 상황에 대해 어떤 측면을 강조하는 선택적 성격을 갖는다. 이것이 표현행위에서 정서가 차지하는 역할이다. 그래서 일상적 정서와 미적 정서의 구별이 중요하다. 일상적인 분노와 분노를 표현한 그림과는 그 정서의 성격에서 차이가 날 수밖에 없다. 일상적 분노도 엄청난 힘을 뿜어내지만 그 힘이 질적 특성을 갖는 의미 있는 힘은 아니다.

예술의 관심은 인간 생존의 조건에 직면하여 살아가는 인간의 모습에 있다. 모든 구체적인 생존은 그의 시간적 공간적 상황 속에 갇혀 있다. 예술은 범속한 인간의 생존이 던져져 있는 좁은 테두리를 넘어서려는 데에서 그 출발을 갖는다. '여기'의 신체적 중심성으로부터 주위 세계의 모든 사물들은 '거기'에 놓이기 때문에 그것들은 원근법적으로 배열된다. 그것은 지각의 지평현상으로서 먼저 각자의 위치에 따른 원근법적 체험으로 실현되는 주체의 전체화 작용 이외의 다른 것이 아니다.

예술은 주체의 실천적 의도나 인식의 노력의 전체적인 확산과정을 추동한다. 그런 과정에서 구체적 생존의 창조적 실현을 꾀할 수 있는 삶의 의미가 만들어진다. 이때 정서는 삶 전체를 특정한 방식으로 다르게 느끼게 하며 그것의 창조적인 반응을 이끌어 낸다. 정서는 어떤 것을 선택하고 가치를 부여하는 삶에 대한 감각이다. 주체의 전체화 작용에서 정서는 특정한 장소와 시간의 특성을 체감하는 것—다시 말해서 특정한 활동들이 하나의 사고방식, 생활방식과 어떻게 결합되어 있는가를 느끼는 것이다.

어떤 상황에서 정서가 일어나면 정서는 자동적으로 그 정서에 적합하게 사태를 선택적으로 재구성하며, 그 정서에 맞지 않는다고 생각되는 것은 스스로 간과하거나 무시하는 경향이 있다. 그렇기 때문에 예술은 있는 상태 그대로를 기술하는 것이 아니라, 주어진 상황에 대해 어떤 측면을 강조하는 선택적 성격을 가진다. 정서가 촉수를 세우고 사방을 두리번거리는 동안에는 정서에 포착되지 않는 것들은 의식의 대상이 될 수 없다.

정서가 어느 정도 탐색을 마치고 정서적 긴장이 완화되고 사라지고 난 후에야, 비로소 정서의 해소나 완성과는 별로 관련이 없는 사물들이 의식의 범위로 들어오게 된다. 이처럼 일련의 연속적인 행동 속에서 발견되는 정서는 주변에 있는 대상에 대하여 매우 강력한 선택적 작용을 가지고 있다. 그것은 정서적 반응에 대한, 또는 반응의 결과인 생명체의 상태에 대한 뇌의 지도, 그리고 뒤를 이어 심상을 생성해 내는 기구, 즉 느낌의 기구가 작용하여 정서에 어울리는 사고가 출현한 것이다. 느낌의 정서적 사고는 신체의 특정 상태에 대한 지각인 동시에 사고의 특정 방식, 그리고 특정 주제를 가진 생각에 대한 지각이다.

대체로 정서적 사고에 따른 의식의 진행은 어떤 형태로든 마무리되는 완전함을 지향한다. 삶의 전체를 총체적으로 느끼게 하는 하나의 일관된 체험 혹은 성취된 체험이라고나 할까. 만일 바로 이 체험을 공유하는 사람이 있었다면, 이때 나와 너 사이의 "완성"의 감정으로 새로운 정서가 발생한다. 성취된 체험에서 비롯되는 이 정서는 나와 너의 관계가 새롭게 맺어지게 하는 에너지이다. 정서는 참여자들을 서로 배치하고 목표지향적인 활동 속에서 나와 너 사이의 관계에 새로운 깊이와 의미를 준다. 즉 너 안에서, 너와 함께, 그리고 너에 의해서 모두가 함께 이해의 공동 창조자와 공저자가 되는 것이다.

서로의 시야를 받아들이고 완성하고 확장하며 탈바꿈하는 몸짓과 정서가 생겨나고 이처럼 의식이 비교적 합목적적으로 감각 소재들의 의미를 구축하는 방향으로 작용할 때가 미적으로 의미 있는 상황의 출발점이다. 그런 경우 예술가에게는 창의적인 산물 혹은 사건에 의미를 불어넣으며 그 결과 내용의 물리적이고 심리적인 통합이 일어난다. 이것은 어떤 점에서 보면 인류 역사상 가장 위대한 지적 성취이기도 하다.

인간은 한 명의 개인이자 사회의 한 부분으로서, 자신이 살아 있다고 느끼고 또 자신의 그 생명력을 가능한 한 많이 느끼고자 하는 존재로 특징지어진다. 경험은 인위적으로 만들어지는 것이 아니라 그냥 느껴지거나 갖게 된 것으로서 기본적으로 느낌, 사유, 행함과 같은 모든 활동을 포함한다. 단순히 지적인 경험일지라도, 그것이 내적인 합일감과 충만감을 드러내는 질서 정연하고 체계적인 운동이라고 한다면 그것은 감성적 만족을 유발한다. 경험은 삶의 안정성을 추구하는 방식이다.

예술은 언제나 무엇인가를 하거나 만드는 과정의 부분이다. 모든 경험과 마찬가지로 예술은 정서를 포함하며 목적지향적이다. 듀이의 경험으로서의 예술에서는 예술이 실제 생의 과정 속에서 그려진다고 생각했다. 많은 경우 경험은 하나의 전체로 통합되기보다는 분열되고 해체된 상태로 불완전하게 잔존한다. 그렇다고 경험은 주체가 겪는 사적 사건이 아니다. 경험함은 세상에 있음에 관한 인간적 양상이다. 즉 경험은 "개략적으로 말하면, 뚜렷하게 인간적인 모든 것의 복합물"을 가리키는 단어이다. 듀이는 칸트의 경우처럼 앎, 의지, 느낌 등을 구분하지 않는다. 미학을 실질적 관심 반대에 있는 무관심적인 것으로 정의하는 칸트적 전통에 반대한다.

듀이의 실용주의적 예술 이해에 의하면 "상상력은 사람들을 선으로 이끄는 가장 중요한 도구다." 인간이 다른 사람과 어떻게 교제하는가는 전적으로 "상상력을 통해서 다른 사람의 처지가 되어 보는 힘"에 달려 있다. 도덕이론이 단지 "현재 상태를 축복하고 지배적인 관습을 반영하고 기존 질서를 단단하게 만드는 것"을 뜻하는 반면에, 예술이 열어 주는 세계는 지금까지 등한시했던 사회적 현상에 주목하도록 만들기 때문에 예술은 "도덕이론보다 더 도덕적"일 수 있다고 한다. 그렇게 오직 예술만이 더 나은 세계를 위해 기여할 수 있다. 듀이는 "도덕에 대해 성찰하는 모든 논문의 영향을 전부 합쳐도 건축, 소설, 드라마의 영향과 비교해 보면 무의미할 정도"라고 말했다.

듀이에 의하면 "예술 작품은 충만하고 강렬한 경험이기 때문에, 일상적 삶을 그 충만함 속에서 경험할 수 있는 힘을 계속 살아 움직이게 한다. 이때 예술은 경험의 질료를 형식을 통해 질서화된 것으로 변환시키면서 이것을 수행"한다. 이 모든 것이 우리 자신의 확장과 성장으로 체험된다. 예술은 자연을 파괴하고 소멸하는 것이 아니라 오히려 확장하고 완성한다. 이는 경험의 과정 속에서 통일적 전체를 달성하는 일이며, 보다 정확히 말하자면, 살아 있다는 이 내밀한 감정에 사로잡히는 일이야말로 예술과 비예술을 구분하는 정점이다. 듀이의 예술 개념은 예술 그 자체를 '순수'라는 도그마에 사로잡혀 습관적으로 편협하게 한정해 온 데서 벗어나 우리의 일상 영역과 자연의 영역으로 환원되고 확장된 개념으로 유도하고 있다. 예술이 일상을 원천으로 해야 한다는 듀이의 입장은 현대 예술에서 고착된 장르 간의 위계를 철거하고 수평적 관계를 재확립할 필요를 시사하고 있다.

어쨌든 우리가 세상에 마음을 열고 세상에 존재하는 다양한 차원의 세계들을 그 자체의 조건으로 활성화시키며, 그리고 그 체험과 그 세계를 언어적 표현을 빌려 다른 사람들과 나누려 할 때 언제 어디에서든 의식은 존재한다. 그러나 한편으로 의식의 개입으로 말미암아 시간이 흐르면서 예술은 의식적인 사고의 산물이라는 생각을 낳게 된다. 의식이 개입하면 상황을 어떻게 다루고, 어떤 행위를 선택하며, 사물을 어떻게 배열하는 것이 보다 바람직한가 하는 문제에 대한 인간의 능력이 향상된다. 이때 의식은 색, 형태, 소리, 냄새, 맛, 촉각 등과 같은 주어진 감각 소재들을 체험의 질이라는 차원에서 조합하고 선택하고 질서 지으며 진행한다.

모든 창의적 대상물과 사건은 예술적 장르가 다양하지만, 기호와 상징 그리고 정형화된 양식을 외부 형태나 내부 형태 또 핵심 요소로 조직화한다. 예를 들면, 조각품의 외형은 청동과 같은 재료로 구성되는 반면 노래의 외부 형식은 멜로디로 형성된다. 창작품의 내부 형식은 외부 형식에 의해 압축된 이미지, 감각, 혹은 아이디어를 포함한다. 청동 조각품의 내부 형식은 한 손에는 검을 다른 손에는 한 벌의 큰 저울을 들고 서 있으면서 눈가리개를 한 여성으로 보일 수 있다. 이런 실증적 관점과 대조적으로 예술 작품의 핵심 요소는 내부 형태에 숨겨진 대상 혹은 사건의 의미를 반영한다. 즉 그 여성의 내부 형식은 정의의 비유적 표현으로 조각품의 상징적 의미를 구성한다.

이처럼 예술은 인간이 일상생활에서는 경험할 수 없는 현실과 삶의 현상을 압축시켜 놓는다. 따라서 예술은 한없이 다양해진다. 예술이란 우리가 체험할수록 표면에서부터 점점 더 깊어지는 의미층으로 전개되는 그 자체로 충만하고 역동적인 표현의 세계다. 인간은 삶을 풍부히 하기 위해, 그리고 그것도 두뇌, 감각기관, 근육기관과 같은 인간의 신체구조에 적합한 방식으로, 자연 속에 있는 물질과 에너지를 이용한다. 예술은 우리 행동의 결정적인 시점에서 환경과 균형을 맞추기 위한 심리적인 수단이다.

그런 점에서 예술은 의식적으로 그러니까 인간 삶에 의미 있는 방식으로 생명체의 특징을 이루는 감각, 욕구, 충동 그리고 행위들 사이에 조화와 통합을 이룰 수 있다는 것을 보여 주는 구체적 증거이다. 많은 전통적 공동체들은 음조가 있는 리듬은 마음을 달래고 잠재적으로 몸과 마음을 치유할 수 있다고 믿는다. 규칙적인 리듬은 육체적 동작을 조직하고 지지하고 조절하는 노래의 능력을 통해서 힘든 노동을 하는 인간을 돕고, 이로써 계속되는 노동으로부터 인간에게 피로의 완화와 휴식을 제공한다.

이런 점들을 참고하면서 비고츠키Lev Vygotsky는 예술의 토대는 인간이 강렬한 신체적, 정신적 또는 정서적인 긴장을 관리하고 발산하고자 하는 필요성에 깊이 뿌리박고 있다고 주장했다. 예컨대 몸동작 패턴을 체계적이고 율동적으로 사용하는 것은 자신을 둘러싸고 있는 환경과의 항상성을 지속해서 재정립하기 위한 필요성과 직접적인 상관관계가 있다고 한다. 시각적, 청각적, 운동적 리듬의 사용은 아주 기쁘고 고통스러운 때나 혹은 강박적인 두려움들을 형식적인 방식으로 "풀어냄"으로써 해소할 수도 있다. 그 외에도 삶의 큰 의식儀式이나 통과의례와 함께함으로써 공통의 신념이나 가치들을 복창하고 그렇게 함으로써 세계를 설명하고 의미를 제공함으로써 전통적으로 인간에게 도움을 주어 왔다.

예술의 현장성, 커뮤니티 예술

모든 예술 작업은 인간의 높은 정신적인 모습으로서 더욱 이 땅에 인간적으로 거주할 것을 약속한다. 그것은 예술적 성취 그 자체가 장소에 대한 모든 의미와 책임이 따르는 것이라고 할 수 있다. 장소란 현장이라는 위치로 인하여 드러나는 상, 정황을 지닌 자리 곧 위상으로 풀이된다. 예술가들은 직접적인 체험으로 장소를 가로질러 가늠하며 현장 작업에 관련한다. 작업은 곧 장소를 탐험하는 것처럼 현장성에 의해 놓이고 구축되는 것이다. 대다수의 현장에서 벌어지는 작업들은 장소로 인하여 상황을 가진 특수한 정황처럼 전개되고 그런 지평의 장 속에서 한꺼번에 파악된다.

예술가들은 이 세계에 대한 요구로서, 그들의 작업을 현장의 장소에 끌어당긴다. 때로는 공공의 장소에서, 도회지에서, 일상의 조건 속에서 등등—거기에서 예술가들은 장소를 새로이 발견하고, 태어나게 하고 그리고 그런 작품들을 현장의 장소에서 제시한다. 우리의 지각은 촉감적으로 즉각적인 소통을 이루는 것인데, 결국 작업은 장소 안에서 장소와 함께 일어나는 장소의 조건과 특수성에 따른, 하이데거의 표현처럼 '건립'으로 드러나는 것이다. 하이데거에 따르면, 작품은 장소에서 건립으로 모습이 드러나게 되는데 그것은 예술 작품이 하나의 존재론적 사건—즉, 새로운 세계를 제시하는 것이다. 작품을 건립한다는 것은 예술 작품의 세계를 열어 보이는 '사유'로서 또한 '방식'으로 생각하는 것이다. 예술의 도움으로 사람들은 사고의 지평을 성공적으로 확장시켜서 다른 경우라면 주목받지 못했을 것에 주의를 기울이고, 다른 경우라면 보잘것없는 것으로 다루었을 사람이나 환경에 대해 관용적인 태도를 보일 수 있다.

시각예술에서의 장소에 대한 질문은 어떻게 장소를 변형하는가에 대한 질문이 될 것이다. 확실히 시각예술인 경우에는 관찰자에 의존하고 있다는 점에 유념할 필요가 있다. 장소, 그 스스로의 조건은 작업의 중요한 변수이기도 하고, 그 속에서 거주하고 공유하는 관찰자 역시 작업의 변화무쌍한 함수이다. 현장의 장소는 시각적인 표현을 위한 재구성의 요소이면서, 동시에 현장의 모습에서 더욱 '바라봄'이라는 관찰자의 질문을 산출하려는 시도로서 현장의 장소성이 끼어든 것이다. 그래서 주어진 일상의 장소들―대문, 마구간, 갤러리의 입구, 햇볕이 내리쬐는 테라스에서 본 광경들은 범상하게 드러나며, 예술가의 방법은 관찰자의 시선을 더욱 새로운 현장으로 유도하는 것이다.

사람들이 사는 현장에서 작업하는 모든 예술은 사회적 상호작용을 유발한다. 공동체 중심의 커뮤니티 예술은 예술가들이 사람들과 함께하는 공동 작업으로, 참가한 사람들의 삶이 직접적으로 주제가 되고 집단적인 의미를 표시하게 되는 예술 영역이다. 사회적 상호작용은 모든 커뮤니티 예술 작품에서 가장 중요하고 불가분의 부분을 차지한다.

특히 커뮤니티 예술의 경우에는 사회적으로 상호작용하는 과정, 즉 작품을 만드는 행위 그 자체가 사회적이다. 그러한 작업은 사회적 관계의 깊이를 확장하고, 때로는 참가자들의 역량과 비판적 사고, 지속 가능성을 촉진하고 있다. 전형적인 커뮤니티 예술 프로젝트인 아이들의 벽화 프로젝트는 결과물의 내용과 형식에 대한 비판적 평가를 자제하거나 유보하고, '기분을 좋게 하는' 긍정적인 사회적 가치를 고취함으로써 커뮤니티의 자아의식을 강화하겠다는 목적을 충족시킬 수 있다.

커뮤니티 예술에서 반드시 고려해야 할 요소 중 하나는 보통의 예술 집단이나 예술계 외부에 존재하는 참가자들을 아우를 수 있는 확장성이다. 기존의 대부분의 예술들은 그것이 진보 성향을 띠고 있다고 할지라도 보수적이고 전통적인 접근 방식인 한정된 무대에서 올려졌다. 갤러리든, 박물관이든, 이벤트든, 이러한 장소를 찾아온 사람들은 예술적 경험을 향유하고 싶어 하는 사람들이거나 가치와 관심사에 있어서 이미 예술에 경도되어 있는 사람들이다. 보다 야심차고 대담한 커뮤니티 예술 프로젝트들은 공공 영역과 직접적으로 관계를 맺으며 거리에서, 사회의 공공장소에서, 비예술적인 모임 장소에서 벌어지고 있다.

커뮤니티 예술의 대표적인 활동 영역인 공동체 중심의 퍼포먼스—이 경우 연극보다 퍼포먼스가 음악이나 무용뿐만 아니라 대중적인 관람을 위한 다양한 창작행위를 아우르는 용어이기 때문에 퍼포먼스라는 용어를 택한다. 퍼포먼스의 창작 작업은 한 사람의 예술가나 극단, 또는 '공동체'의 공동 작업으로 이루어지는데, 해당 공동체가 대본의 주요한 출처가 되고, 때에 따라 연기자 대부분이 그 공동체에서 나오기도 한다. 분명한 것은 관객의 상당수가 그 공동체에 속한다는 것이다. 즉, 공동체 중심 퍼포먼스의 토대는 개인 예술가가 아니라 장소, 민족, 계급, 인종, 성적 취향, 직업, 환경, 정치적 성향 등 공동의 정체성을 보유한 공동체에 있다.

사회학자 어빙 고프먼은 "모든 세계가 하나의 무대라고 할 수는 없지만 그렇다고 해서 그렇게 볼 수 없는 이유를 딱히 밝힐 수도 없다"라고 했다. 공동체 중심 퍼포먼스에서 볼 수 있는 군중 시위, 노조 건물에서의 희극 공연, 스토리텔링의 모임, 제의, 무용, 음악 연주, 연극 등은 모두 사람들이 자신이 속한 집단의 의미를 만들어 내고 그 의미를 실행에 옮기기 위한 수단이자 방법이다. 그런데 퍼포먼스는 예술인가 혹은 제의인가, 치료인가 혹은 정치인가라는 물음을 던지게 한다.

그런 물음도 중요하겠으나 우리는 스스로 공동체의 고정된 범주를 강화함으로써 폐해를 끼치고 있지는 않은지 반성해 볼 필요가 있다. 분명

많은 사람이 자신의 정체성이나 체험을 깊이 있게 형성한 하나 또는 그 이상의 표식에 따라 자랑스럽게 자아의 정체성을 확인한다. 퍼포먼스 이론가 리처드 셰크너에 따르면, "퍼포먼스는 정체성을 표시하고, 시간을 되돌려 새롭게 하며, 신체를 꾸미고 장식하며, 이야기를 들려주고, 처음 행하는 것이 아니라 미리 연습하고 준비하여 '두 번째 행하는' 행위를 통해 사람들이 유희할 수 있도록 한다".

오늘날 커뮤니티 예술이 표방하는 내용은 아마도 '해방'일 것이다. 그것은 소박하게는 커뮤니티 예술의 공동 작업에 참여했던 사람들이 집으로 돌아갈 때가 되면, 그 공동 작업으로부터 충분히 많은 비판적, 경험적 재산을 추출하여 정서적으로 풍요로움을 느끼는 것일 게다. 더 나아가 자신이 작가로서 겪어 본 경험들로 인해 다른 사람과 이와 같은 형태의 예술을 재생산할 수 있다는 역량의 확장을 예감하는 것이다.

미적 체험의 형이상학

밤하늘의 별을 쳐다보든가 혹은 잔디밭에 누워 떠가는 구름을 바라보면서 자신의 근원을 생각할 때 우리는 초월적 차원을 응시하는 형이상학적 존재가 된다. 인간이 형이상학적 존재라고 하는 것은 인간이 더 큰 세계가 있다는 것을 자각하는 것에서 출발한다. 자연과 우주의 역사는 이런 형이상학적 존재인 인간 없이는 단순히 이곳에 놓여 있는, 현전하는 사물에 지나지 않게 된다. 이 형이상학이 그의 존재이해에 따라 매우 다양하게 그리고 결코 명확한 형태로 드러나지 않을지라도 인간이라면 누구나 형이상학적 터전 위에 자리하고 있다.

바흐의 음악을 들으면서 무아의 경지에 빠질 때도 존재론과 위상 수학을 공부할 때도 마찬가지다. 세계와의 관계 맺음은 형이상학적 존재인 인간의 근본 충동이다. 그것은 보다 큰 질서의 원리를 통해 정신으로 일깨워지고, 세계에로, 창조적 삶에로 나아간다. 예술가의 창조는 환상의 창조에 머무는 것이지 결코 현실적인 물질적 창조가 아니다. 그럼에도 불구하고 예술의 경이로움은 그것이 우리로 하여금 이 '속임수'를 생동하는 실재로 받아들이게 하는 데 있다. 이러한 의미에서 예술의 형이상학적 체험은 삶의 자극제가 되는 것이다. '자라 보고 놀란 가슴 솥뚜껑 보고 놀란다'는 속담이 있듯이 예술의 한 체험은 다른 체험에 형성적 영향을 끼치기 마련이다. 모든 이미지는 그 자체로서 또 형성적으로 이월되는 영향력으로 존재한다. 말하자면 내용과 형식은 끊임없는 교환작용을 일으키는 것이다. 이것이 늘 주체적인 전체화 속에 있는 지속이기 때문에 그런 것이다. 그뿐만 아니라 예술이 이 주체적인 전체화의 과정, 즉 형성의 원리에 주목하는 것은 세계 자체가 변한다고 하더라도 통일성 속에 일체화하려는 것으로 지속하기 때문에 그렇다.

예술에는 경이로울 정도의 새로운 경험이, 그리고 새로운 형식과 테크닉으로 실험되고 표현되고자 하는 갈망이 드러나 있다. 예술 속에서는 바로 상상력이 사유와 협력하여 새로운 존재를 창조한다. 인간은 한계를 뛰어넘어 스스로 확장되고 심화되는 경험을 하는 가운데 진정한 인간이 된다. 우주와 자연, 세계와 역사, 인간과 모든 생명체가 나아갈 방향을 제시하는 것은 삶의 전체성을 이해하려는 형이상학적 초월의 존재인 인간의 특권이자 숙명이기도 하다. 형이상학적 초월을 지향하는 움직임은 반드시 미적으로 시작해 신비적으로 서서히 잦아든다. 그것이 예술적 활동 속의 정신적·물질적 창조 요소로 작용한다.

형상화와 관조의 심미적 체험

예술은 개인이 공동체와 연결하는 데 중요한 역할을 한다. 우리는 예술을 통해 자기 자신과 서로를 더 잘 이해하게 된다. 더 나아가 예술은 개인의 정신과 마음에 영향을 주고 일상적 삶의 재료에 들어 있는 생각과 감정을 이용하고 탈바꿈시키고 더 발전시키도록 함으로써 삶의 의미를 풍요롭게 한다.

예술은 세계에 대하여 가지는 인간의 경외감과 성스러운 감정을 표현한다. 마을과 도시는 이러한 상징적인 성소의 중심으로 구축된다. 인간은 정착 생활을 하면서 그들의 관심은 유목민 시절의 동물에서 계절과 기후 그리고 땅으로 바뀐다. 자연의 변화는 동물처럼 분명한 하나의 형상으로 포착되지는 않지만 그보다 더 강한 힘을 가지고 있었고 그들은 그것을 나름대로 형상화할 수밖에 없었다. 예를 들어 기하학은 형상을 통해 우주의 형이상학적 속성을 상징적으로 표현한 것이다. 어떤 주어진 것을 최대한으로 선입견 없이 주어진 대로의 형상에 접근하려는 것은 그 안에서 어떤 질서를 발견하고자 하는 심미적 태도의 기본이라고 할 수 있다.

모든 형태는 아무리 복잡한 것이라고 하더라도 기본적인 기하학적 도형으로 환원될 수 있다. 모든 자연물 또한 기하학적 최소 단위인 원과 삼각형과 사각형의 무한한 반복으로 환원될 수 있고 그 도형들이 만들어 내는 형상들은 모두 최초의 창조적인 울림을 나눠 받고 있다. 형상화를 거친 자연은 인간에게 더 이상 낯선 타자가 아니다. 무언가를 그린다는 것은 형상을 통해 신성과 소통한다는 것이고 그것은 근원과의 일치, 합일의 기쁨이다.

예술은 자연과 정신의 비분리성, 인간의 자연에 대한 원체험이 오늘날 여전히 살아 있는 분야다. 예술을 통해 자연을 일깨우려 하는 것은 바로 자연의 고유한 본질을 성스러움으로 드러내는 일이다. 후에 본격적인 '종교'가 탄생한 후 '성스러운 것'으로 자리매김하는 자연의 에너지는 추상적인 형태로 재현될 수밖에 없는 것이었다. 그들은 자신이 자연에 대해 가지고 있는 느낌을 추상적인 형태로 재현했고 이들을 기계적으로 반복하는 가운데 외적 세계에 대한 불안을 해소해 갔다. 여기서 기하학적 도형들이 생겨난다. 대지의 울타리를 정하는 사각형, 하늘의 무한함을 표현하는 동그라미, 여성과 남성을 나타내는 삼각형, 자연의 무한한 생명력을 나타내는 미로 형태들…. 이것들은 자연에 대해 인간이 갖는 경외심의 표현인 것이다. 원, 삼각형, 사각형 등의 도형과 숫자는 보이지 않는 세계의 질서를 상징적으로 담고 있다.

형상화를 통해서 모든 존재 속에서 신성의 흔적을 찾아냈던 주술이나 마법이 그러했던 것처럼 예술적 활동 또한 대우주로서의 세계영혼과 교감하는 활동임을 뜻한다. 현상학자 링기스Alphonso Lingis는 지구, 바다, 빛, 도시와 같은 감각적이고 직접적으로 체험되는 세계를 강조한다. 이러한 것들은 우리를 둘러싸고 있으면서도 이러한 것들이 우리에게 감정적 의미를 갖는 것은 삶의 전체에 대한 초월적인 느낌이다. 삶에 대한 느낌은 살림살이의 구체적인 현실에서 일어나면서도 형이상학적이라고 할 수밖에 없는 비실용적 성격을 갖는다.

인간 지각이 하나의 공통분모를 가질 수 없다는 사실은 오늘날 예술과 문화의 가장 기본적인 사실에 속한다. 어떤 사람이 싹이 트는 씨앗과 돗단배를 보고 당연히 기뻐하는 반면에, 또 다른 사람은 그와 똑같이 당연하게 몰락의 가면만을 인식한다. 한 사람에게 깨달음인 것이 다른 사람에게는 단지 지루함의 원인이 된다. 우리는 이제 그러한 불일치성에 적응해야만 한다.

지각이 부여한 상이함을 더 이상 하나의 종합명제로 지양할 수도 없으며 제거할 수도 없다. 이는 주관성의 논리에 속하며 모던의 사회적 발전에 속하는 것이다. 우리는 이러한 다양성과 친해져야만 하며 잘 다루어야만 한다. 흔히 말하듯이 관점의 다양성은 개체 간의 갈등의 원인이 되기 마련이지만 미적 체험에서는 그러한 갈등이 별로 일어나지 않는다. 따라서 간주관적 화합 또는 융합의 모델은 예술의 예에서 암시될 수 있다.

이제 우리는 기껏해야 그것을 연습하는 단계에 있다. 우리는 지각방식의 주관성과 다수화를 무조건 받아들이는 것에서부터 시작해야 한다. 관조적이고, 역사적이며, 일상적이고 의미론적이고 알레고리적이며 유토피아적인 지각방식들 말이다. 심미적 지각의 경우 그것들의 다채로움은 원칙적으로 다양하며, 폭넓고 폐쇄적이지 않다. 그러나 우리는 여전히 다수성을 전혀 조망하지 못하고 있다.

다수성은 주관적인 근거들만 아니라 객관적인 근거들도 가지고 있다. 아주 다양한 갈래들이 그 안에서 다양한 노선들, 관점들, 기원들, 소속들이 교차하는 실뭉치와 같다. 우리가 의미와 뜻의 구조를 파악하려고 한다면 규정된 법칙을 따르지 않고 반성적 판단력의 구조를 따르는 해방된 지각으로 호기심 있게 더듬어 찾아내면서 움직여야 한다. 애초에 반성적 판단력은 새로운 보편을 찾는 것에서 출발한다. 즉 기존에 다수가 규정한 보편이 아니라 주관적인 새로운 보편을 찾아 타인과 공감을 이루게 하는 것이다.

그것은 현상들에 대한 어떤 지각을 우리에게 요구된다. 이 현상들을 잘 알려진 유형들의 경우로 등록하고 분류하고 정리하는 것이 아니라 오히려 이 현상들에 적합한 이해를 비로소 발견하고 산출하는 것이 중요하다. 잘 알려진 것에 대한 지각이 아니라 알려지지 않은 것에 대한 지각이 중요하다. 칸트는 무관심의 관조를 제시한다. 관조적인 시각적 감상은 분별해 내고 비추어 보면서 미학적인 거리를 창조한다. 다른 목적이나 감정이 개입되지 않고 순수하게 대상 그 자체를 관조적으로 바라볼 때 비로소 자유로운 상태에서 새로운 나만의 보편성을 찾는 것이라 할 수 있다.

예컨대 놀라움에 사로잡히는 것이야말로 자연에 대한 가장 강렬한 미학적 경험일 것이다. 예전에 알지 못했던 실재의 일면을 갑자기 접할 때 아름다움을 느낀다. 자연환경의 아름다움에 대한 강렬한 지각은 대개 갑작스러운 계시와 같다. 그러한 깨달음은 주입된 견해들에 별 영향을 받지 않을뿐더러 환경의 성격과도 무관하게 여겨진다. 심지어 단조로운 장면에서도 예전에는 숨어 있던 고유한 면모가 드러날 수 있다. 이렇듯 실재적인 것을 새롭게 통찰할 때 아름다움을 경험하는 것이다.

심미적 태도의 근간은 관조에서 비롯된다. 관조의 태도는 대상과의 심미적 거리를 새롭게 형성함에 따라 대상에 대한 특수한 주목 능력으로서 이해된다. 관조의 미학적 감각작용은 사물 또는 대상 세계에 대한 즐김의 관계의 일종이다. 그것은 세계의 일체의 것을 일정한 거리 속에서 보는 것이기에 삶 전체에 대한 느낌과도 연관된다. 관조의 순간에 삶 전체는 직접적인 정서로 존재하면서 세계와 사물에 대해 가지고 있는 향수에 깊이 관계하게 된다. 사람들은 이러한 바탕 위에 서 있을 때 저절로 세상과 사물의 세부에 대한 주의가 가능해진다. 우리는 이 바탕을 돌아보게 되고 그것에 힘입어 주의를 깊이 있게 하는 관조가 삶의 중요한 계기임을 예술을 통해서 확인하게 된다.

우리는 흔들리는 기반 위에서 다면적인 토대들과 더불어 살아가는 법을 배워야만 하며, 그러한 토대 위에서 뭔가 올바른 것을 이루는 법을 배워야만 한다. 만약 우리가 심미적 지각이 가지고 있는 다변수성과 횡단적인 파악을 거부하고자 한다면—자칭 관조는 단독으로 연관을 맺고자 하며, 모든 일상적이고 사회적이며 의미론적인 지각 차원으로부터 벗어나기를 요구하기 때문에—숭고한 관조가 점점 단순하게 멍청히 바라보기가 될 수 있는 위험에 부딪히게 될 것이다.

인간은 매 순간 실제로 이렇게든 저렇게든 살아 있다. 세계는 개인적 지각 능력과의 관계에서 늘 새로운 사건으로 드러난다. 그런 의미에서 사람의 지각적 체험은 언제나 세계의 새로운 양상을 드러내고 그것을 풍부하게 한다. 초월한다는 것은 자신의 본질에 따라 세계를 형성한다는 의미이다. 이 과정을 보다 더 분명히 하는 것은 예술 작품이다. 이를테면 예술은 사건들의 감성적 지각의 계기를 확대하고 반성적이게 수용한 것이라고 할 수 있다. 심미적 성찰적 태도는 사물을 보다 더 넓게 보고 또 그 뒤에 있는 가능성의 폭넓은 지평을 보게 한다. 그것은 자연 전체에 대한 우리의 느낌을 높여 주고 이것을 포함하여 자연과 인간의 관계에 대한 폭넓은 의식의 화폭을 열어 준다. 그런데 여기서 흥미롭게 생각해 볼 수 있는 것은 간주관적인 지각체험의 일체성이다.

도취의 예술가 형이상학

고대에서부터 많은 종교의식이 신과의 합일이라는 명목으로 몰아의 지경에 이르는 것을 제의의 목표로 삼곤 했다. 고대 그리스의 디오니소스 제전이 대표적이다. 이 제전에서는 집단적으로 광란적인 춤과 노래 등으로 일상적 자신을 떠나 극도의 희열을 통해 이른바 근원적인 존재와 하나가 되는 체험을 시도한다. 피타고라스학파가 추종했던 오르페우스교도 유사한 형태를 취한다. 즉, 영혼의 정화를 목적으로 몰아적인 상태에 이르도록 광란적인 행동을 통해 개별적인 자기를 초월하고자 한다. 이러한 종교의식은 겉으로는 종교성을 띠고 신성시되고 있지만, 사실상 자신을 잊고 무언가에 빠진다는 점에서 일종의 도취 상태라고 볼 수 있다. 우리가 아름다운 자연에 넋을 잃고 빠져 있는 것도 유사한 체험이라고 볼 수 있다. 흔히 우리가 무아의 지경이라고 부르는 것이 바로 이러한 것이다. 여기서 몰아, 무아 등과 같이 이 모든 체험이 강조하는 것은 나를 잊거나 넘어서는 것이다.

존 듀이는 이처럼 복잡한 경험이 도대체 어떻게 일어나는지를 설명할 수 있는지 모르겠다고 한다. 그러면서 현재로서는 그런 경험은 살아 있는 생명체와 환경과의 원초적 만남 속에서 획득된 반응 경향에 의해서 마음에 동요와 각성이 생긴 것이며, 그것은 직접적 경험 상태에서 한 걸음 물러선 의식의 상태, 즉 지적 사고를 하는 의식의 상태에서는 결코 가질 수 없을 것이라는 식으로 적당히 얼버무릴 수밖에 없다고 한다. 하지만 이러한 경험을 잘 검토하면, 우리는 예술과 자연 사이에 연속성이 있다는 것을 이해하는 데 중요한 시사를 얻을 수 있다.[20] 직접적 감각 경험은 경험 대상에서 의미와 가치를 직접 받아들이는 능력을 가지고 있으며, 의미와 가치를 흡수하는 이 능력은 거의 한계가 없다고 할 정도로 엄청난 깊이와 넓이를 가지고 있다.

영국의 작가이자 조류학자인 허드슨Hudson, William Henry은 종교인들이 황홀한 영적 교류라고 부르는 것과 유사한 경험인, 심미적인 것에 도취

---

20. 엄격한 사상가로 널리 알려진 에머슨(Emerson, Ralph Waldo)도 허드슨과 유사한 경험을 했던 것에 대해 언급했다. "하늘에는 잿빛 구름이 덮여 있는 석양 무렵에 눈 덮인 웅덩이가 여기저기 흩어져 있는 겨울 들길을 가로질러 집으로 돌아갈 때면 특별히 좋은 일이 일이 있을 것이라는 기대가 없어도 하늘을 날아갈 듯이 유쾌하고 신나는 기분에 흠뻑 젖어들곤 했다. 그때는 어떤 두려운 일이 있어도 기꺼이 극복할 수 있을 것 같은 느낌이 들었다." 존 듀이(2016), 『경험으로서 예술』, 박철홍 옮김, 나남, 71~72쪽 참고.

되는 신비한 경험에 대해 다음과 같이 서술했다. "조용한 달빛 속에 부끄러운 듯 하늘거리는 회백색의 잎들은 아카시아 나무들이 이 세상의 어떤 것들보다도 삶의 활기로 충만해 있음을 느끼게 했으며, 나와 나의 존재를 더욱더 강렬하게 의식하게 했다. … 이것은 일종의 종교적 경험을 할 때의 느낌과 유사한 것이었다. 이것은 비록 보이지도 들리지도 않지만 초자연적인 존재가 그곳에 있으며, 그와 대화를 나누고 있으며, 그 존재가 자신의 마음속에서 일어나는 모든 생각들을 성스럽게 만들고 있다고 절대적으로 확신하는 사람이 갖는 느낌과 유사한 것이다."

니체가 보기에 예술은 "삶의 최고 과제이자 삶의 본래적인 형이상학적 활동"이다. 니체는 가장 탁월한 예술적 체험을 디오니소스적 '도취 감정'에서 찾는다. 예술에서 도취는 특히 중요한데, 우리가 원하는 무엇인가를 구현하고자 할 때는 반드시 도취가 전제된다. 도취는 환경과의 감각적 상호작용의 일시적 결과이고, 우리가 생존하고 번영하기 위해 필요로 하는 것의 요체이다. 생리적 조건이 도취를 가능하게 하고, '힘의 상승'과 '힘의 충만'으로 나타나며, 이 힘에의 의지는 증가하는 힘에 대한 의지, 보다 많은 다양성을 산출하는 의지이다. 그것은 미묘하게 초월적인 울림을 띤다는 것을 보여 준다. 이것은 다시 생리적 조건인 생명감을 촉진한다. 그리하여 도취는 실제적인 경험 말고는 접근이 불가능하다.

도취 활동은 몸의 생리적 조건과 미적 체험이 상호 조건적이기에 성립한다. 그러기에 예술 이외 다른 어떤 것도 아닌, 바로 예술이 삶을 가능하게 하며, 삶으로 유혹하는 위대한 힘이다. 생의 관점에서 모든 것은 가상이다. 그리고 예술은 생을 더욱 고양시키고 확장시킬 수 있는 삶의 자극제이다. 도취의 본질은 미적 상태의 두 가지 기본적인 형태이다. 그것은 힘의 충만함과 솟아오르는 충만함의 느낌이다. 예술가는 도취와 유희한다. 그리하여 지금 여기의 삶의 생동감은 창조적인 힘이 발휘될 때 고조되며, 또한 창조적인 힘은 삶의 건강함에서 촉진된다.

힘이 최대한 번성할 수 있고 충동들이 최대한 기능할 수 있는 그런 종류의 세계를 구성하는 것이 예술가적 활동성이다. 도취 상태에서 활동을 할 수 있다는 것은 행복을 쟁취하기 위한 투쟁에서 문화가 가진 가장 중요한 무기이다. 프로이트Sigmund Freud에 따르면, 우리에게 직접적인 쾌락적 감각을 줄 뿐 아니라, 불쾌감을 일으킬 수 있는 모든 자극에 대해서도 우리를 보호해 준다. 그러면서 더 나은 상태를 유지하면서 독자적인 세계에서 피난처를 찾는 것을 가능하게 한다는 것이다. 무언가에 사로잡힘인 도취는 개별적인 것이고 시간의 지배에서 벗어난 것이기에 보편화할 수 없다. 서정주의 시 「해일」은 할머니가 일상적 세계에서 멍하니 도취의 상태로 빠져드는 순간을 손자의 눈으로 포착하고 있다.

바닷물이 넘쳐서 개울을 타고 올라와서 삼대 울타리 틈으로 새어 옥수수 밭 속을 지나서 마당에 흥건히 고이는 날이 우리 외할머니네 집에는 있었다. 이런 날 나는 망둥이 새우 새끼를 거기서 찾노라고 이빨 속까지 너무나 기쁜 종달새 새끼 소리가 다 되어 알발로 낄낄거리며 쫓아다녔지만, 항시 누에가 실을 뽑듯이 나만 보면 옛날이야기만 무진장 하시던 외할머니는, 이때에는 웬일인지 한마디도 말을 않고 벌써 많이 늙은 얼굴이 엷은 노을빛처럼 불그레해져 바다 쪽만 멍하니 넘어다보고 서 있으셨다.

그때에는 왜 그러시는지 나는 미처 몰랐지만, 그분이 돌아가신 인제는 그 이유를 간신히 알긴 알 것 같다. 우리 외할아버지는 배를 타고 먼 바다로 고기잡이를 다니시던 어부로, 내가 생겨나기 전 어느 해 겨울의 모진 바람에 어느 바다에선지 휘말려 빠져 버리곤 영영 영원히 돌아오지 못한 채로 있는 것이라 하니, 아마 외할머니는 그 남편의 바닷물이 자기 집 마당에 몰려오는 것을 보고 그렇게 말도 못하고 얼굴만 붉어져 있었던 것이겠지.

도취란 주체의 힘들이 그 의식적 통제에서 벗어날 정도로 고양된 어떤 정서적 상태이다. 할머니는 자신의 고민이나 희망과는 상관없이 바닷물이 밀려오는 뜻밖의 상황을 맞이한다. 그 순간 할머니는 할아버지를 향한 근원적 그리움과 일상에서 망각하고 살아왔던 죽음을 느닷없이 마주하면서 얼굴만 붉어지는 무아無我 상태의 세계 속으로 빠져든 것이다. 할머니는 분명히 여기에 있으면서도 동시에 할아버지의 저편으로 넘어가고자 한다. 비극이 발생하는 곳은 정확히 이 지점이다. 그것은 근원적 그리움에 대한 초월적인 경험으로 나타나면서 생명에의 외경심을 불러일으킨다. 그런데 "그렇게 말도 못하고 얼굴만 붉어져 있었던 것이겠지"라는 표현에서 알 수 있듯이 넋이 나간 상태의 이 도취의 순간을 보존하는 것은 바로 몸의 얼굴이다.

인간은 몸이란 생리 기관을 가지고 있기에 살아 있는 것이 아니라, 몸으로 살기 때문에 삶을 이끌어 간다. 예술의 예술 됨을 생의 관점에서 해석하는 한에서, 예술은 근육에 힘을 불러일으키고 잊혔던 본능을 일깨우는 흥분제가 되어야 한다. 원시적 충동을 되살아나게 하는 활력제가 될 때에야 예술은 비로소 예술다운 예술이 될 수 있다. 니체는 자신의 예술 철학을 예술의 몸학physiology(생리학)으로 이해한다. 예술이 존재하기 위해서 반드시 필요한 것은 "몸적 전제 조건"이다. 몸에서 느끼는 기분과 기본 정서는 근본적으로 생명의 본질에서 솟아오르는 것이며 그것은 예술의 느낌에서 가장 직접적으로 나타난다.

예술의 생리학에서 생기는 느낌은 힘에의 의지를 최대한 충만하게 한다. 니체는 그것을 도취라고 말한다. 도취는 우리로 하여금 존재를 그것이 존재하는 그대로 보도록 유혹하는 것이다. 의식의 최상의 상태들을 향한 도취와 매혹은 이제 뚜렷하게 예술의 특징이 된다. 예술의 기본 정서로서의 도취는 몸의 기분이 지니는 통일성을 본질적으로 제어할수록 더욱 진정한 느낌이 된다. 인간이 도취 상태에 있다는 것은 힘이 고양되었다는 뜻인데, 힘은 자신을 드러낼 출구를 찾기 마련이다. 이러한 메커니즘은 목적이나 인과법칙의 지배를 받지 않는다. 도취라는 정서는 하나의 목표나 목적 또는 원인과 결과에 지배되지 않는다. 도취 상태에서 삶이란 결국 생성의 놀이를 향해 가는 초월의 움직임이다. 니체에 따르면, 그것이야말로 초월해 가는 힘에의 의지이다. 니체의 예술가는 인간들을 특정한 방법으로 살도록 그리고 삶 그 자체를 긍정하도록 매혹한다.

도취는 개별자에게 고유한 것, 특이한 것이며, 따라서 그것을 발현하는 방식도 개별적이고 유일하다. 우리는 도취 상태에 빠져 있는 한에서는 외부 세계로부터 독립적이다. 비로소 예술로서의 삶이 열리는 순간이다. 헬렌 니어링Helen Nearing의 책 『아름다운 삶, 사랑 그리고 마무리Loving and Leaving the Good Life』에는 이런 글이 있다. "사람이 실제로 나이를 먹으면 더 깊이 보고 들을 수 있다. 당신이 저녁노을, 나무, 눈, 또는 겨울을 아는 것은 마지막 순간에 이르렀을 때일지도 모른다. 바다, 호수, 모든 것이 어린 시절처럼 마법이 되고 놀라움이 된다. 그러고 나서 처음으로, 그리고 아마도 마지막으로 본다. 더 깊은 열락과 이해를 가지고 음악, 새의 노래, 바람과 파도소리에 귀를 기울인다."

이와 같은 초월의 가능성을 부정한다면 인간은 전혀 인간으로 설 수가 없다. 이처럼 초월이 의미하는 바는 실재하는 어떤 초월 세계가 아니라, 초월하는 그 행위 자체이다. 그것은 일면적으로 이루어지는 합목적적인 선험적 세계를 향해 가는 목표를 겨냥한 초월이 아니라, 끊임없는 생성의 놀이에서 이루어지는 행위 자체의 초월이다. 그것은 어떠한 합목적성이나 선험적 지향성을 지니지 않고 새로운 가치와 새로운 세계를 창조하는 계기가 된다. 이러한 역동적 놀이를 통해서 인간이 무엇인가를 창작하기 위해서는 도취가 전제되어야 한다. 예술의 기본 정서로서의 도취는 몸의 기분이 지니는 통일성을 본질적으로 제어할수록 더욱 진정한 느낌이 된다.

예술의 초월행위는 사태의 특이성을 감각, 몸으로 포섭한다. 그것은 영원히 생성 중인 세계, 시작과 끝이 없는 언제나 '중간' 또는 '되어 가기'로 존재하는 세계와 삶을 더욱 정직하게 표현한다. 생성과 중간으로서 세계에서 일어나는 사태들은 순간적이고 우발적이지만 니체에게는 힘 있는 것이며 살아 있는 것의 가상으로 자리매김한다. 가상적 활동의 밖은 없으므로, 그 밖도 여전히 어떤 가상의 세계이므로, 모든 이행은 가상에서 가상으로 나아가는 운동이다. 가상은 예술적 현상에 대한 해석적 활동의 결과이다. 이 가상과 해석은 일종의 예술적 현상으로서 그 배후에 개념적·이념적 실재성은 필요로 하지 않는다. 모더니즘의 특성에 속하던 진(과학)·선(도덕)·미(예술)의 세 영역의 존재론적 구분은 단일한 니체의 가상의 존재론 안으로 재설정된다.

그러기에 예술에서 미(아름다움) 또한 고정되거나 규정된 것이 아니다. 예술적 체험 역시 객관적인 또는 보편적인 아름다움의 경험이 아니라 내 안의 성스러움의 체험, 나만의 아름다움의 체험이며 이러한 지고한 예술적 경험을 통해 인간은 존재를 체험한다. 신적인 것, 무한한 것, 근원, 고향, 그리움 등 지고한 예술적 경험의 사태는 니체가 주창한 예술가 형이상학의 기초를 제시한다. 예술가 형이상학의 존재론적 체험은 예술적 지고성에 따른 그 독특한 힘에 의해 이성적이고 의식적, 논증적 접근에 의해서는 파악될 수 없는 무한과 영원의 것을 우리에게 드러낼 수도 있다.

그러나 이 예술적 가상성의 세계는 다시 삶의 관점에서 재평가된다. 니체는 예술의 가상성을 생명성 자체와 동일시하는 생의 존재론이다. 가상성이란 생이 자신의 삶을 살아가는 활동에 대한 이름이다. 예술가는 시각과 상상력을 갈고닦음으로써 여전히 가상을 통해 진리를 드러내는 과정과 관련된다. 그는 우리에게 우리 자신뿐만 아니라 우리를 둘러싼 세계를 볼 수 있는 능력을 제공한다. 예술에 대한 이러한 이해는 아름다움을 감각적 차원에 머물러 열등한 인식으로 받아들이는 근대 형이상학을 벗어나는 예술가 형이상학을 형성한다.

이를테면 예술 작품이 창조된다는 것은 예술가가 자신의 존재성을 통해 특정 장소와 시간, 형태 속에 진리를 드러내는 존재론적 체험인 것이다. 그때 성취되는 것은 지고성의 예술이다. 지고성이란 전 범위적으로 포괄하고 끌어안는 능력이다. 그 포괄적 포용력 안에서 대립하던 것들이 서로 소통하고 그래서 어떤 연속적인 관계에 놓여야 할 것이다. 바로 그 연속적 관계 안에서 예술적 사태의 비결정성과 그 전복성의 체험이 예술가 형이상학의 가능성을 근거 짓는 터전이다. 이러한 생각은 생성의 세계, 변화와 미적 세계를 가상과 이데아의 이분법으로 가치 절하한 플라톤에 맞서는 것, 그러한 세계관으로부터의 해방을 의미한다. 이것이 니체가 자신의 철학을 전도된 플라톤주의로 공식화할 때 일어나는 대전환이다. 그 전환이 예술가 형이상학의 탄생 시점이기도 하다.

존재 진리의 장소, 예술 작품

탄생과 죽음은 인간에게 피할 수 없는 운명으로 다가온다. 인간은 본질적으로 역사적이다. 역사는 기본적으로 시간성에 바탕을 두고 있으며, 그런 한에서 유한하다는 특징을 갖는다. 역사는 개인에게 작용해서 개인의 삶을 이끌며 바꿔 놓는다. 이 과정에서 시간성이 발생한다. 개인은 역사 속에서 시간의 흐름과 함께 살면서 역사를 만들어 간다. 현재의 현실성은 과거와 미래로 시간성을 늘리면서 역사의 한 페이지로 자리 잡는다. 개인이 주축이 되어 만든 역사가 '세계'다. 세상에는 수없이 많은 세계가 있다. 인간은 세계라는 실존의 장 속에서 역사와 상호작용을 한다. 세계에 존재한다는 사실 그 자체만으로도 인간은 이미 존재 의미를 획득한 것이다.

예술가 역시 자기가 사는 삶의 공간, 시대를 벗어날 수가 없다. 또 그의 작품 속에는 그가 관계를 맺고 있는 인간들과의 만남이 표현되고 있고 그가 부여한 삶의 의미가 표출되고 있다. 즉 예술가 역시 세계-내-존재인 것이다. 하이데거에 따르면, 예술가는 그의 삶의 지평 안에서 하늘과 땅 사이에서 사물들과 인간들과 관계 맺는 삶의 방식이 표현되고 있다. 작품 속에는 그 화가가 처해 있는 역사적인 상황, 그가 맺고 있는 인간들과의 관계, 그의 초월적 존재에 대한 믿음 등 그의 모든 것들이 담겨 있다. 이런 다양한 존재 연관과 존재 엮음을 모은 것이 작품의 세계이다. 작품은 예술가 자신이 속한 세계 내에서 자신이 형성하는 그런 존재 연관과 존재 엮음으로 존재한다. 하이데거는 작품을 일종의 모방으로 보지 않으며, 한갓 허구에 불과한 것이라고 폄하하지도 않는다. 만일 작품 속에서 거부할 수 없는 강렬한 경험을 했다면, 그 경험을 이런 식으로 단정 지을 수는 없다. 작품에는 말문조차 트이지 않지만 무엇인가가 존재한다.

유한자로서의 인간은 존재자를 대상으로 맞아들일 수 있는 존재이해를 필요로 한다. 그것은 우리가 흔히 보는 사물일 수도 있고 사람일 수도 있다. 하이데거는 존재이해의 단서를 전통적인 장인이 보여 준 사물에 대한 지식에서 찾았다. 즉 존재의 의미와 근원에 대해 질문하고, 자신의 존재를 올바르게 이끌어 가고 실현하기 위해 근원적으로 노력하는 인간의 모습을 발견한 것이다. 인간은 이해하는 만큼 존재하며, 그 이해가 자기의 존재이다. 이해는 방법론적 과정이 아니라 이해 자체의 수행 방식이며 실천 과정으로 드러난다. 그것을 어떻게 이해하든 하이데거에게 중요한 것은 작품 속에 무엇인가가 없지 않고 있으며, 그것도 거대한 사건으로 발생한다는 점이다. 그래서 하이데거는 예술에서의 존재 사건을 해명해야 했다. 그에게 예술은 존재와의 만남, 그 경이로운 긴장의 순간을 선사하는 진리의 생명수라고 할 수 있다.

인간은 존재이해를 통해 단적으로 초월해 가는 존재다. 우리에게 익숙한 존재자들과 도대체 닮은 곳이 하나도 없는 것도 존재할 수 있다. 여하튼 무엇인가 작품 속에 있고, 그것도 심상치 않게 일어나고 있다. 현상은 감각적 다양성에 불과하다. 따라서 초월은 존재자가 자신을 인간에게 통일적 대상으로 현상하게끔 하는 가능 조건을 구성해야 한다. 초월은 존재자가 대상으로서 드러날 수 있는 '대상성'을, 다시 말해 대상으로서의 존재자의 존재를 구성하는 사건이 된다.

인간은 과연 어떤 존재일까? 이것이 인간이 자기 자신에게 묻는 물음이다. 답이 없는 물음은 결코 물음이 아니다. 하지만 여기서의 답은 정답이 아니라 물음이 향하고 있는 존재의 응답이다. 그것은 존재에 가까이 다가서는 것이다. 하이데거는 그런 존재이해가 어떻게 삶 속에서 파생되었는지를 보여 준다. 이 점에서 하이데거는 삶의 세계, 생활세계로 돌아간다. 지상의 삶으로 돌아간다. 예컨대 목수의 목재에 대한 깊고 비이론적인 이해 또는 농부의 삶에서 또는 마지막으로 어느 정도까지는 예술과 시에서 하이데거는 그것을 보았다.

하이데거는 농부의 신발 한 켤레를 예를 들어 이러한 논의를 시작한다. 하이데거는 예술 작품과 인공물의 차이에 대해 고흐의 신발 그림을 예로 들어 설명했다. 일상의 친숙한 도구들 중의 하나가 신발인데, 반 고흐의 정물화 안에서 묘사된 신발을 사례로 하여 하이데거는 도구의 본질을 구한다. 즉 고흐의 그림에서의 신발은 단순히 신는다는 관점에서의 쓰임을 가진 물건일 뿐 아니라 그 신발을 신고 있었던 사람의 삶을 고스란히 보여 주고 있다는 점에서 어떤 존재자다. 하이데거는 도구의 존재 방식인 '손안에 있음'으로부터 사물의 사물성을 다시 한 번 조명하려는 시도를 한다. 즉 신발은 대지에 귀속해 있으면서 그 아낙네의 세계 안에 보존되며 그 안에서 휴식을 취하고 있다. 이런 귀속과 보존을 가능케 하는 것이 도구의 신뢰성이자 유대성이다. 도구의 신뢰성이야말로 진부한 일상의 자리를 대신하여 세계를 형성하게 한다.

하이데거 형이상학의 핵심 주제는 존재론이다. 존재론은 철학이며, 철학은 그 어떤 모습으로 드러나든 존재 의미를 바탕으로 하여 인간의 본성, 진리와 선, 아름다움을 향한 근원적 이해가 타당하게 이루어지는 터전이다. 하이데거는 존재와 진리라는 개념을 갖고 예술 작품을 그 자체로 이해하는 새로운 접근을 시도한다. 예술은 그 자체로 이해되어야 한다. 그것은 예술 작품이 있다는 사실성에서 출발한다. 하이데거는 예술 작품을 존재의 진리가 스스로 드러나는 장소로 이해했다. 예술 작품은 우리를 일상적인 것에서 끄집어내어 섬뜩한 것과 맞닥뜨리게 하며 지금까지의 포근했던 일상성의 친근한 분위기를 무너뜨린다. 한마디로 우리는 예술 작품 속에서 존재의 진리가 발생하는 것을 충격적인 경험으로 하게 된다. 예술은 잊히기 쉬운 존재의 진리가 개방되는 사건, 작품화되는 사건이다. 이 사건 속에서만 예술은 예술로서의 의미를 지닌다. 즉 예술을 이해한다는 것은 예술에 구현된 존재론적 의미의 철학적 과정을 이해한다는 말이다.

하이데거는 고흐의 정물화에서 신발이라는 도구의 도구존재를 통해서 예술(작품)의 본질에 접근하게 한다. 하이데거에 의하면 예술은 단순히 만들어진 인공물을 넘어 존재의 진리를 예술 작품 속에 나타나게 하는 과정이다. 예술 작품에는 구체적 실체로서 다른 인공물과 자신을 구별 짓는 존재론적 지평이 있다. 존재 의미를 이해하고 해석하는 사유 작업의 지평을 예술 작품에서 발견한다.

고흐의 한 켤레 구두 그림에서 하이데거는 농촌 아낙네의 세계를 가져온다. 만일 이 여자의 삶에서 그것이 필요한 도구이고 유용하지만, 그녀의 세계의 사소한 부분이라면 그런 신발은 주목되지 않을 것이다. 그러나 그림 속에서 정밀하게 상상된 그 신발은 변형된다. 보통 주목되지 않은 상태가 변화된다. 회화는 그 안에서 신발이 자기의 중요성을 발견하는 '세계'를 분명하게 만든다. 예술은 신발을 변형시킨다. 또한 고흐의 그림에서 신발은 그것이 속해 있는 삶의 전체 방식이 드러나게 되는 하나의 방식 속에서 우리의 감각을 변형시킨다.

고흐는 그 그림에서 신발이라는 존재를 그대로 나타내 줌으로써 존재를 은폐됨 없이 드러내 보이고 있다. 이러한 존재의 드러냄을 하이데거는 '진리Aletheia'라고 했다. 진리란 실체로서 있는 것이 아니라 감추어진 상태로 있고 이것을 은폐성이라 한다. 이때 예술 작품은 진리가 자신을 나타내 보이는 여러 방법 중 하나다. 이는 작품들이 '이미 그 자체 안에서 해석학적으로 구성되어 있다'는 것을 의미한다. 따라서 만약 작품들이 이미 스스로 해석학적 구조를 제시한다면, 정말로 자신의 이성적 존재를 형성한다면, 예술에 대한 해석과 분석은 무엇보다도 작품이 가지고 있는 이러한 해석학적 구조를 설명해야만 한다.

예술은 외부 환경과 수용적이며 동시에 생산적으로 관계를 맺는다. 작품들은 이미 주어진 의미 영역에서 정지된 상태로 존속하고 있는 것이 아니라, 이에 관해 작업하며 협력한다. 작품들은 내적인 의미 형성과 동시에 외적인 의미망을 제공하고, 새로운 형식과 고유한 입장들과 관계를 맺는다. 이는 광범위한 이해의 그물망 안에 있는 이해의 매듭이다. 이때 '예술적인' 의미 형성에서 특별한 것은 예술적인 의미 구성이 감성적인 것에서 나오며 이러한 감성적 작업도 고도로 상상적인 것이며 반영에 대해서 열려 있다는 것이다.

인간이 동물과 구별되는 수많은 요인 가운데 하나는 아름다움에 대한 의식과 그것을 특정한 형식으로 드러내 표현한다는 사실이다. 고대인이 그렸다는 동굴벽화나 암각화 등은 물론, 모든 문화 안에서 우리는 아름다움에 대한 다양한 표현을 접할 수 있다. 이런 점에서 아름다움을 체험하고 그 체험을 표현한다는 근본 성격은 인간의 공통된 특성이라 할 수 있다. 아름다움을 느끼고 그것을 표현하는 것은 인간의 의미론적 행위 가운데 매우 중요한 위치를 차지한다. 따라서 예술을 인간의 이러한 근본적 의미행위와 연결 지어 생각할 필요가 있다. 예술은 인간의 삶이라는 존재론적 지평에서 체험한 삶의 의미에 대한 자기 이해와 의미 구현의 재현의 과정이다. 예술은 이렇게 생성된 표현 욕구를 특정 방식으로 재현하는 것이고, 그 과정에서 자신의 존재성을 이루어 가는 것이다.

그러기에 인간이라 명명되는 유한자가 자신이 아닌 존재자에 대해 어떻든 열려진 채 존재할 수 있어야 한다. 하이데거의 현존재는 열려진 장場 속에 살고 있음을 뜻한다. 인간의 거처로서의 열려 있음은 그 자체로 각각 가능성이며, 그렇기 때문에 현존재는 자신의 자유에 상응하는 자신으로 존재한다. 그것을 하이데거는 초월의 본성으로 이해한다. 현존재 그의 초월은 인간의 근거를 그 본질에서 자유롭게 하는 것이다. 인간이 존재 의미가 드러나는 현존재로 존재하기 위해 가장 중요한 것은 진리와 연관된 자유로움일 것이다. 사실 진리란 어떤 의미에서는 자유의 또 다른 이름이다. 진리는 자유 없이 드러나지 않으며, 자유란 진리 안에서만이 올바른 자유로 제시된다. 인간을 인간학적으로 이해할 때 가장 중요한 특성은 진리와 자유이다.

예술 작품들은 처음부터 의미 맥락의 한가운데서 형태를 취하고 있다. 작품들은 의미 맥락과 가까워지며, 그것들 위치 안에서 관계를 맺는다. 우리는 예술 작품 속에서 존재의 진리가 발생하는 것을 경험하게 된다. 따라서 진리는 현존하는 사물 속에서 스스로 드러나는 것이다. 예술 작품이 작품 이전에는 존재하지 않았던 것처럼 진리는 그 자신을 어떤 시간, 어떤 장소에 드러내 보이기 전에는 존재하지 않는다. 그러나 작품들은 이러한 맥락을 단순하게 받아들이지 않으며 그것들을 변화하지 않은 채로 표현하지는 않는다. 오히려 작품들은 맥락의 별자리에 개입하며 이를 변화시킨다. 즉 지속, 재편, 초월 또는 다른 방식으로 항상 변화시킨다.

하버마스가 지적한 바 있지만, 하이데거는 예술을 존재화한다. 하이데거는 이렇게 말했다. "하나의 세계가 솟아오르는 그런 예술 작품 속에서 이전에는 인식하지 못했던 의미심장한 것이 경험 가능하게 될 뿐 아니라 그 예술 작품 자체와 더불어 어떤 새로운 것이 존재하게 된다고 하는 사실 앞에서 어느 누구도 눈을 감아 버리지는 못할 것이다. 그것은 단지 진리를 밝혀 드러냄일 뿐 아니라 그것 자체가 곧 하나의 존재 사건이다."

　이것은 자연과 진리를 재현했던 예술에서 존재를 현시하는 예술로의 전환이다. 존재에 대한 이해와 그 의미에 대한 근원적 결단 없이 인간이 전개하는 모든 이해와 해석은 공허할 수밖에 없다. 이런 존재론적 체험이 예술이다. 이 존재론적 체험은 그때마다의 장소와 시간에서 일어나는 것이므로 예술의 해석 또한 특정한 장소와 시간으로서 그것에 담긴 시대정신, 이해체계, 인간의 의미 구현에 근거해야 한다. 이때 비로소 예술의 순수한 의사소통 방식이 성립하게 된다.

2.
세계가 있는 삶의 정치적 배치

삶의 세계와 정치

인간은 생물학적 유한성을 극복하기 위해 문명을 세웠다. 문명이란 자연의 지배를 위해 자연 위에 인간이 구축해 놓은 인위적인 삶의 세계다. 인류가 살아남고 인간다운 삶을 유지하려면 문명을 창조하지 않을 수 없다. 문명의 창조는 한 삶의 세계의 전개에 참여하는 것을 의미한다. 그 대표적인 예를 든다면 도시의 탄생이라고 할 수 있다. 기원전 3000년경으로 추정되는 메소포타미아의 '우르Ur'는 성곽을 갖춘 최초의 도시로 발전하여 최소한 5,000명 이상의 대규모 인구가 거주했고, 문자를 사용했으며, 거대한 제단이나 사원 등의 의례 중심지ceremonial center를 확보하고 있었다고 한다. 고대 그리스의 도시국가인 폴리스polis는 기원전 8세기경 정치적 독립 단위로 등장하여 그 후 200여 년간 발칸반도 남부와 에게해, 스페인 등지로 확산되었다.

이렇게 자연으로부터 인간 문명의 역사가 시작하는 것 그 자체가 인간 생활의 물질적·기술적 상태의 발전을 의미하지만 또 한편으로는 불확실한 삶의 시작이라고 할 수 있다. 문명이라는 삶의 세계는 인간 존재의 환경이기도 하다. 인간은 언제나 세계와 '이미' 만나고 있다. 거론하기조차 힘든 수많은 삶의 행위는 매 순간 살아가는 실존과 사건의 연속이다. 인간이란 존재는 자기 자신 바깥으로 스스로를 확장한다. 그래서 이미 만나고 있지만 언제나 새로 만나고, 그럼으로써 인간은 비로소 인간이 될 수 있다. 그 과정은 힘든 일상이고 참고 노력하는 삶이기도 하다.

그리하여 사람은 살 만한 질서를 만들어 낸다. 어떤 안정된 질서가 없이는 사람은 제대로 살아갈 수가 없다. 세계화가 이루어지면서부터는 일상적인 필요를 충족시키는 삶의 질서조차 간단한 것이 아님을 느끼게 한다. 우리는 현재와 같은 체계를 유지하려는 생각에서 벗어날 수 있는 지식과 기술, 재정적 수단을 갖고 있다. 이제 우리에게 당면한 과제는 코로나19 사태에 직면하여 세계가 있는 삶에 대한 새로운 배치를 위하여 정치적 모색에 나서는 것이다.

근대 합리성과 통치성

문명의 발생과 지능의 발달로 인해 삶의 세계가 확실성과 예측 가능성을 보장받을 수 있게 되었다고 할 수는 없다. 오히려 여러 가지 가능성을 가진 잠재력이라는 점에서 보면 지능의 발달은 불확실성의 원인이라고 할 수 있기 때문이다. 지능이 삶의 중요한 기능을 수행한다고 보면 그것을 매개로 삼아 삶의 세계는 다양하고 복잡한 것이 된다. 인간 지능에 따른 세계에 대한 불확실한 관계는 인간을 새로운 발견과 창조에로 열릴 수 있게 한다. 그러나 그것은 생존의 관점에서 보면 인간을 불안한 존재가 되게 한다. 세계는 자유와 오류의 시행착오를 감수하는 선택적 행위의 구성 결과이다.

인간은 일정한 시간과 공간에서 구체적인 삶을 살아간다. 문명은 사람의 사는 일에 일정한 안정된 형태를 부여했다. 자연에는 자연의 원리

physis가 있다면 인간의 삶에는 그래야만 하는 가치 척도와 규범nomos이 존재한다. 오늘에 와서 문명은 사람이 삶을 영위하는 테두리가 되었다. "부모, 학교, 경찰, 법의 울타리"가 없는 상황일 때, 사람들은 어떻게 할 것인가? 즉 사회제도와 사회적 구속이 부재하다면, 인간은 아주 비열하고 폭력적인 성향을 드러낼 수도 있다. 도덕과 사회규약을 빼 버리면, 인간의 행동을 이끄는 본능은 어떤 것일까?

그러한 물음 속에는 인간적 규모의 삶에 대한 문제 인식을 담고 있으며 그것의 제도적 접근은 지적 도식보다는 좀 더 심층적인 어떤 것이다. 그 것은 결코 명백한 학설의 형태로 적절히 표현될 수는 없다. 제도는 우리 가 서로에게 바라는 어떤 규범적인 기대감이라든지, 사회생활 속에서 통 상적으로 행해지는 집단적 실천을 가능하게 하는 공통의 이해를 포괄하 는 것이다. 그것은 우리가 공통의 실천을 할 때 조화를 이루는 방식에 대 한 모종의 감각을 포함할 뿐만 아니라 사람들이 다른 이들과 서로 조화 를 이루어 가는 방식에 대해 통상 충족되곤 하는 기대들을 염두에 둔 것 이다.

우리는 세상사가 평소에 어떻게 돌아가야 하는지에 대한 감각을 지닌 다. 지식 없이 이루어지는 실천이 우리에게는 아무런 의미가 없으며 따라 서 가능하지도 않은 것처럼, 이러한 이해 역시 우리가 처해 있는 총체적 상황에 대한 더 폭넓은 인식을 전제할 때에만 의미를 갖는다. 근대 계몽 주의 사상가들에게 있어서 합리성은 인류 역사의 발전에 대한 청사진을 새롭게 구성하는 과정에서 참고하지 않으면 안 되는 새로운 경전으로 작 용한다. 17세기 후반에 시작되어 18세기에 전성기를 구가한 계몽사상의 핵심은 왕정과 신분제도를 비롯한 비합리적인 사회제도와 관행을 비판하 고, 합리적인 사회제도를 구상하는 것이었다.

문명의 역사를 보면, 천년을 넘어 인간 삶을 지배해 온 종교적 세계관이 붕괴되고 그 특권을 근대적 세계관에 넘겨주게 된다. 막스 베버는 서양 근대 문명의 근본 원리를 '합리화'로 보고, 그것을 통해 인간 사회가 해체되고 개인이 등장해서 가치관과 지식의 모습이 분화해 가는 과정을 해명하려고 했다. 베버는 자본주의 경제윤리가 종교적 내용, 즉 프로테스탄티즘의 금욕적 윤리에 의해 조건 지어졌다고 본다. 이전에는 교회가 구원의 성스러운 힘을 가졌다면, 근대 사회에 들어온 후에는, 즉 계몽주의 시기를 전후해서는 세속적 직업 활동 덕분에 구원이 가능하게 되었다고 진단한다. 이 직업 활동은 계속적 합리화·지성화·산업화로 인한 것이다.

경제의 자본주의적 합리화 과정을 보면, 자본주의는 모든 전통적인 외적 규범들—친족이나 공동체에 대한 의무와 충성, 협동적 연대, 종교적 의례, 생활방식—을 부적합한 것으로 만들고, 경제를 오직 목적/수단과 자유 선택 행위의 영역으로 해방시킴으로써 자유를 완벽한 규칙에 가깝도록 만들었다. 사람들을 자동적으로 연결해 주던 것들—사람과 사람 사이의 종교, 전통과 관습, 문화, 지연과 혈연적 결합 등이 과학과 합리적 사고에 의해 '탈주술화'되면서 '우리'였던 것들이 하나씩 분리되어 '나'라는 개체가 되고 만다. 이렇게 '개인의 자유'를 기초로 한 이른바 '개인주의'의 시대가 전성기를 맞이하게 된다.

경제인류학자 칼 폴라니Karl Polanyi는 공동체가 지닌 목가적 연결이 해체되고 있는 시장경제를 영국의 시인 윌리엄 블레이크William Blake의 말을 빌려 '악마의 맷돌'이라고 불렀다. 합리성을 지닌다는 말은 곧 인간과 자연을 효율적으로 통제할 능력이 있다는 말과 같으며, 이러한 '합리적 통제'는 바로 근대 자연과학의 발달을 통해 가능하게 되었다. 우리가 통상 합리적 인간형이라고 하면 주어진 목적에 가장 접합한 수단을 동원하

는 사람을 가리키거나 주관적인 기호嗜好를 최대한의 수준에서 추구하는
사람을 가리킨다.

베버는 근대 합리성의 행정 메커니즘들에 관심을 가졌다. 관료제는 근
대 합리성의 가장 효과적인 형식이며, 행정적인 합리화 형태로 주어진다.
근대 국가의 효과적인 기능 작용에서 공무원들의 중심적인 역할을 분명
히 한다. 관료제는 합법성과 조직적 효율성을, 권력·정치·경찰의 직위와
실행을 결합하는 장치를 작동시킨다. 행정부가 발전함에 따라 사회를 권
력 속에 흡수함으로써 사회와 권력 사이의, 대중과 주권국가 사이의 관계
는 역전되어 이제 권력과 국가가 사회를 생산한다. 푸코는 더 나아가 행정
에 의해 실행되는 훈육 과정들이 사회 속으로 매우 깊이 파고들어 결국
은 자신들을 인구 재생산의 집합적이고 생물학적인 차원을 고려하는 장
치들로 만들어 가게 된다고 주장한다.

푸코는 이러한 이행을 주권 패러다임에서 통치성 패러다임으로의 이행
이라고 말한다. 권력의 문제, 정치권력의 문제를 통치성, 단순히 정치적인
의미에서가 아니라 가장 넓은 의미에서 권력관계의 전략적 장으로 통치성
이 이해된다. 제도로서의 정치권력에 관한 이론은 일반적으로 권리 주체
에 관한 사법적 개념을 참조한다. 반면에 푸코의 규율권력은 개개인의 신
체와 그 힘에 대해 작동하며, 그 이용, 순종, 배분, 복종을 확보하는 것이
며, 이 총체가 '순종적인 신체'를 구성한다. 푸코는 통치성을 "행동방식에
대한 통솔the conduct of the conduct"로 광범위하게 규정하고 그것은 사회
전역을 관통하는 일반적인 훈육 경제를 의미한다. 이런 의미에서 통치는
어떤 사람이나 사람들의 행동을 조성하고 이끌어 내며, 행동방식에 영향
을 끼치고자 하는 일종의 "활동activity"으로, "무언가를 하는 방법way of
doing thing" 또는 "기술art"로 묘사된다.

통치성은 "여러 가지 제도, 분석, 성찰, 계산, 전술로 이루어진 앙상블이며, 이를 통해 고도로 복잡하고 구체적인 권력형태가 작동할 수 있다". 어떤 앙상블의 형성에는 누가 관여하는가? 그들은 개입을 인정받은 모든 전문가와 기관들이다. 예를 들어 코카인 중독자가 임신을 했다면, 그녀의 삶을 놓고 의사, 경찰, 심리치료사, 판사, 아동보호관 등이 개입할 수 있다. 빈곤과 비행, 범죄 등 이른바 사회문제를 해결하려면, 통치는 그 각각에 대하여 측정할 수 있고 계산할 수 있는 구체적인 지식을 보유해야 한다. 통치 정책은 지식이 구축된 다음에 출현할 수 있다. 특히 빈민의 통치에 있어서 사회과학 지식은 상당히 중요하다.

통치성 패러다임에 의해 생산력과 생산관계를 포함하여 사회와 정치 모두에 스며드는 단일한 종합에 포섭될 수 있다는 발상을 하게 된다. 푸코에 따르면, 전후 미국에서 시카고를 중심으로 등장한 신자유주의 경제학파는 과감하게도 사회적인 것을 경제적인 것의 한 형태로서 재정립할 것을 제안한다. 신자유주의는 경제는 물론 정치, 사회, 개인적 일상 같은 모든 것이 합리적 개인들의 자유와 자발성에 입각한 자유시장의 원리에 따라 작동할 때 가장 이상적인 결과를 가져올 수 있다고 생각하는 신념체계다.

이런 식으로 경제학적 접근은 인간 행위 전체를 설명할 수 있게 됐고, 따라서 통치행위 전체를 기획할 수 있는 일관된 순수경제적 방침을 제시하게 된다. 이를테면 신자유주의는 시민의 복지를 시장에 맡기면 자본의 혜택이 골고루 퍼질 것이라는 청사진을 제시한다. 그리하여 미국의 신자유주의는 인간 노동에 대한 경제적 이해를 풍부하게 만들었다고 자임하게 된다.[21] 이러한 이행 내내 행정은 국가로 하여금 항상 더욱더 사회 현실에 친숙하도록 만들고 따라서 사회적 노동을 생산하고 명령하는 지속적이고 광범위하고 정력적인 노력을 실행한다.

푸코는 신자유주의를 단순한 경제정책이나 경제사상 또는 이데올로기로 이해하지 않고, 신자유주의적인 사회적 실재를 창조하려고 노력하는 "정치적 프로젝트"로 접근한다. 그것은 신자유주의적 지배를 확장하는 새로운 통치성으로 파악하는 것이며, 더 나아가 여기에는 인간 및 시장, 국가 등에 관한 새로운 정의가 담겨 있다고 본다. 1997년 외환위기는 한국 사회가 본격적으로 신자유주의 재구조화 과정을 겪는 결정적인 계기가 된다. 신자유주의 체제는 공공 영역의 기업화와 시장화, 경제 영역의 탈규제, 복지 축소와 작은 정부 지향 정책들을 통해 국가를 비롯한 다른 공공 영역들의 공익적 성격을 침식했다.

또한 공동체 구성원들을 합리적 계산에 따라 경제적 이익을 극대화하는 행동을 최고의 미덕으로 삼는 원자화된 호모 에코노미쿠스로 변형해 왔다. 단순히 재화와 서비스의 편의성이나 풍요로움을 좇다 보니 무엇보다도 지속 불가능한 생활방식을 만들어 놓고 말았으며, 그것을 유지·확대하기 위해서 온갖 무리수를 쓰고 있다는 점이 가장 부조리한 시대라고

---

21. 미국 신자유주의는 경제활동을 가용 자원의 차별적 활용으로 보는 그 자체의 전반적 관점에 고취된다. 노동자에게 노동이란 자신의 인적 자본을 구성하는 역량, 소질, 기량 같은 자원을 활용해 그 자본의 수익을 구성하는 소득을 얻는 행위이다. 인적 자본은 타고난 신체적·유전적 요소, 그리고 환경의 자극에 적절히 적응하는 데 투자해(양육, 교육 등에 의해) 생긴 후천적 소질, 두 가지로 이뤄진다. 경제학적으로 가치를 생산하는 유사 기계로 정의된 소질은 상품의 생산뿐만 아니라 욕구 충족의 생산에도 관여한다. 오늘날 신자유주의의 통치성이 서구 사회의 삶에서 이미 작동하기 시작했다. 단적인 예로, 오늘날 재등장한 대량 실업이 뜻밖에 정치적으로 용납됐던 이유 중 하나는, 기업으로서의 개인이라는 관념의 확산에 있을 것이다. 자기 자신에 대한 기업으로서의 개인의 삶이라는 생각은 사람들이 (최소한) 하나의 사업[삶이라는 사업]에 계속 종사한다는 것, 자기 자신의 인적 자본을 유지·재생산·재구성하기 위해 적절히 준비하는 것도 삶이라는 지속적인 사업의 일환이라는 것을 함축한다. 콜린 고든·그래엄 버첼·피터 밀러 엮음(2016), 『푸코 효과』, 심성보 외 옮김, 난장, 74~80쪽 참고.

하지 않을 수 없다. 코로나19 사태로 알 수 있듯이 마침내 인간 생존의 자연적 토대를 전면적으로 교란·붕괴시키는 상황을 초래하고 말았다.

유토피아에 대한 성찰

우리는 과거의 세계를 전수받아 다음 세대에 전해 주는 매체다. 인생의 대부분을 그가 던져진 세계에 사로잡혀 살기 때문에 주위 사물들과 사람들의 존재 방식을 꼼꼼히 묻지 않는다. 왜냐하면 그것들 각각의 의미는 이미 세계를 통해 주어졌기 때문이다. 그 의미들을 크게 의심하지 않는다. 이 세계는 더 이상 낯설지 않은 친숙한 세계이며, 이미 공인되고 검증된, 나름대로는 최적의 세계인 것이다. 전통적으로 어느 사회에나 인간의 욕구와 현실의 균형 문제에 대한 일정한 생각이 있다. 인간의 욕구에 부응하는 자원량의 한계 때문이다. 그런데 자본주의가 하나의 지배적인 경제체제로 등장하면서 우리는 욕구와 현실의 균형을 의식하지 않는 소비지상주의 문화 안에서 살고 있다. 시간이 지나고 그 세계에 길들여지고 익숙해지면 점점 깊숙이 그 세계에 빠져든다.

오늘날 우리가 일찍이 예견되었던 심각한 자원고갈 상황에 직면해 있다는 것은 부인할 수 없는 사실이다. 흔히 생각하는 유토피아는 내 맘대로 무엇이든 할 수 있는 곳이라고 떠올리기 쉽지만 역사에서 제시된 대부분의 유토피아상은 흥미롭게도 '절제'해야 하는 곳이다. 이 생각은 대체로 모두 다 인간 욕망의 절제를 전제 조건으로 한다. 여기에 대하여 서양의 현대가 만들어 낸 유토피아적 계획은 그러한 절제가 없이도 삶의 안정된 질서가 가능하다고 말한다. 산업혁명 이후로 새로운 에너지원源이 개발되고 과학기술과 산업이 비약적으로 발전함에 따라 생산력이 일정한 수준까지 진화하면서 가능해진다. 구체적으로 그 수준은, 모두에게 각자의 노동을 강요할 만큼 낮지도 않아야 하며 게다가 모든 각자가 지나치게 노력하지 않아도 충분한 재화를 얻을 수 있을 만큼의 높지도 않은 수준이다. 이러한 욕망의 상태를 공산주의 체제라고 한다.

유토피아는 현실에 대한 불만을 극복하고 보다 나은 삶에 대한 열망에서 출발한다. 유토피아는 세계를 보는 방법의 하나이자 우리의 본성에 내재된 완전 생활에 대한 꿈이다. 이를 위한 노력과 욕망이 인류를 진보시킨 원동력이었음을 부인하기 힘들다. 유토피아는 실재한다기보다는 우선 인간의 발상에 의해 관념적으로 존재하는 것이므로 이것은 본질적으로 현실을 초월하지만, 어떤 욕구의 충족은 미래를 위한 중간 조정이 필요할 수도 있다. 이러한 조정의 총체적인 계획 중 가장 두드러진 것이 사회주의 유토피아이다.

사회주의 이념은 자본주의적 산업화가 낳은 정신적 자식이다. 프랑스 대혁명의 계승자들에게 대다수의 사람들을 위한 자유, 평등, 연대라는 요구가 공허한 약속이 됨으로써 그 사회적 실현이 요원해지자, 사회주의는 세상의 빛을 보게 되었다. 그런데 사회주의 유토피아의 경우 어떤 의미에서는 잘 세워진 마스터플랜을 통해 '대대적인 변화'를 도모하겠다는 발상 자체가 문제였다고 할 수 있다. 일당 독재가 선도하는 국가가 모든 시민의 삶과 행복을 책임지겠다는 그러한 생각은 순진하기만 할 뿐 아니라, 심각한 정치적 부작용을 일으키기도 한다. 러시아 혁명 이후 볼셰비즘의 중앙집권적 계획경제가 그랬고, 나치즘의 국가사회주의 역시 그랬다.

의미 있는 변화란 단수가 아닌 복수의 개념으로 이해되어야 한다. 각각의 변화들은 논리와 속도, 필요한 시점 등이 모두 다르다. 어떤 변화는 빨라야 하고, 어떤 변화는 느려야 한다. 지금 일어나서는 곤란한 변화도 있다. 다양한 분야에서 나타나는 변화의 이러한 서로 다른 논리를 이해할 때에야 비로소 우리 앞에 펼쳐져 있는 문제들을 총체적으로 해결할 가능성이 열리게 된다. 유토피아 실험은 문명의 붕괴 이후를 가상으로 설정해서 생존 가능한 생태계를 만드는 일종의 역할극이다. 그런데 '대대적인 변화'를 도모하려고 할 때 유토피아는 강력한 현실 타파의 욕구와 이상에 대한 철저한 수호라는 특징 때문에 전체주의와 손을 잡기 십상이다.

대개가 알고 있다시피 유토피아는 인간의 물질적 욕구를 최대한 만족시키면서도 사회제도를 통해 인간의 본성을 통제함으로써 모두가 행복한 세상을 이룩하는 이상 사회를 말한다.

현대의 유토피아적 시각도 막스 베버가 언급했던 바가 있듯이 합리성에 기반을 두고 있다. 합리성이란 삶의 현장에서 각 개인의 선택과 행동의 근거가 된다. 다시 말하면 사람은 합리성에 근거하여 각자 합리적인 선택을 하고, 그 선택으로 자신의 삶을 만들어 간다. 당신이 사회주의자가 된다면 그것은 반드시 노동해야 하는 삶에서 벗어나 자유로운 개인으로서의 삶을 성취한다는 것이다. 분명한 것은 사람은 누구나 객관적으로 어떻게 보이건, 자기 나름대로 자신이 원하는 선택을 하며 살아간다는 것이다.

한편 개인들의 노력이 보이지 않는 손에 의해 하나의 보다 나은 사회질서로 수렴된다는 형태로서 자본주의 이데올로기에도 그러한 이념이 들어 있다. 이름하여 자유주의적 인본주의라고 한다. 이 사상은 개개인의 내면은 세상에 의미를 부여하며, 모든 윤리적·정치적 권위의 원천이 된다. 자유주의적 인본주의의 주된 계명들은 자신의 내면을 돌아보고 내면의 목소리가 지닌 자유를 침입이나 손상으로부터 보호하기 위한 것이다. 이런 계명들을 통칭하여 '인권'이라고 부른다. 가령 자유주의자들이 고문과 사형에 반대하는 이유가 여기에 있다.

다른 사회정의 모델들—예를 들어 민주주의, 평등, 분배 정의 등—과 비교할 때 인권은 "사람들이 주체적으로 자기주장을 하도록 자력화하는 잠재력"이 있다는 점에서 결정적인 장점을 지닌다.[22] 블로흐Bloch는 특히 사회주의권에서 인권이 필요 없다고 하면 그 사회주의는 권위주의가 된다고 경고한다. 마르크스주의 경제학자인 로버트 하일브로너R. Heilbroner도 사회주의가 인간의 개인성보다 사회성을 지나치게 강조하고, 경제적 토대에 과도한 비중을 두는 바람에 국가체제의 속박으로부터 개인의 자유를 확보하는 문제를 도외시했다고 비판한다.

그런데 두 가지 유토피아 모두 합리성에 기반을 둔 새롭고 광범위한 형태의 통제를 수반한다. 유토피아는 개인의 행복을 최대화시켜 줄 것처럼 보이지만, 그 행복은 집단의 위계질서 앞에 순응하고, 전체주의적 생활양식을 받아들이는 것에 불과하다. 서양의 현대적인 발전에서 가장 중요한 원리는 합리성이다. 서양의 두 가지 유토피아는 이 합리성에서 도출되는 두 가지 전제를 가지고 있다. 그 하나는 현실의 전체화이다. 이것은 합리적인 연결원리를 확대함으로써 이루어진다. 포드주의적 훈육은 이전에는 결코 계획적인 조직화에 종속된 적이 없는 많은 측면을 포함하여 사회생

---

22. 원론적인 차원에서 말한다면, 인간은 인간 사회에 속한 존재이기 때문에 인권을 요구할 수 있는 것이고, 따라서 정치공동체와 전혀 무관하게 인권을 상상하기는 사실상 불가능하다고 할 수 있다. 이 점을 한나 아렌트는 다음과 같이 설명한다. "어떤 인간이 정치적 지위를 잃는다면… 그리하여 [생물적인] 인간이라는 사실만 남을 경우 그 사람은 타인이 그를 같은 종으로 여길 수 있는 인간적 특성 자체를 상실하게 된다." 한편 인권은 더 좋은 세상을 만들기 위해 필요한 좋은 개념·담론 중의 하나다. 인권이 반드시 필요한 맥락이 존재한다. 하지만 인권이 모든 경우에 최상의 사상일 수는 없다. 따라서 인권은 다른 좋은 사상·이념·세계관, 예를 들어 민주주의, 사회정의, 평화, 특정 이념, 평등, 휴머니즘 등과 어깨를 나란히 하고 있으며, 이들과 적절히 결합되거나 적절한 역할 분담을 할 때 순기능을 발휘할 수 있다. 조효제(2007), 『인권의 문법』, 후마니타스, 32~33쪽 참고.

활의 모든 주요한 측면들을 합리화하는 것을 그 목표로 삼았다. 제1차 세계대전에서 공산주의의 몰락에 이르는 시기에 포드주의적인 합리화 양식이 작동되었다. 그것은 단순히 경제에만 국한된 문제가 아니라 그것을 촉진하는 사회·문화·정치 질서들에도 체현되어 있었고 또한 그것들에 의존하고 있었다.

합리화를 넘어선 삶의 민주주의

국가 또는 정부에 의해 경영·통제되는 것에 더하여, 통치는 자기 통제, 아이들과 가족에 대한 보호, 그리고 집안일의 경영, 영혼을 통솔하는 것 등에 이르기까지 다양한 문제들을 포함한다. 이것은 개인이 관계 맺는 자기 자신이든 타인들이든 아니면 기관, 제도, 기업 같은 것이든 인간관계 안에서 폭넓게 분포되어 있는 힘의 관계이다. 이것이 상대적으로 경직되고 고정되면서 비가역적인 관계들이 수립될 때, 푸코는 이를 '지배'라고 부르며 이것이 우리가 흔히 권력이라 일컫는 것이다.

푸코의 '통치성' 분석에 따르면 사회 전반에 폭넓게 확산된 작은 범위의 조정기술들은 '모세혈관'의 수준에서 사회적 관계들을 조직한다. 통치 개념은 푸코가 말하는 권력·지배의 기술들과 개인들을 주체화하는 자기의 기술들technologies of the self을 서로 관계 맺어 생각할 수 있는 관점을 제시한다. 즉 공장과 병원에서, 감옥과 학교에서, 국가의 복지기관들과 사적인 가정에서, 공식적 시민사회 단체들과 비공식적인 일상적 상호작용에서 진행되는 미시적인 것의 복잡함이 거대한 체계를 가능하게 만든다. 예를 들면 통제에 대한 열정에 사로잡힌 헨리 포드Henry Ford의 경영진은 공장의 생산뿐만 아니라 노동자들의 가족생활과 공동체 생활까지도 합리화하려고 노력했다. 이러한 노력은 노동의 습관은 가정에서부터 시작된다는 전제하에 진행되었다.

통치성을 사고 양식mentality과 의미론적 연결을 하게 하면, 그것은 정치적 이성, 정치적 합리성 혹은 통치적 합리성과 같은 개념들과 맞바꾸어 쓸 수 있다. 통치성은 개인들의 행동의 목적과 이를 이룰 수 있는 수단을 규정하는 정치적인 이성·합리성에 따라 주체들의 행동방식을 통솔하고자 하는 권력의 작용 혹은 형식쯤이 될 수 있다. 정치 행위를 강조한 한나 아렌트와 푸코주의자인 자크 동즐로Jacques Donzelot 모두가 '사회적인 것'이라고 불렀던 것은 바로 사회적 통제기관들이 상호 연결되는 중첩적 기구들의 긴밀한 망이었다. 사회적인 것 안에서 노사관계, 사회복지사업, 형사법, 공중보건, 교정기관들, 심리치료, 결혼상담, 교육 등의 영역들이 서로 침투하게 되었고, 그것들 각각은 동일한 합리적 관행의 저수지로부터 끌려 나온 것들이었다.

요컨대 통치성은 특정한 정치적 합리성에 조응하고 이를 적극적으로 실천할 수 있는 주체 형성의 과정을 드러낸다. 이해관계가 충돌하는 문제를 접하다 보면 인간의 욕구와 그 충족 사이의 조정을 어렵게 하는 불합리한 현실은 합리화될 필요가 있다. 그러나 현대적 생산체계에서 사회의 여러 부분은 밀접한 상호 연계 속에 있다. 따라서 합리화는 사회 전체의 합리화를 의미할 수밖에 없다. 이것은 개인적인 차원에서도 그러하고 사회 전체의 차원에서도 그러하다.

특히 푸코의 통치성은 가동적mobile이고 변형 가능하며 역전 가능한 성질을 지닌 권력관계의 전략적 장으로 이해되기 때문에 자기에 대한 자기의 관계를 참조하게 된다. 즉 정치의 문제와 윤리의 문제가 접합하게 된 것이다. 다시 말해 자기에 대한 자기의 관계 구축, 즉 윤리적 주체화에는 늘 자기와 타자의 관계 맺음이 결합되어 있다. 자기에 대한 자기의 관계는 고독한 실천에 의해 구속되는 것이 아니다. 자기에 대한 자기의 관계 구축은 아주 명백한 방식으로 타자에 대한 자기의 관계들로 접속된다. 이처럼 자기와의 관계는 반드시 타자와의 관계를 거칠 수밖에 없다.

그리하여 탈복종화의 전략으로서 윤리적 주체를 어떻게 구성하는가가 관건인 것이다. 단적으로 말해 권력에 대한 저항을 모색하는 정치적 주체이기 위해서는 우선 자기 자신에 전념하고, 윤리적 주체로서 자기를 구축할 필요가 있다. 그것은 고착된 권력관계가 아니라 항상 역전 가능한 관계로서의 권력관계를 확보하는 '자유의 실천'을 의미한다. 타자와의 윤리적 관계를 구축할 수 있는 자유의 실천이야말로 주체를 탈복종화하며, 단독적 자기를 형성하는 시도로서 주체를 생성 변화로 이끌 것이다.

다른 한편으로 합리화는 사회의 생산력을 확장하는 기본이 된다. 사회의 전체화는 그 경제적 수단의 관점에서나 규모의 이점利點의 관점에서나 여러 가지로 생산력의 확장과 병행하는 현상이다. 특히 이러한 확장은 자본주의적 발전에서 중요하다. 자본주의는 독특한 축적양식을 작동시켰으며, 이는 대량산업생산, 대량상품소비, 수직적으로 통합된 기업들에 의존하게 된다. 역사적으로 특수한 자본주의의 한 국면으로서의 포드주의적 규제양식은 국가 단위 틀 속에서 대량생산·대량소비를 구현한 사회에 적합한 것으로 그것은 또한 국제적 형태를 취한다.

자본주의는 계속적인 성장 없이는 붕괴한다. 그것은 마르크스가 말했듯이 계속적으로 줄어드는 경향을 가진 이윤의 보장을 위해서도 필요하지만, 사실 사회적 불균형에서 오는 문제들을 풀어 나가는 방법이기도 하다. 케네디가 항구에 물이 들어오면 큰 배나 작은 배나 다 같이 뜨기 마련이라고 한 말은 이것을 비유적으로 적절하게 표현한 것이다. 그러나 마르크스에게도 물질 생산력의 증대가 궁핍에서 오는 억압 관계를 해결해 줄 것이라는 생각은 들어 있다. 사회관계의 합리적 균등화와 생산력의 증대—이것이 궁극적으로 사회 전체의 삶의 문제를 해결해 주는 것으로 생각하는 것이다.

그러나 20세기 후반에 와서 여러 가지 증세는, 전체화 또는 물질 생산력의 확장이나 산업화의 가속화가 쉬운 일이 아님을 말해 주는 것으로 보인다. 특정한 물질적 전제 조건들을 유념하지 않고 사회주의를 성취하려면, 결국 스탈린주의에 도달할 가능성이 높다. 산업화를 통한 물질 생산의 증대가 지구 환경과 자원의 한계에 부딪히게 되리라는 예견이 들리고, 또 그것은 사람들이 자신의 생활 속에서 실감하는 것이 되었다.

그리고 사람의 합리적 능력은 크지 못하다는 점이다. 개인의 능력을 넘어가는 사회의 전체화는 그 범위에 맞먹는 권력체계의 수립 없이는 불가능하다. 그런데 이 체계의 신뢰성을 보장할 도리는 없다. 설사 그러한 보장이 있을 수 있다고 하더라도 그러한 체계의 합리적 조정장치가 모든 문제를 해결할 만큼의 능력을 발휘할 가능성은 별로 크지 않은 듯하다. 또한 완전히 합리화된 체제 속에서 사람들은 행복하기보다는 소외를 느끼고 정신병적 증상을 가질 것으로 말해지기도 한다.

사회민주주의나 서구 자유주의 이념의 문제 설정에서 볼 수 있듯이 모든 것을 근본적으로 바로잡는다는 것이 가능한가, 또 그래야만 사람이 사람답게 사는 터가 마련될 수 있다는 것은 옳은 생각인가? 아렌트에 의해서 그러한 발상은 결국 전체주의 체제의 작동임이 확인되었을 뿐이다. 이것은 20세기 정치 전체의 본원적 전체주의성을 규명한 것이라고 할 수 있다.

삶의 질서는 실천의 관점에서는 물론, 사유의 관점에서도 그것을 송두리째 포착하는 것은 불가능한 듯하다. 가능한 것을 그때그때의 좁은 지역에서 제한된 의미의 인간적 질서로 잠깐 동안 유지하는 것에 불과할 수도 있다. 또 사실상 개인의 제한된 삶에서 그가 누리는 삶의 질서와 그것이 가능하게 하는 행복은 잠정적이고 잠깐의 것일 수밖에 없을 것이다. 사실 좋은 삶이란 이러한 큰 테두리보다는 작은 범위 안에서 이루어지는 것이 아닌가. 그렇다고 할 때, 이 작은 범위의 삶의 조건은 무엇인가—이것을 묻는 것이 많은 사람에게 더욱 현실적인 질문이 되는지 모른다.

캐나다 도시학자 제인 제이콥스Jane Jacobs는 미국의 타운 홀 회의를 기초로 한 지역 단위가 민주적 실천에 가장 적합한 규모라고 생각했다. 아리스토텔레스는 도시의 이상적 규모는 한쪽 끝에서 소리를 치면 다른 쪽 끝에서 들리는 정도의 크기(현대의 기준에 따르면 동네 정도의 크기)여야 하며, 민주적 공간은 다른 사람들이 연설이나 토론에 어떻게 반응하는지를 모두가 들을 수 있고 볼 수 있는 곳이어야 한다고 생각했다. 이런 고대적 척도가 더 이상 쓰이지 않게 된 뒤에도, 위임자를 통해 더 큰 규모로 실행될 수 있는 대의민주주의보다 직접 만나서 실행하는 직접민주주의가 우월하다는 발상은 살아남았다.[23]

우리는 민주주의가 얼마나 어렵다는 것을 일상을 통해서 매일매일 확인한다. 그것은 민주주의에 대한 경험이 부족한 데다 그 수준이 낮기 때문이다. 존 듀이에 따르면, 민주주의는 하나의 정치 형태만이 아니라, 보다 근본적으로는 함께 결합하여 사는 삶의 한 형식으로 작용하는 성질이

---

23. 제이콥스는 직접민주주의가 세포 같은 방식으로 구축될 수 있다고 믿었다. 비유하자면 각 세포는 소리치면 들리는 거리 안에 있는, 서로를 알고 있는 사람들이 속한 동네다. 그녀는 아리스토텔레스처럼 상업적 관계에 대해서도 어느 정도 생각하고 있었다. 경쟁자 여럿이 함께 있어야 서로 경쟁하고 공모하고 번성한다. 이것은 오늘날 '혁신 드라이브'의 논리이기도 하다. 정치에 대해서는 개방적이고 격렬한 토론이 있어야 정치가 활기를 띤다. 도시는 이런 혜택을 위해 비공식적으로 작동해야 한다. 리처드 세넷 (2020), 『짓기와 거주하기』, 김병화 옮김, 김영사, 122~126쪽 참고.

다. 듀이는 "나는 민주주의의 핵심과 궁극적 보증이 길모퉁이에 사는 이웃들의 자유로운 만남에 있고… 개인 주택과 아파트 거실에서의 친구들 모임에 있다고 믿는 쪽"이라고 말한다. 즉 지역적 관계가 민주주의 성격 형성의 수단이라는 것이다.

대중사회 속에서 생활에 얽힌 이해관계를 중심으로 살다 보면 다각적인 사고법을 잃어 간다. 그러다 보면 한나 아렌트가 이미 지적한 바 있는 공적 영역에서 행위 할 의욕조차 상실할 위험성이 있다. 행위로서의 사회적 실천은 사람들의 상호작용에서만 존재하는 것으로, 정태적 상태가 아니라, 과정으로서 존재한다. 수많은 행위들이 합류하면서 의도하지 않은 결과들을 낳고, 때때로 기회 및 제한을 생산하거나 강화한다. 정치는 복수적 관점에서 다원적으로 논의를 할 수 있기에 열려 있으며 예측 가능하지도 않다. 인류의 진화 과정에서 이런 사회적 실천으로부터 신뢰감이 돈독하고 원활한 사회연결망이 만들어졌다. 이와 같은 사회적 실천은 그 자체가 정치적 행위이며 우리가 세상에 기여하는 일상의 방편이다.

민주주의는 사람들 간의 효과적인 의사소통을 통해서 광범위하게 공유된 가치와 공통의 지식 기반 위에 의존한다. 하지만 대체로 민주주의 이론은 "정치적 행위"를, 예컨대 투표와 공개적 저항 따위로 이해한다. 또한 민주주의 이론은 일상에서 벌어지는 다양한 활동을 간과하거나 묵살했다. 이를테면 치료적 행위, 훈육적 활동, 프로그램과 제도적 기획, 연대적 행위 말이다. 민주주의 이론은 이들 활동이 전개되는 행정적, 사회적, "전前 정치적", "탈정치적" 현장을 무시한다. 그 결과 민주주의 비판은 피상적인 묘사 기능으로 후퇴해 버리고, 특정한 주체들은 동질적인 정치적 공간, 혹은 시민다운 자격과 역량에서 배제된다.

이를 방지하기 위해서 동질성으로 무장하기보다는 다양성으로 흩어지는 사회를 건설해야 한다. 특히 사회적, 문화적 소수파에 대한 애정 어린 관심을 포기하지 않는 것이 삶의 민주주의로 가는 길목일 것이다. 계급, 인종, 국적과 같은 장애물을 걷어 내고 개인의 자유와 숙고된 균형 감각 위에서 삶의 형식으로서 민주주의가 구현된다면 작은 삶의 테두리에서라도 유토피아는 현실로 다가올 것이다.

세계-내-존재의 사는 방식

우리는 세계에 내던져진 채로 살아간다. 하이데거에 따르면 세계 안에 있는 인간은 이미 세계와 관계를 맺고 있다. 세계 안에 거주하며, 내일에 대한 불안과 근심을 가지며, 타인과 함께 살고 있다. 자기를 발견하고 자기를 말하기 전에 이미 세계 안에 살고 있다는 점에서 인간 존재는 '초월'로 규정된다. 인간의 본질은 근본적으로 초월성에 자리한다. 인간 존재에게 이것은 공동체 형성의 방식, 의식의 방식, 따라서 언어를 만드는 방식, 더 나아가서 생산 방식과 가옥을 건축하는 방식 등에서 드러난다. 인간은 자신의 한계와 조건성을 넘어 그의 존재성을 이루어 가며 그것을 형성하는 존재이다.

인간의 근본적 초월성은 무엇보다도 타인에게서 자신을 발견한다. 인간은 동물적인 본능을 넘어서 도덕적, 윤리적으로 행위 하려고 애를 쓴다. 인간 존재의 구조로서의 초월은 이러한 모든 것을 포함해야 한다. 인간의 삶과 정신의 초월적 특성을 이해하는 데에서 장소와 공간이 담당하는 역할을 폭넓게 연구한 가스통 바슐라르에 따르면, 정신적인 삶은 인류가 살아가는 장소와 공간들 안에서 모습을 갖추고 그런 장소들은 인간의 기억,

감정, 사고를 형성하며 영향을 끼친다. 삶의 지속성은 '장소'에 관한 사유, 즉 함께 사는 '삶-의-형식Form-of-Life'을 모색하는 것이다.

이러한 모색은 모든 관계를 단절시키는 특성을 지닌 기존의 탈인격적이고 비장소적인 사회에서 장소를 구성해 내는 일과 긴밀하게 연결되어 있다. 그것은 작업장뿐만 아니라 집 안과 동네를 포함하며 궁극적으로는 하나의 신체까지 포함한다. 몸과 세계는 동시에 탄생한다. 인간은 독자적으로 존재하는 것이 아니라 세계와 관계를 맺고 있는 존재다. 곧 인간은 세계 안에서 세계와 만나고 세계 속에 거주한다는 사실을 나타낸다. 이때 펼쳐지는 것이 하나의 장소이다. 장소는 '다른 곳이 아닌 바로 그 자리'이다. 세상에서 단 하나밖에 없는 사람이 세상에 단 하나밖에 없는 땅의 조각, 곧 장소에 집을 짓고 살기 때문에 거주 그 자체는 고유성을 갖는다.

세계-내-존재의 장소 정체성

세계는 인간의 자기 이해의 총체적인 지평과의 연관성 속에서만 비로소 인간으로서의 자기 정체성을 획득한다. 세계는 자아감을 창출하기 위해 취합하고 이용할 수 있는 모든 종류의 사물 및 대상으로 가득 차 있다. 그렇다고 해서 내가 내 주위를 전부 마음대로 정해서 살 수 있는 것은 아니다. 나는 세계 속의 어떤 대상에 대해서도 앞으로 다가가거나 뒤로 물러설 수 있다. 이미 세계가 인간에게 열어젖혀져 드러나 있기 때문에 그럴 수 있다. 자아감은 이러한 세계가 경험된 맥락일 뿐이다.

사람이 어디에 산다는 것은 자신이 어떻게 사는지와 같다. 장소는 내가 어디 있고 어디 있었으며 또 어디에 있을 것인지를 알게 해 주는 곳이다. 이를테면 '나'는 지금 역사 중 한 지점에 있으며 나를 태어나게 만든

지점, 내가 태어난 지점 그리고 살아온 지점들에 이르기까지 다양한 역사성을 띠고 있는 것이다. '나'는 실로 그냥 내가 아니며 다양한 시간적 지평들이 어우러져 있는 하나의 우주인 것이다.

우리가 어느 한 곳에 집을 짓는 이유는, 다른 곳이 아닌 바로 그곳에 집을 짓는 이유는 그곳이 훨씬 더 안전하기 때문이다. 우리 선조들은 땅에 대해 이렇게 생각했다고 한다. "땅과 사람은 분리된 것이 아니라, 산과 강이 어우러져 거기 기대어 사는 사람들과 조화를 이루고 있다. 강은 사람을 흐르게 하고 산은 사람을 막는다. 강이 동질성을 품는 동안 산은 이질성을 키운다. 이 땅의 역사와 문화를 이해할 때에는 먼저 산과 강을 보는 눈부터 키워야 한다." 사람과 장소는 서로 섞여 든다. 그리하여 인간의 삶을 근본적으로 장소location의 삶으로 보고, 자아 정체성을 장소에서 발견되는 정체성의 문제로 보며, 장소 자체를 어느 정도 '인간'으로 채워진 것으로 보려고 한다.

그것은 모든 시인과 소설가들의 작품에서 공통적으로 나타나며 모든 종류의 풍경과 장소들과 맺는 관계에서도 마찬가지로 나타난다. 워즈워스는 시의 기원 자체가 기억의 각인—묘비명들과 장소의 명명법—에 있다고 여겼다. 그리고 소설은 장소의 탐색이 발휘되는 매력에서 비롯되었으며 어떤 점에서는 기행문에서 발전된 것이라고 여겨진다. 위대한 작품들은 인간화되고 인간화하는 장소를 통해 인간을 검토한다. 인물과 사건, 삶과 사랑, 문화와 관념에 대한 탐구가 풍경과 장소의 탐구와 하나이자 동일한 것이며 풍경과 장소의 회복과 하나이고 동일한 것이다.

인간과 환경의 '만남'은 장소를 창출한다. 환경은 나를 비롯한 사람의 주변을 감싸는 것이다. 방을 집이 감싸고, 집은 마당이나 집 밖의 무엇을 감싸고, 그다음에는 동네가, 도시가, 더 나아가서는 자연이, 지구의 대기가 이를 감싼다. 이처럼 환경은 나와 가까운 곳에서 시작하며 중간에 끊임이 없이 연속되는 것이다. 인간과 환경의 만남의 장소는 체험에 의해 존재하며, 또한 체험을 통해 어떤 의미를 띠게 한다. 그러기에 장소라는 것은 물리적인 속성뿐 아니라 거기 머무는 사람들의 활동, 그들과 환경의 교류에서 발생하는 의미와 상징 같은 개념을 모두 포함하는 실존적인 개념으로 사용된 것이다.

일반적으로 장소라는 용어는 여타의 물리적 공간과는 달리 인간이 관여하는 한정된 공간이라는 의미를 지니고 있다. 공간과 장소는 펼쳐지는 방향이 반대다. 공간은 밖을 향하여 펼쳐지려 하지만 장소는 내 쪽을 향하여 움츠리며 닫히려고 한다. 공간은 이미 주어져 있는 것이지만 장소는 내가 찾고 만들어 가는 것이다. 우리는 장소를 만들고 장소를 사랑하는 종種이다. 중국계 미국인 지리학자 이-푸 투안은 '장소에 대한 사랑'을 뜻하는 '토포필리아topophilia'라는 개념을 고안해 냈다. 우리는 어떤 일이 일어남을 어떤 일이 '장소를 차지하다take place'라고 말한다. 'take place'라는 영어 관용어구에서 알 수 있듯이, 어떤 일이 일어나는 데는 반드시 어떤 공간이나 장소가 전제되는 것이다. 장소는 실존적 의미작용의 사건을 체험하는 곳이자 우리 자신을 정위시키고 환경을 소유하게 되는 출발점이다. 사람들의 애정으로 장소에 스케일과 의미가 부여되어야 하며, 그러고 나서 장소가 보존되어야 하는 것이다.

실제로 이스라엘에서는 이스라엘 사람들이 신성하게 여기는 장소 옆에 들어온 맥도날드 가게가 항의를 견디지 못하고 자리를 옮긴 사례가 있다. 이스라엘 사람들은 자신들이 정신적 고향으로 생각하는 공간을 미국의 맥도날드가 점유하고 있다는 사실을 참을 수 없었다. 자신들이 그 장소에 부여하고 있는 장소의 의미, 즉 장소성placeness을 맥도날드가 희석하고 훼손하려는 비장소성placelessness에 분노했던 것이다. 맥도날드를 비롯한 프랜차이징 매장은 어디에 위치하고 있는가와 상관없이 늘 동일한 모습으로 표준화된 외양을 갖추며 비장소성을 심화한다. 우리가 사는 공간에서 비장소성으로 인해 내가 누구이고 우리가 누구인지를 확인받을 장소나 공간이 없어진다는 것은 심각한 문제이다.

공간이 크기와 형태에 집중한다면 장소는 크기나 형태에 대비되는 것으로 좀 더 분명하게 위치를 지시한다. 단순히 하나의 위치, 예를 들어 지도 위에서 좌표로 사용되는 것으로 규정할 수 있는 하나의 점으로서 장소place의 개념과, 그 안에 사는 어떤 사람이나 사물을 포함하는 구체적 현장locale으로서의 장소 개념 사이에는 뚜렷한 차이가 있다. 현장이나 거처라는 말로 이해되는 장소는 일정한 개방성, 차원, 공간을 요구한다. 사람이 살 수 있는 장소는 거주 가능한 공간을 제공하지만 살 수 있는 장소는 단순한 '공간' 이상이어야 한다. 특히 인간이 참여하는 실존적 공간을 '장소'라고 부른다. 실존한다는 것이 언제나 이미 하나의 세계 속에 존재해야 함을 뜻한다. 그것은 하나의 세계와 연결될 수 있고 세계에 관해 생각할 수 있고 세계 안에서 자신을 발견할 수 인간적 가능성 자체가 장소나 로컬리티와 결부되어 있다는 것이다.

세계는 삶의 자리로서 다른 사람들이 이야기하는 세계에 전적으로 의존하지 않고 스스로 사태와 현상을 직접 대면하는 곳이다. 이 세계는 자아의 한계가 아니라, 자아감을 창출한다. 그러나 자아는 수행한 대로 이루어지지 않을 뿐만 아니라, 자아와 세계가 가장자리에서 서로 부딪치는 기존의 실체처럼 세계와 '상호작용'하지도 않는다. 인간 존재는 이미 세계에 내면적으로 널리 스며들어 있는 세계-내-존재이다. 그것은 사람이 의식으로 세계에 존재하는 것보다 우선하여 몸으로서 존재하기 때문이다.

세계-내-존재는 몸과 연관된 공간의 차원을 오히려 강조함으로써 몸을 매개로 이해된 새로운 공간을 생산해 낸다. 공간성은 신체의 행위 안에서 구성되며, 이 행위가 수행되면서 사물에는 의미가 부여된다. 사람은 오래전부터 물질을 매개로 교류했다. 사물은 기능을 갖고 있을 뿐 아니라 마음을 이어 주는 힘 또한 지니고 있다. 물질에는 항상 감각이 따라다닌다. 물질에는 감정이 담겨 있다. 우리가 살아 있는 한, 어떤 방식으로든지 기분에 사로잡히지 않는 것은 불가능하다. 다른 것들이 주목되지 않을 때에도, 환경의 어떤 특징들이 우리에게 유의미한 것으로 나타나는 것은 바로 이 때문이다.

'세계-내-존재'라는 관점에서 인간 존재를 특성화하려는 하이데거의 장소 철학에 주목할 필요가 있다. 땅에는 장소의 힘이 있다. 장소는 나에게 말을 걸어오고 어떤 자리는 신체의 일부처럼 느껴져 마음속의 고정된 장소가 된다. 장소에 대한 지각은 자신이 있는 장소와 날씨, 시간대 등 공간의 물리적 요소들뿐 아니라 자신의 기분과 건강 상태에 따라서도 달라진다. 쾌청한 날의 쾌청한 마음가짐, 비 오는 날의 음산한 마음가짐, 낙엽이 질 무렵의 생생한 마음가짐, 봄비가 내릴 무렵의 침울한 기분, 여름 아침 뻥 뚫린 기분, 폭풍우가 몰아치는 날의 무서운 느낌 등 기분이라는 것은 항상 세계를 특정 색깔로 물들인다. 이것은 존재적으로 우리에게 명백한 사실이다. 이미 존재하고 있으면서 미리 존재하는 것이고, 던져져 있으면서도 앞으로 나갈 자유를 지니고 있는 것이다. 여기서 우리는 존재의 의미를 이해하게 되는데 이것은 장소성과 밀접하게 관련되어 있다.

인간 신체는 장소감sense of place을 형성하는 토대로 작동한다. 장소감은 공간에 대한 하나의 절대적인 방향에서 보는 시선의 결과가 아니라, 신체의 움직임과 신체 적응에 의해 만들어지는 결과이다. 장소감은 체성

감각somatic sense과 연관된다. 체성감각은 촉각을 기반으로 관절과 내장까지 더한 '온몸'의 감각이다. 체성감각은 인간의 감각 가운데 몸의 가장 많은 부분과 연관되어 있다. 그래서 일상에서는 육체가 고통을 '온몸이 욱신거린다'라는 말로 표현한다. '교감', '경험', '내가 살아 있다' 등은 모두 체성감각의 작용과 연관되어 있다. 그래서 살아가고 있다는 것은 언제나 특정한 정서 또는 기분의 상태에 있다는 것을 의미한다.

예컨대 여행을 하다가 좀 외진 곳 아담한 맛집을 알음알음 찾아가는 경우가 있다. 오래된 식탁, 바깥쪽 나무와 그늘, 주인장이 건네는 말투, 식사하는 사람들의 웅성거림, 식당 안에서 흘러나오는 음악 소리 등 체성감각으로 들어오는 감성적 언표들이 그 작은 식당의 공간을 풍부하게 만들어 준다. 우리는 체성감각을 기층으로 하는 맛집 나름의 감성적 언표의 장을 일정한 방식으로 이해한다. 그리하여 여행을 마치고 집에 돌아와서도 벽과 지붕으로 둘러싸인 공간과 그때 느꼈던 감정이 함께 떠오른다. 이른바 여행 중이라는 신체적 실존으로 인해 그 여정에서 만나는 공간적인 장소는 의미가 지어지고 분절화되는 것이다.

감성적 언표는 비교적 보편적이고 단순하다. 때문에 대부분의 사람들은 어느 한두 분야에서만 개념적 언표에 능숙할 뿐, 다른 분야에서는 감성적 언표와 더불어 살아간다. 누군가의 얼굴에 나타난 눈빛, 표정, 말의 미묘한 뉘앙스, 독특한 몸짓 등등의 감성적 언표들이야말로 체험의 장에서 생성되는 그의 원초적인 의미이다. 바람에 의한 깃발의 흔들림과 같은 감성적 언표에서 오는 원초적 형태의 의미는 주체의 기분을 통해서 주어진다. 골목에서 강도를 만났을 때 우리는 섬뜩한 기분을 느끼며, 그러한 느낌은 이미 그 상황의 감성적 언표들이 나에게 던져 주는 원초적 의미이다. 폐허의 이미지는 돌이나 벽돌 건물에 어울리며, 이런 물질은 풍화를 일으키는 기나긴 시간의 힘을 표현해 준다. 그런 기분은 우리 세계성의 근본 구성 틀이다.

하이데거에 따르면, '분위기Stimmung'란 말은 어떤 스쳐 지나가는 감정 상태를 말하는 것이 아니다. 분위기는 모든 공간이 갖고 있는 본질적 특성이다. 여기서 분위기란, 전체로서 사물들의 일반적인 비주체적 감각, 중요하든 그렇지 않든지 간에 사물들이 그 아래에서 자신을 보여 주는 널리 스며 있는 색조를 뜻한다. 이 색조에 인간이 속하게 되는 것이 바로 분위기이며, 이때 비로소 존재의 인식이나 존재이해에 있어 수용적 인간이 된다.

인간은 항상-이미 하나의 부분인 세계에 대하여 수용과 응답의 자세로 사유한다. 인간은 이전에 사유했던 것—이를테면 표상적이고 조작적인 사유로부터 물러서는 것이며 다른 것의 가능성을 받아들여야만 한다. 그것은 존재에 응답하는 것이기도 하지만, 계산적 사유의 위협에 대항하여 끊임없이 유지되어야 한다. 비로소 우리는 사유에 자신을 내어준 세계라는 것을 남김없이 볼 수 있다. 그런 점에서 보면 분위기라는 개념은 주체와 객체가 분리되기 전의 상태라는 점에서 적절한 논의의 출발점인 듯하다. 분위기 자체는 인간 "내면"에 존재하는 주관적인 것도, 그를 둘러싼 "바깥"에 있는 객관적인 것도 아니다. 분위기는 주변 세계와 일체를 이룬 인간에게 적용되는 말이다.

그래서 분위기는 체험 공간을 이해하는 핵심 현상이다. 공간은 내부 공간이나 자연 경관이나 모두 일정한 분위기를 가지고 있다. 그것이 가볍거나 밋밋한 분위기이든 무겁거나 장엄한 분위기이든 이 분위기의 특성은 해당 공간에 머물고 있는 인간에게 전이된다. 그리하여 어떤 분위기를 기분으로 받아들이게 된다. 특히 대기의 상태는 밝고 환하고 우울한 기분으로 사람에게 영향을 준다. 마찬가지로 사람도 내면의 특정한 기분에 장악되면 그 기분을 주변 공간으로 전파하기 쉽다.

의미화의 공간, 의미 그물망

우리는 장소 하면 마당, 놀이터, 뒷동산, 골목길, 카페, 사거리, 아파트 단지 조경 공원, 쇼핑몰, 거리, 광장 등을 떠올리면서 그곳과 나의 연관성을 떠올린다. 이렇게 장소의 형태는 다양하지만 우리에게 다가오는 장소는 '의미화signification의 공간', 즉 '장소성'으로 분류되는 것들이다. 과거 대문 앞 골목길에서 이루어지는 일을 떠올려 보자. 지금 생각해 보면 어떻게 그렇게 작은 골목에서 온갖 스포츠를 다 했는지 의아스러울 뿐이다. 이것만 봐도 어린이의 스케일은 확실히 어른과는 다르다는 것을 알 수 있다. 그래서 삶의 의미화에 대한 물음은 장소에 초점을 맞추어야 한다. 그것은 곧 장소를 그저 시공간적 위치라는 좁은 의미에서 보거나 주관적 구성물로 보는 대신, 장소를 특정적으로 인간적 존재가 근거할 수 있는 것으로 보고자 한다.

장소 철학자 에드워드 케이시Edward Casey는 "산다는 것은 국지적으로 사는 것이다. 그리고 안다는 것은 무엇보다도 사람이 존재하고 있는 장소를 아는 것이다"라고 주장한다. 장소의 위치나 분포가 중요한 것은 내가 누구인지, 우리가 누구인지를 설명할 수 있는 것뿐만 아니라 그것을 넘어 삶의 문제와 인간에 대한 이해까지에도 도달하게 한다. 장소는 우리의 경험을 결정한다. 그래서 장소에 대한 현상학적 접근은 이 장소가 무엇인가 또는 그 장소는 어떤 것인가라고 질문하기보다, 무엇이 장소를 장소로 만드는가라고 질문한다. 그 질문은 인간이 된다는 것은 '장소 안에' 있는 것임을 인정하는 것과 관련 있다. 장소는 우리 존재의 경험적 사실이기 때문에 근본적이다.

특히 개인들은 특정한 시기, 특수한 사회 안에서 그들의 삶을 경험한다. 이때 장소는 특정한 지점에서 상호작용하는 일련의 구체적인 사회관계로부터 형성된다. 예를 들면, 집이라는 장소에 있을 때는 가장으로서, 직장이라는 장소에 있을 때에는 직장인으로서, 학교라는 장소에서는 교육자로서, 사는 지역이나 마을에서는 주민으로서 존재한다. 아마도 우리들 한 사람 한 사람은 이 세상에서 살아가고 있는 한 이미 어떤 형태로든지 인간관계와 사회관계라는 그물 속에서, 같은 말이지만 어떤 일정한 의미를 가진 장소, 즉 문화 속에서 살아가고 있다.

요컨대 인천 동구에 자리 잡은 수도국산달동네박물관(수도국산박물관)은 의미를 함축한 일종의 텍스트이다. 달동네가 특정 계층의 거주 형태라기보다는 지난 시절 모두가 고난 했던 과거의 역사이자 문화로 새롭게 해석되어 기억을 공유하게 하는 텍스트인 것이다. 달동네를 지워 버려야 할 도시의 흉터 정도로 여겨 왔던 대규모 재개발의 신화가 깨져 나가면서, '달동네'라는 말도 판자촌, 빈민촌, 하꼬방 등의 단어를 밀어내고 남루하지만 서민 동네를 지칭하는 대명사가 되었다.

장소는 텅 빈 공간이 아니다. 그 실재하는 장소들은 외양을 한 꺼풀 벗기면 놀이 장소, 기억의 장소, 세대 문화의 장소, 소통의 장소, 소외의 장소, 저항의 장소, 소비의 장소, 거대 자본의 장소, 권력의 장소, 투쟁의 장소 등 온갖 것들로 가득 차 있는 구체적인 공간이다. 장소란 역사적으로 다양한 요소가 서로의 힘을 시험하는 무대이며, 때로는 주인공이기도 하다. 예를 들면 서울의 탄생은 단순히 장소의 탄생에 머무르지 않는다. 한양 천도를 둘러싼 논란 속에서 조선이라는 새로운 왕조가 탄생하는 역동적 순간과 중첩되며 수많은 인물, 그리고 사상과 연결된다.

장소는 단순히 역사의 배경으로만 기능하지 않고 반대로 역사의 흐름을 만들어 나가는 주인공이다. 그것은 물리적으로도 역사적으로도 사실이다. 모든 개별 장소의 유일성은 그러한 지점에서 발생하는 상호작용의 특수함에서 일부 비롯되며, 바로 그 지점에서 만나게 된 사회적 관계들이 또다시 새로운 영향을 생산할 것이라는 사실에서도 일부 비롯된다. 장소를 이런 방식으로 생각한다는 것은 장소가 닫힌 것이 아니라 사회적 관계들의 열린 다공성의多孔性, porous 네트워크임을 의미한다. 그것은 마치 스펀지처럼 물을 흡수할 수 있도록 구멍이 숭숭 뚫려 있으면서도 그 형태를 유지하는 것과 같다. 그리하여 장소는 고정된 것이 아니라 그것은 끊임없이 새로운 관계들의 영향력에 부응해야 한다는 속성을 지니고 있다.

우리가 낯익은 일상 공간의 의미에 천착하는 것은 바로 삶의 역동성을 이해하기 위한 것이고, 그런 생성과 변화가 반복되는 삶의 과정을 이해함으로써 나와 우리를 알아 가기 위한 것이다. 우리나라의 경우, 경제는 발전했지만 국토 면적이 작아서 공간적으로 제한된 삶을 살 수밖에 없다. 소득이 높아질수록 사적인 공간에 대한 욕구는 높아지기 마련이다. 그런데 우리나라에서는 보통 성인이 되어서도 결혼 전에는 부모와 함께 산다. 이러한 상황에서 친구들과 함께 편하게 시간을 보낼 수 있는 자기만의 거실이 있을 수가 없다. 이것을 대체해 줄 카페가 많이 생겨났고 남녀 커플을 위해 시간당 빌리는 모텔이 그 역할을 해 준다. 이처럼 개인의 욕망과 공간의 부족이 충돌하는 상황에서 시장경제는 노래방, 비디오방, PC방, 룸살롱 같은 방 중심의 문화를 만들어 낸 것이다.

도시 공간은 담론, 상징, 은유 등을 포함한 '상상의 환경imagined environment'이기도 하다. 예를 들어 거리나 동상, 건축물, 다리 등엔 전설이나 신화, 역사적 사건과 관련된 서술들이 각인되어 있다. 디즈니 월드나 라스베이거스처럼 그 가상공간은 상상과 이미지로 가득 찬, 상징 그 자체가 소비되는 공간이다. 의미들로 가득 찬 도시 경관에서도 마찬가지다. 도시의 경관을 이루는 건축물이나 길거리, 장식물, 간판, 아파트나 심지어 주유소 등에 이르기까지 도시 경관을 이루는 모든 재현물들 속에는 이들의 '의도된 의미'와 보는 이들의 '해석된 의미'들이 맞물려 발생하는 복잡한 의미의 그물망이 형성된다. 의미의 그물망은 차이의 명시적 표현을 강요하는 것이 아니라, 차이를 평범한 일상에 개입시킨다. 그리하여 사회적 차이가 그어 놓은 구분선의 기준을 통합integrative하는 것이기보다는 포괄inclusive하는 것이다.

벤야민Walter Benjamin은 일상적인 영역에서 특히 대도시에서의 현상들에 주목한다. 대도시는 그에게 단지 인간이 거주하고 생활하는 공간을 의미하는 것이 아니라, 도시는 그에게 하나의 또 다른 놀이공간으로 다가오는 것이다. 대도시의 광고판들과 많은 포스터들, 그리고 대도시의 많은 시설들을 통해서 그는 새로운 미학적 체험을 경험했다. 벤야민에게 현실 자체는 하나의 철학적 텍스트였던 것이다. '모든 도시 풍경이 주민의 기억과 감정을 활성화하는 상징의 집합'이라는 사실을 인정해야 한다. 모든 광장, 공원, 건물은 시민들의 정체성, 거리의 목적에 관한 메시지를 보낸다.

영국의 '펍' 같은 동네 술집이나 우리나라에서 드라마로 제작된 아베 야로 원작의 '심야식당' 같은 동네 식당은 매우 중요한 기능을 한다. 동네 가게는 직장에서 퇴근한 사람들이 저녁식사를 마치고 슬슬 걸어 나와 이웃들을 만나 스트레스도 풀고 서로를 다독여 주는 힐링의 장소이기도 하다. 맥주잔을 건네면서 직장 상사의 뒷담화도 하고, 내 마음을 충분히 알아주지 않는 배우자와 자식들에 대한 섭섭함을 토로하는 장이 되기도 한다. 심야에 일을 마치고 돌아온 이들의 허기도 채워 주고 빈 마음도 어루 만져 주는 카운슬러 역할까지 하는 고마운 곳이다.

이처럼 소중한 가치를 지닌 동네 식당과 술집들에는 작고 사소하고 초라할 수 있는 의미들이 매일같이 차곡차곡 쌓인다. 의미는 삶과 관련 있는 것이기에 기억 속에 축적되어 다음 경험을 재구성한다. 즉 의미는 경험에 대한 태도이자 새로운 관심을 이끌어 낸다. 삶의 장소에는 매일같이 반복되는 삶의 과정에서 생산된 의미가 퇴적되어 있다. 이 장소는 주체와 객체, 자아와 세계가 모두 함께 존재하는 장소이다.

오랜 세월에 걸쳐 그 공간에 쌓아 두었던 이야기들을 통해서 우리가 살아온 다양한 삶의 모습을 보게 될 것이다. 언어는 정체성과 관련된 기본 과정들이 형성되는 맥락과 관련될 뿐 아니라 그 과정으로 향하게 해 주는 매체다. 언어는 서로 연결시키고 만들고 영향을 미치는 이러한 과정, 즉 일상 공간에서 의미들을 생산하고 부여하는 삶의 과정의 핵심이다. '의미의 그물망'[24]이라는 개념은 의미의 공유와 협상이 사회적 삶이나 조직적 삶의 근본이라는 관점을 갖는 것이다. 의미의 그물망이라는 문화 형식의 목적은 사고와 감정의 공통 세계를 구축하는 데 있으며, 각 개인의 꿈 혹은 각 개인의 기분이나 환상이 아니라 '공통의 세계'라고 주장할 수 있는 인간 세계를 구축하는 데 있다. 언어는 인간을 이 길로 안내하고 그 발걸음을 이끄는 가장 우선적인 것이라고 할 수 있다. 언어는 문화의

---

24. 인간은 자기가 사는 세계에 의미를 부여하고자 하고, 의미를 부여할 수 있다. 인류학자인 클리퍼드 기어츠(Clifford Geertz)는 인간은 근본적으로 의미의 체계에 의해 규정지어지는 것으로 묘사한다. "인간은 자신이 직접 짠 의미의 그물망에 걸려 있는 동물이며, 문화가 바로 그 그물망이다." 우리는 의미망에 매여 있지만 항상 그 망을 새롭게 짜간다. 이러한 관점에서 보면 인간은 만들어진 세계에 수동적으로 걸려 있는 존재일 뿐 아니라, 동시에 능동적으로 그들의 세계를 창조하고 그것들에 의미를 부여할 수 있다.

과정이 추구하는 그러한 공통 세계로의 첫걸음이자 결정적인 첫걸음이다.

의미의 그물망에 관하여 이해를 돕는 누구에게나 한 번쯤은 있음직한 사례가 있다. 오랜만에 만난 친구들과 함께했던 어느 날 저녁 모임을 떠올려 보기로 한다. 우리는 여느 때와 다름없이 대화를 나누었고, 대부분 같은 주제에 관한 것이다. 그 주제들은 매번 반복되어 닳아서 부드러워질 때까지 앞뒤로 오고 간다. 그럴 때 우리는 가끔 말로 천을 짜고 있다는 느낌을 받는다. 우리의 삶의 모든 실이 앞뒤로, 위아래로 촘촘하고 복잡한 패턴을 만들며 꿰매진다. 우리는 그것을 이해할 수 있을 때까지 계속해서 반복했다. 이러한 수년간의 대화에 둘러싸여 있어도, 우리는 절대 지루해지지 않았고 서로가 너무 편하게 느껴졌던 것이다.

단어와 그에 덧붙여지는 의미는 삶의 직물과 같다. 오랜만에 보는 저녁 모임은 친구들과의 이야기들로 짜인 직물, 즉 '의미의 그물망'이라고 할 수 있다. 우리는 의미, 문화, 언어가 본질적으로 서로 얽혀 있다고 할 수 있다. 애가Agar는 언어, 문화, 의미의 불가분성을 표현하기 위해 언어문화languaculture라는 용어를 쓴다. 언어가 가능케 한 것은 문화가 구축되는 모체인 "상호 기대의 조직망" 구축과 완성이다. 그것은 호모 사피엔스가 지역적이고 현지적인 욕구를 맞춰 주고, 수많은 생태학적 환경에 적응할 수 있도록 융통성 있는 상징적 세계를 자유로이 건설할 수 있게 해 준다. 이런 문화적 적응에 있어 인간의 간주관성이 결정적인 요인임에 틀림없다.

인간의 마음은 이와 같은 의미망 혹은 조직망을 기반으로 자신들의 신념과 아이디어를 유지할 수 있으며, 토론과 상호작용을 통해 신념과 아이디어는 어떤 공유된 좌표계 쪽으로 옮겨질 수 있다. 이 일련의 행동 속에 사회적 관계망은 자연스럽게 녹아 있고 드러난다. 각각의 개인이 그 나름으로 지각하고 경험하고 행동하는 가운데 의미의 그물망이 엮어진다. 문화는 이렇게 짜인 의미망의 전체다. 사회적 규율도 개인적 행동의 규칙으로부터, 이 개별적 규칙의 결합체에서 파생되어 나온다. 사회적 질서라는 것도 개인이 던진 질문과 이 질문에 대한 답변 그리고 이 답변에 들어 있는 여러 관점들에 대한 집단의 동의와 그 누적을 통해 조금씩 만들어지는 것이다.

삶의 테두리, 지역성

사람들은 각자가 어떤 세계에서 살고 있는지, 그 속에서 어떤 생각과 느낌을 가지고 있는지, 그것을 정확히 알 수 있는 방법은 없다. 하지만 어떤 한 사람의 조국 및 출생지, 살아온 고장 등은 평생 동안 거부할 수 없는 운명처럼 자신의 존재론적 정체성을 결정하기도 한다. 나는 누굴까? 내가 누구인지를 알기 위해서는 오래된 사진첩을 뒤적이듯이 '과거'의 나를 살펴봐야 한다. 어떤 세계에 던져졌으며 그동안 누구로 살아왔던가를 확인해 봐야 한다. 사람이 이 땅에 존재한다는 것은 친숙한 세계, 즉 특정한 '어디'라는 공간적 장소 안에 그리고 시간 내적으로 '언제' 머문다는 것을 의미한다. 인간은 시간의 지배를 받는다. 시간은 과정이고 변화이다. 누군가가 어떤 사람이냐는 것은 시간을 통해서 밝혀진다는 것이다. 시간이 객관화된 시계 시간으로 표상되기 이전에 이미 몸의 시간, 생명의 시간, 의식의 시간, 결론적으로 자기의 인생으로 경험될 수밖에 없다.

삶의 테두리를 경계 짓는 지역성이야말로 그곳의 역사이자 정체성을 이루는 요소이며, 이것들은 바로 그 장소에 사는 사람들의 '집단 기억'으로 자리 잡고 있다. 집단 기억은 시간적 리듬이 만든 삶의 궤적이다. 시간의 리듬이 삶의 궤적을 만들고 이 궤적을 따라서만 사건들이 이어질 때 비로소 장소 주체성은 구축된다. 집단 기억은 우리가 집단의 구성원으로서 기억한다는 것만을 의미하지는 않는다. 기억이라는 행위로 한 집단과 그 구성원들이 동시에 구성된다는 것을 뜻하기도 한다. 지역이 내어주는 장소는 인간이 역사와 관계를 맺는 자리이며, 인간의 마음과 행위가 구체화되는 곳이다. 사람과 장소가 긴밀히 연결되어 있고 어떤 면에서 인간의 장소 주체성을 결정하는 것이라고 생각할 만한 충분한 이유가 있다.

우리나라의 경우는 오랫동안 중앙집권적 권력구조가 지배해 왔기 때문에 지역의 특성을 부각시키는 것은 국가의 전체적인 발전에 방해되는 것으로 간주되는 경향이 있었다. 지역의 다양한 특징에 대한 관심을 갖기에는 경제적·문화적 수준도 낮았고 따라서 지역의 특성을 부각하는 것은 경제적 이익과는 무관하다고 인식되었다. 따라서 지역 정체성이 제대로 형성되지 못하고 심지어는 '지역감정' 정도로 인식되어 그 의미가 축소 또는 격하되는 경향까지 있었다.

이러한 경향은 1980년대 말에 이르러서야 극복되기 시작했고 민주주의의 성장과 지방자치제도가 본격적으로 정착되는 1990년대 초반부터 지역의 특성에 대한 관심이 급격하게 증가하기 시작했다. 다양한 주체들이 지역에 관심을 갖기 시작했고 다양한 입장을 적극적으로 개진할 수 있게 되었다. 삶의 테두리라는 실용적 측면에서 볼 때 주체의 실천적 역할을 담보할 수 있는 지역적 정체성이 절대적으로 요구되고 있는 것이다. 지역 정체성은 지역의 주체, 즉 주민들의 삶의 테두리를 설정하는 데 중요한 코드가 되어야 하는 것은 분명하다. 초국적 기업과 세계화로 대표되는 오늘날의 세계는 역설적으로 '지역공동체'에 대한 소속감에 근거한 정체성의 요구를 증가시켰다. 이에 따라 지역들은 제각기 자기 장소의 특성을 강화하거나 부각시켜 차별된 다양한 공간을 창출할 필요성을 느끼게 되었다.

주민들의 교육 수준이 높아지고 생활양식이 다양해지는 한편으로 지역은 물론이고 각 공간에서 살아가고 있는 사람들은 자신이 사는 장소가지니는 의미가 존중되기를 바란다. 영국의 산업혁명을 이끌었던 리버풀에서는 빅토리아 시대의 건축물들이 남아 있는 거리를 보존하려고 주민들이 나섰다고 한다. 오죽하면 "대영제국은 리버풀이 있어 가능했다"는 말이 생겼을까. 리버풀의 톡스테스Toxteth 지역에 자리한 그랜비 거리Granby Street는 폐허가 되다시피 한 도시를 되살리고자 주민들이 오랜 세월 끈질기게 싸워 온 곳이다. "우리는 이곳을 더 살기 좋은 곳으로 만들고 싶었고, 사람들에게 우리가 아직 이곳에서 살아가고 있음을 알리고 싶었다"라고 주민들은 말한다. 주민들은 지금 자신이 살아가고 있는 공간이 나를 표현하고 우리를 표현해 주는 곳이기에, 그 의미가 희석되기를 원치 않았던 것이다.

오늘날의 지역은 과거의 역사가 퇴적되어 만들어진 것이다. 지역은 머물러 있는 정태적인 존재가 아니라 끊임없이 재구성을 되풀이하는 동적인 존재인 것이다. 우리가 대개 "지역에서…"라고 말하는 경우, 지역이란 장소이다. 이때의 지역이란 일반적으로 지역에 출현하는 '지역사회'를 가리킨다. 여기에서 지역사회란 사람들의 생활, 현지 기업의 활동, 물건·돈·정보의 유통을 포함한 생활공동체이다. 지역은 원래 크건 작건 간에 하나의 경제권을 형성하고 있어서 재화나 서비스의 생산·유통·소비는 지역 내에서 어느 정도 보호막 장치가 되어 있다. 우리나라도 최근에 이르러 민주주의가 성장하고 지방자치가 발달하면서 하나의 지역이 자기고유의 정체성을 획득하는 것은 지역 생존에 필요한 가장 중요한 과제의하나가 되었다.

대도시의 경우 자동차에 대한 욕망과 공간적 제약이 합쳐져서 발생하는 문제가 바로 주차공간의 확보이다. 도시를 도시답게 만드는 건 넘쳐나는 사람들과 높다란 건물들 그리고 거리를 가득 메운 차량들이다. 서울시 역시 주차문제가 얼마나 심각한지는 더 설명할 필요가 없다. 금천구 독산4동 주민자치위원회는 전봇대에 색을 입혀 갖가지 픽토그램을 그려 넣고, 공유 주차의 개념을 쉽게 이해할 수 있는 안내판을 설치했다. 또 차 걱정 없이 마음껏 뛰어놀던 어릴 적 골목길을 떠올릴 수 있도록 바닥에 '사방치기', '한발 뛰기' 그림판도 되살렸다. 주민의 마음을 움직이기 위해 전봇대마다 공유를 뜻하는 하늘색 페인트를 칠하고, '천천히', '깨끗이', '가족같이', '안전하게', '공유해요' 등의 글귀를 새겼다. 이처럼 주차문제를 해결하려면 골목과 같은 일상 공간에서 끊임없이 우리는 소통하기를 원한다.

　일반적으로 특정한 지역의 정체성은 다른 지역의 정체성과 사회적·공간적 관계를 갖기 때문에 행정구역에 국한되지 않고 자신이 차지하는 공간적 범위의 수축 혹은 팽창을 반복한다. 그것은 일정한 공간적 범위에서 역사적으로 전개되는 사회적·경제적 관계에 의해 형성되며 역동적이다. 예컨대 뉴욕 맨해튼의 '하이라인High Line'은 철로변 교통사고를 줄이기 위해 1930년대에 만든 고가철도였는데, 자동차가 교통의 중심이 되면서 차츰 쇠락하여 오랫동안 방치되어 있었다. 그런데 그 폐선 철로가 공원으로 되살아났다. 오래된 구조물 사이에 끼어든 새로운 구조물, 녹슨 레일 사이에서 피어나는 꽃과 풀, 그리고 공중에서 만나는 건물들이 어우러져 옛 정취를 유지하면서도 새로움이 가미된 공간으로 탈바꿈한 것이다.

　우리는 공간 속에서 배치되어 있다. 그 배치는 역사적·문화적 사건의 네트워크를 이룬다. 특정 장소의 정체성은 그 내부의 역사에서 도출되는 것이 아니다. 그것은 정확히 말해, '바깥세상'과의 상호작용의 특수성에 의해 더 많이 좌우된다. 이전에는 지역을 갈라놓았던 철로가 오히려 주변 지역과 사람들을 연결해 주는 수단이 되었고, 시민들은 아주 좋은 장소를 얻게 되었다. 그러기에 무언가 본질적이고 내부화된 순간으로 회귀하는 것으로 장소의 특징이 결정되는 것은 '정말로' 아니다.

이러한 점은 장소를 집으로 읽어 내는 기존의 독해와 반대되는 관점이다. 기존의 독해는 장소를 안정되고 안전한 곳으로, 경계를 재차 확정한 곳으로 상상해 왔다. 이를테면 거주지, 집, 터전은 거주민의 습관을 담은 장소이고, 거주민을 보호하는 옷이나 덮개와도 같다. 터전의 상실은 인간의 커다란 두려움 가운데 하나다. 건축학자 슐츠에 의하면 주거는 인간이 정체성을 갖기 위한 조건 가운데 하나며, 정체성을 확보한다는 것은 특정 장소에 대한 소속감을 얻고 전체 환경을 의미체로 경험하는 일이다. 이러한 방식으로 장소를 이해하려면 장소가 폐쇄된 것으로, 경계 지어진 것으로, 따라서 가장 중요하게는 경계 바깥의 타자와 부정적으로 대치함으로써 정체성을 구축하는 것으로 인식할 수밖에 없다.

자본주의가 소비문화와 함께 공간과 장소를 상품화하며 도시를 확대해 가는 사이 장소는 사라지고 있다. 어디에나 있으면서 어디에도 없는 장소를 대량생산했다. 정보화 사회의 등장으로 거리감을 잃게 되어 '지금 여기에 있다'는 감각을 빼앗긴다. 사람들은 이동성의 증가에 따라 하나의 장소에 대한 안정적 소속감을 더욱 상실하고 있다. 한 장소에서 다른 장소로 이동함으로써 혹은 그러한 경험 속에서 정체성과 소속과 관련된 언어들은 점점 더 불안정화되고 있다. 따라서 장소 정체성은 불가피하게 유동적인 수밖에 없다. 유동적인 이유는 정확히 말해 장소 정체성이 구성되는 사회적 관계 자체가 본질적으로 역동적이고 변화하기 때문이다.

그러한 추세가 세계에 반영하면서 혼성성과 디아스포라, 중심과 주변, 국경과 경계를 강조하고 있다. 광대한 지구의 땅, 그중에서도 바로 이곳에 자리를 잡고 있음이 가장 근본적인 것이다. 장소는 의미, 실재, 사물, 계속되는 활동으로 가득 차 있다. 장소와 관계를 맺지 못하면 풍토와도 무관해지고 무수한 사건들이 얽혀 있는 역사와도 무관해진다. 정체성이라는 개념의 고유한 복잡성을 고려할 때, 오늘날 정체성은 그 어느 때보다도 글로벌화된 차원에서 복잡한 양상으로 전개되고 있다.[25] 이러한 고정성의 결핍은 항상 그래 왔다. 과거는 현재보다 더 정적인 것이 아니다. 정체성은 문화적·역사적인 경험 과정을 거치면서 비로소 만들어진다. 이러한 경험 과정은 정치적으로 조작될 수도 있지만 적절한 문화적·역사적 경험이 없는 상징이나 이데올로기는 정체성을 만들어 내는 데 무력하다.

인간 상호성의 윤리, 의례

우리나라는 한 세기 동안 식민지와 전쟁을 모두 겪었고, 매우 짧은 시간 안에 GDP와 생활 수준이 극적으로 올라 선진 경제 국가의 대열에 끼어들었다. 정보기술과 바이오기술 분야에서 선도적인 위치를 점하고 있

---

25. 정체성을 인식하는 것은 오늘날 삶의 핵심적인 측면으로서 다양한 집단적 소속감을 가질 수 있는 토대가 된다. 모든 정체성은 사회적 통합과 배제의 경계를 가로지르는 관계적 표현이다. 정체성은 젠더, 연령, 민족성(ethnicity)과 같은 각각의 차이의 가닥들이 어떻게 구성되는가를 사유할 때 유용한다. 신체의 문제에서 출발하여 개인적, 사회적 정체성이 지니는 주체적 양상으로 탐구하는 경우에는 정체성과 소속이라는 관념은 순수하게 개인적인 의미뿐만 아니라 정치적, 도덕적 차원도 가지고 있음을 강조한다. 데이비드 앳킨슨·피터 잭슨·데이비드 시블리·닐 워시본 편지(2014), 『현대 문화지리학』, 논형, 이영민 외 옮김, 179~181쪽 참고.

음에도 불구하고 행복도 조사에서 경제적으로 더 어려운 나라들보다도 뒤처져 있고 자살률은 세계 전체로 보아도 가장 높은 수준을 기록하고 있다. 어두운 한 단면에서 알 수 있듯이 경제적으로 풍요로워졌더라도 사람들은 어떤 안정된 질서가 없이는 제대로 살아갈 수가 없다.

살 만한 삶의 질서를 만들려고 할 때, 경제성장이나 경쟁의 우위가 아니라 상호의존하는 전체 관계망의 범위를 어떻게 정하느냐에 따라 상당히 달라진다. 인간은 상호의존적이어서 인간적 필요와 욕구를 동료 인간에 의존하게 된다. 사람은 자신만의 관점을 벗어나 다른 관점에서 생각하고 느낄 수 있을 때에만 소통할 수 있다. 소통 가능한 사람들의 범위가 넓으면 넓을수록 대상의 가치 또한 커질 것이다. 모든 관계는 서로 영향을 주고받는 관계이다. 문제는 그것이 인간적 규모 안에서 제어될 수 있는가 하는 것이다. 우리가 특정한 질서를 신뢰하는 것은 그것이 객관적으로 진리이기 때문이 아니라, 그것을 믿으면 더 효과적으로 협력하고 더 나은 사회를 만들어 낼 수 있기 때문이다.

사람들은 서로 의존하며, 각자는 스스로 창조한 것이 아닌 세계에 의존한다. 사람은 쉽게 자기의 능력을 과신하거나 분수에 어울리지 않는 것을 요구하기도 한다. 인간의 자기 이해는 상호 주관적 관계를 통해서만 가능하다. 온갖 직업과 성향과 말과 성격의 사람들이 모여들어 살면서 누군가를 이해한다는 것은 정말로 어려운 일이다. 만일 사람들이 서로가 서로에 대하여 대항적으로for or against 존립해 있다면 그것은 순전한 함께함의 관계는 형성되지 않는다. 개인주의나 잔인한 이윤 동기보다 나눔과 배려가 우세하려면 타자와의 사이에서 필연적으로 개입될 수밖에 없는 권력관계를 항상 역전 가능한 것을 만들어야 한다. 모든 인간에게 타인과의 상호 주관적 관계는 매우 중요한 의미를 지닌다. 사실상 우리는 필연적으로 의존하는 존재들이다. 그것은 누군가에게 복종함으로써 유지되는 지배관계가 아니다. 타자에 대한 윤리적 배려를 기반으로 한 상호의존성이 성립해야 한다.

내가 돈을 많이 벌어도 이웃이 헐벗고 굶주리고 있으면 우리의 삶은 풍족한 것이 아니다. 내가 정치적으로 자유를 누리고 있어도 이웃이 억압과 압제 속에서 신음하고 있다면, 인류는 아직 자유로운 것이 아니다. 모든 것이 상호 인정되지 않고 상호 보완되지 않는다면, 우리에게는 아무것도 이루어지는 것은 없다. 우리 인간들은 서로서로 보완하고 보충하는 가운데에서만 살아남는다. 인간이 자유로워야 하는 것은 상호작용을 통해 상호 보완하고 강화하는 상호의존적 성향을 갖고 있기 때문이다.

의례와 문명화

보통의 사회에서 한 사회가 할 수 있는 정상적인 것은 인간의 상호의존성 확인이며, 그 의식儀式의 제도화 정도이다. 그것은 개인의 태도나 침묵 같은 일반적인 경의의 표시뿐 아니라, 모자를 벗거나 옆 사람을 지나갈 때의 표시와 같은 특정한 예법과 결부되어 있을 것이다. 특히 의례는 신체와 관계된 것으로서 사람이 세계와 사회에 존재하는 방법이다. 사람들이 무리를 짓거나 헤어지는 경우뿐 아니라 개인의 제스처와 자세에도 분명히 물리적 속성이 존재한다. 물론 사람들의 상호작용은 기본적으로 몸의 영역이다. 예절과 의례는 집단생활에서 중요한 소통의 수단이다. 신체의 언어는 집단의 사회관계를 협동적인 것이 되게도 하고 갈등적인 것이 되게도 한다. 이것은 보다 더 높은 행동과 삶의 방식과 같은 것은 아니면서, 그것의 바탕을 이룬다. 그보다 더 중요한 것은 높은 삶의 가능성과는 관계없이 살 만한 삶의 최소한도의 조건을 이룬다는 것이다.

개개인들은 서로 대립하지 않고 조화를 이루면서 삶을 영위할 필요가 있다. 이는 곧 나와 다른 존재와의 상보적 관계의 형성을 뜻하는데, 이를 유교에서는 대대적待對的 관계라고 한다. 대대는 "서로 대립하면서 의존하는 관계" 혹은 "상대의 존재에 의해 비로소 자신의 존재가 확인되는 관계" 등으로 규정할 수 있다. 대대라는 것은 서로 대립하는 측면도 있지만, 본질적으로 상보적 관계에 놓여 있다. 다시 말하면 서로를 견제하는 관계가 아니라 서로의 존재를 기반으로 완전을 추구하는 것이다. 다만 이들 대대적 존재는 자신에게 부여된 지위와 역할을 바탕으로 각자의 삶을 영위함으로써 조화로움을 구현할 수 있다고 전제하는데, 이를 유교에서는 분수론分殊論이라고 한다.

유교의 예禮는 사회적 상호작용의 근본이 되는 사회원리로서 공동체의 근본이념으로 세울 만하다. 예의 기본 원리는 쌍무적 관계로서 호혜적이고 협동적인 인간관계이다. 공동체의 원리란 '개인과 전체가 조화를 이루는 개념'이다. 조화란 비단 개인과 개인뿐 아니라 개인과 자연물과의 균형도 의미한다. 또한 예에서 보는 개인은 전인격체로서의 개인이 되기 위한 수기修己하는 개인이어야 하고 이 수기를 통해 기본적 행위규범들을 완전히 내면화한 이후 그 남은 여력으로 사회참여를 하는 개인이어야 한다. 이 예의 원리 속에도 '나'를 성찰하는 과정, 즉 조화된 인격체로서 오로지 자기를 수련해서 자기를 살리고 자기를 드러내어 자아를 구현할 수 있어야 한다.

물론 이 '나'는 '나' 혼자만으로 존재할 수 없다. '나'는 항상 타자지향적이며 '타자'와의 관계 속에서 그 의미가 구현된다. 중요한 것은 상호의 존성의 공동체가 구체적으로 우리 주변에 존재해야 한다는 것이다. 또 이 것은 우리가 살아가는 데 필수적인 조건이다. 단지 이것은 사회의 거대한 테두리, 역사적 과정과 권력체계와 의식의 확산 속에서 생기는 것이면서, 또 그것에 의해 파괴된다. 그것은 큰 사회과정의 자비에 의존하면서, 그것으로부터 독자적으로 주제화되고 방어됨으로써 존재한다. 이를테면 예를 실현하는 공동체는 타자에 대한 믿음이 전제가 되어야 한다. 다시 말해 공동체 형성은 주체들 간의 신信이 전제되어야 한다. 불신의 심리적 상태가 팽배한 우리 사회에서 예의 공동체 이념을 현실에 체화시키는 일은 지난한 과제일 수밖에 없다.

엘리아스에 따르면, 서구 근대화의 한 측면인 문명화는 사람이 상호의존하는 삶의 방식을 만들어 내는 과정이라고 한다. 그의 생각에 근대화란 합리적 정신의 역사적 대두이며 그에 따른 산업 사회의 형성이다.[26] 문명이라는 말은 미개인이 존재한다는 관념과 쌍을 이루기 때문에 그다지 내키는 용어가 아니다. 그것은 탁월성, 세련미 등 우리가 생활에서 가치 있게 여기는 중요한 성취들이 결여되어 있는, 다른 이들은 못 가지고 우리만이 가지고 있는 그 무엇이다. 게다가 우리는 타인에게 문명을 가져다 준다는 것이 무엇인지 식민지 경험을 통해서 알고 있다. 그러나 엘리아스의 문명화는 상호의존적인 삶에서 우리가 거리를 둘 수 있게 해 주는 소통 및 삶의 형식들을 발전시키는 것이다.

그는 사회를 다수 개인들의 다양한 상호의존과 결합 관계 그리고 그

---

26. 엘리아스가 문명화 개념으로 말하고자 한 것은 근대화 과정이 사회의 변화뿐만 아니라 인간의 변화라는 사실이다. 또는 달리 말하여 근대화는 사회와 인간의 동시적 형성을 의미하는 것이다. 엘리아스의 역점은 근대적 인간, 그의 말로 "문명화된 인간"의 형성에 주어진다. 서구에 있어서 근대화는 인간과 사회의 동시적 변화이며, 이 동시적 변화는 여러 의미에서 근대화의 공간이 사람의 내면적 요구와의 상호 연관 관계에서 발전되어 나온 것이라는 것을 말하여 준다. 뿐만 아니라 근대적 인간의 기초가 된 것은 구체적 의미에서의 인간 상호의존의 인지 결과라는 사실이다. 오늘날 서양이 대체적으로 선진국이라는 특권적 위치를 누리고 있는 것은 문명화의 긍정적 부정적 결과를 아울러 거두어들인 결과이다. 김우창(2000), 『정치와 삶의 세계』, 삼인, 66~72쪽 참고.

들의 다양한 상호작용의 합으로 파악하고 있다. 그의 문명화는 상호작용과 그 형식이라는 개념에 의하여 사회와 개인을 하나의 더 높은 차원에서 종합하고 있다. 문명화의 상호작용을 이끄는 맥락은 다분히 그 사회의 시·공간적, 역사·사회적 맥락이다. 이렇게 전개되는 문명화는 한 공동체 사회 집단의 역사를 통해 문화의 형태로 존재하게 된다. 이 같은 사회적 산물로서 문명화는 개인들 간의 상호작용을 통해 점차 개인 내로 내면화되면서 개인적으로 재구성되고 개인은 외부 세계에 적응하게 된다. 이때 상호작용을 가능케 하는 기제가 언어와 같은 상징적 도구이다. 문명화의 상호작용은 합의라는 공동의 가치를 지향하고 있다. 문명화 과정의 최종적 표현으로서—사실 이것은 중세 말에서 근대 초에 이르는 때의 예이지만—엘리아스가 궁정적 예절, 귀족의 예절 또는 시민적 예절을 일컫는 것이다.

서구 중세의 결합 관계에서는 폭력은 일상적 현상이기도 했다. 중세의 가장 중요한 생산수단인 토지는 각개 봉건 영주의 무기를 수단으로 하는 무력적 전투 능력에 의하여 획득되고, 유지되며 관리되었다. 다시 말해서 중세의 중요한 사회통제 기제는 바로 폭력에 있었다. 이는 타자에 의하여 외적으로 강제된 통제와 다름없다. 엘리아스의 말을 빌리자면, "그들의 중세적 선조들과 대비해 볼 때, 르네상스 시기부터 유럽 사회의 구성원들은 보다 높은 자기의식의 단계로 진화해 왔다"는 것이다. 그는 자기의식의 진화를 "모든 다른 개인들로부터 독립하여 개인으로 존재한다는 느낌"이 발전되고 확대되는 것으로 규정한다. 한편으로 자기의식이 진화해 왔다는 것은 사람들 간의 교류 형식이 변화했다는 것을 의미하기도 한다. 자기 자신에 대해 보다 더 의식을 하도록, 타자와 자기 사이의 경계를 더욱 강화하도록 사회가 재편되었다는 뜻일 수 있다.

절대군주의 출현과 동시에 궁정 사회가 형성되고, 절대군주의 지배하에서 물산이 집중화되고, 사회적 기능의 분화가 일어난다. 이러한 분화는 사회 내에서의 인간의 상호의존 관계에 대한 의식을 가져온다. 특히 17~18세기의 궁정 사회는 상호의존적으로 연결된 인간들의 사회적 결합체의 특정한 표현인 것이다. 새로운 엘리트 사회 공간은 예의범절과 인류애에 의해 유지되고 보존되며 문명성의 주된 기호는 평온, 화합, 합의, 연대감, 우애이다. 사회의 조화와 전체적인 평화를 장려하는 덕목들에는 문명성뿐만 아니라 예의범절, 친절, 공손, 온화, 인류애도 포함된다. 문명성은 예절사회로 진입하면서 감수성의 윤리를 만들어 냈으며 여전히 화합을 빚어내고 사회관계를 편안하게 만든다는 목적을 지향했다.

따라서 근대적 인간이란 사회적 상호의존을 내면화한 것이고, 또 거꾸로 새로 형성되는 인간은 이 의존관계를 사회 공간으로 만든 것이다. 물론 상호의존의 공동체는 역사적으로 부르주아만의 것이고, 또 서구 국민국가의 테두리 안에서의 것이었다. 또 이 공동체는 외부에 존재하는 타자에 의하여 정의되는 경우가 많았던 만큼, 그 자체가 폭력적 투쟁의 생성자가 되었다고 할 수 있다. 그럼에도 불구하고 적어도 상호지향적이며 상호의존적인 공간으로서의 사회 이념은 추상적이 아니라 생활의 틀로서 존재하는 것처럼 보인다.

상호의존적인 공간을 유지하는 데 필요한 기술skill이 있다. 리처드 세넷Richard Sennett에 따르면, 의례는 상징적 교환을 구축하는 한 가지 방식이다. 행동의 조율을 통해 삶을 의미화하는 사회적 행위가 의례ritual인 것이다. 의례는 강력한 사회적 연대를 확립하며, 거의 모든 인간 사회가 협력과 경쟁의 균형을 잡기 위해 사용하는, 성능이 확인된 도구를 갖고 있다. 예를 들면 종교에서의 의례는 교의와 동등하게 중요한 것으로 보고,

신자들의 공동 행위로서의 의례는 신자집단의 연대에 대해서 효용을 가진다고 한다.

터너Victor Turner는 의례를 사람들이 사회생활을 하는 데 최소한의 응집력이 존재하도록 맺고 있는 관계들의 주기적인 재확인이라고 보았다. 즉, 의례의 기능은 한 집단의 사회적이고 공동체적인 정체성을 확립시키고, 그것의 특징을 정의내리는 것이다. 우리는 특정 언어로 된 시민적 교제, 즉 공적인 일을 수용하게 된다. 그래서 의례적인 영역은 한 사회의 문화적 중심 부분이 되면서 지배 이념과 가치를 표현하고 이것에 의미를 부여하는 것이 된다.

정치공동체의 균형 감각과 양식

공동체는 공동의 의례 관행에 참여하고 상호 교환함으로써 창출된다. 그것들은 자기 선택적인 만족들을 추구하고 자기 선택적인 행위들을 수행하기 위해 승인되어야 할 행위규범들을 처방한다. 의미를 가진 행위가 의례의 의식을 수반하지 않는다면 그것은 의미를 상실한다. 그런 의미에서 의례행위는 지적인 행위이다. 민주주의 공동체에서 이 의례와 관행들은 개인을 억누르지 않는 질서와 안정성을 제공한다. 이 시민적 교제 규칙들을 가지고 서로 다른 공동체들 사이에서도 공동의 정치적 정체성을 창출할 수 있다. 이러한 형식의 정치적 공동체는 공동선이라는 실체적 관념이 아니라 공동의 유대, 공동의 관심사에 의해 결합되어 있다.

그것은 규정된 형식이나 유대 없이 끊임없이 새로 제정되는 공동체다. 따라서 권력·법·지식은 근본적인 불확실성에 노출되어 있다. 다시 말하지만 이것은 어떤 실체적 공동선도 불가능하다는 뜻이다. 이는 또한 롤스 J. Rawls가 다음과 같이 지시하는 바이다. "한 공동체가 어떤 일반적이고 포괄적인 교리를 긍정하면서 결합된 그런 정치적 사회를 의미한다면 우리는 그런 정치공동체에 대한 희망을 포기해야 한다."

정치공동체에의 개인들의 참여는 기계적으로 부과되지 않는다. 의례는 풍부한 표현을 담아내는 협력이 제대로 이루어질 수 있게 해 준다. 그것은 신분질서의 해체와 밀접한 관계가 있다. 좀 더 정확히 말하면 사회적 의례, 즉 개인들이 신분과 무관하게 동등한 자격으로 참여하는 집단적 의례 및 상호작용 의례가 신분적 의례를 압도할 때이다. 종교에서, 작업장에서, 정치에서, 공동체 생활에서 표현력 풍부한 협력을 가능하게 하는 것이 의례인 것이다. 제대로 조성되고 잘 발달된 의례의 문명하에서는 자신의 고유한 목표들과 열망들을 지니고 그에 대한 정당한 보상을 지키려는 그런 개인은 존재 가능하다.

이를 위해 우선 사회 안에서 갈등하는 힘들과 이해관계에서 어떤 균형 상태가 성사되어야 한다. 인간의 실존 조건은 인간 의식의 가장 기본적인 형태인 감각 속에서 이미 드러나기 시작하는 것일 것이다. 균형과 조화에 대한 감각은 인간 존엄성을 표현하는 수단 가운데 하나다. 그러나 그 모든 것들이 일률적으로 똑같은 것은 아니다. 가까이서 들여다보면 제각각의 모습에 혼란스러울 수도 있다. 균형 감각을 이루는 요소들은 무엇이며 이것과 관계를 맺고 있는 것들에는 무엇이 있을까?

균형 감각에서 일어나는 것은 말하자면, 일종의 존재론적 이해이다. 모든 존재—특히 생명을 가진 존재가 그 나름의 독자성을 가지고 있다는 이해는 존재의 직접성에 대한 직관이면서 동시에 존재의 존재 방식에 대한 총체적 이해이다. 바꿔 말하면 우리는 존재 자체로 목적이 되거나 또는 존재 안에 목적을 담은 자기 목적적 존재로 받아들여지고자 한다. 그렇지 않을 경우 단순히 불쾌한 정도를 벗어나 무시받는 대상이 된다거나 더 나아가 짓밟힌다고 느끼게 된다. 우리는 이것을 존엄성을 앗아가려는 시도로 체험한다.

'근대세계로의 대전환'은 한마디로 시장의 출현이며 시장의 원리 속에 삶과 체제가 편입되는 과정이었다. 자본주의 시장경제는 모든 사회적 관계를 시장의 가치로 환원시킴으로써 실제로 우리는 분업과 교환으로 살아가고 있는데, 그것은 타자를 수단으로 삼기 마련이다. 균형 감각에는 칸트의 윤리적 명제의 기본이 들어 있다는 것이 틀림없다. "모든 개인은 그 자체가 목적인 것으로 대접해야 한다"라는 칸트의 명제는 모든 사람이 직관적으로 알 수 있는 보편성을 가진 윤리적 명제이다. 예컨대 자본가(경영자)는 노동자에게 일을 시키고 불황이 되면 해고한다. 노동자는 농노나 노예와 달리 '자유'롭다. 노동자와 자본가의 관계는 '자유로운' 계약의 관계이다. 그러나 임금노동자는 그저 수단에 지나지 않는다. 그들은 '목적(자유)'으로 다루어지지 않는다.

칸트의 도덕성 원칙과 같은 정의의 규범들은 행위자들이 고수하는 특정한 가치와 무관하다. 그 의미는 '좋음에 대한 옳음의 우선성', 다시 말해 개인에게 허용된 여러 가치관들을 넘어서는 옳음 및 기본 자유의 틀이 있을 것이라는 점이다. 인간은 단순히 이용당하는 존재가 되길 원하지 않는다. 내가 아닌 타인이 정해놓은 목적을 달성시키기 위한 수단은 되고 싶어 하지 않는다. 모든 개인은 수단이 아닌 목적 그 자체로 간주되어야 한다. 실제로 공리주의 이론에서 개인은 일반 이익의 최대화를 위한 계산단위에 불과하다. 요컨대 우리는 존재 자체로 목적이 되거나 혹은 존재 안에 목적을 지닌 자기 목적적 존재로 받아들여지고자 한다. 따라서 그러한 문화적 가치 유형들이 행위자들을 다른 사람들과 더불어 동등하게 사회생활에 참여할 수 있는 능력이 있는 동료들로 간주하여 그런 경우 우리는 상호인정에 대해 말할 수 있다.

우리는 단지 물질적 환경 속에서만 살아가는 것이 아니라, 사회적 환경 속에서도 살아간다. 인간은 가장 사회적인 동물이기에 타인에게 호의를 베풀고 강력한 사회적 공동체를 구성했다. 그리하여 타인에게 관심을 기울이는 보편 지향의 사회적 실천을 수행해 왔다. 우리의 모든 행동은 공간 속에 전파되어 먼저 자신에게 그리고 주위 세계에 직접적이든 간접적이든, 좋든 나쁘든 어떤 결과를 미치게 되기 때문이다. 그런 결과를 예견하고 가능한 한 많은 부분에서 가장 좋은 결과를 많이 낳는 쪽으로 선택하는 것, 이것이 양식bon sens[27]의 임무다. 양식 역시 일종의 감각sens이다. 다른 감각으로는 우리가 사물과 관계를 맺는 데 비해, 양식으로는 다른 사람들과 관계를 맺는다. 관계는 존재의 기본 형식이다. 모든 인식은 그 대상과 자기가 맺고 있는 관계를 발견해 내는 것에서부터, 즉 관계를 자

---

27. "양식은 이 세상에서 가장 공평하게 분배되어 있는 것이다. 왜냐하면 누구나 그것을 충분히 갖추고 있다고 생각하며, 다른 일에 대해서는 결코 만족하지 못하는 사람들마저 양식에 대해서는 현재 가진 것 이상을 바라지 않기 때문이다. 이러한 점에 관한 한, 모든 사람들과 생각이 잘못되어 있다고는 할 수 없을 것이다. 오히려 이것은 누구나 올바르게 판단하고 참과 거짓을 구별하는 능력을 평등하게 갖추고 태어난다는 증거이며, 이 능력이야말로 바로 양식 혹은 이성이라는 이름을 붙일 수 있는 것이다"라고 데카르트는 가장 명백하게 말하고 있는 것이 양식이다. 여기에서 양식은 "누구나 태어나면서 평등하게 갖추고 있고", "올바르게 판단하고 참과 거짓을 구별하는 능력"이며, "이성"이라고도 부를 수 있는 것이라고 하고 있다. 이것이 양식에 대한 고전적인 이해 방법이다.
양식은 한편으로는 본능과 구별되고, 다른 한편으로 과학과 구별된다. 그 점에 대해서 이러한 파악 방식을 좀 더 추적해 보기로 하자. 과학은 어떤 경험적 사실도 무시하지 않으며, 어떤 추론 결과도 소홀히 하지 않는다. 과학은 모든 영향의 작용을 계산하고, 원리에서 나온 연역을 마지막까지 밀고 나간다. 이에 비해 양식은 선택한다. 양식은 몇몇 영향을 무시할 수 있는 것으로 간주하고, 지나치게 냉엄한 논리 때문에 실재의 미묘함이 없어지는 바로 그 분분에서 원리가 더 이상 발전하는 것을 가로 막는다. 갈등하는 사실과 이성 사이에서 선택이 이루어지게 한다. 즉 양식이란 본능보다 위에 있고 과학보다 아래에 있다. 양식이란 주의하여 삶의 의미를 향하고 있을 때의 주의 바로 그 자체라고 할 수 있다. 나카무라 유지로(2003), 『공통감각론』, 양일모·고농호 옮김, 민음사, 148~151쪽 참고.

각하고 관계를 만들어 내는 것에서부터 시작한다. 그런데 '사람과의 관계' 가 인식의 근본이다.

우리는 태어날 때부터 생존과 배움을 위해 우리를 돌봐 주는 사람들에게 의지한다. 어린아이들은 성장과 발달과정에서 가족 구성원과 교사와 친구들에 의해 공유하고 전달되는 광대한 양의 경험에 의존한다. 어떠한 상호작용 속에서도 우리는 공감하고, 나누고, 고마움의 표현을 갖고, 우리를 한데 묶는 이야기를 할 수 있다. 여러 가지 세상일을 접하다 보면 우리는 결단을 내려야 하고 모든 세부를 보지 않고도 전체를 파악해야한다. 그때 우리가 의지하고, 우리의 망설임을 없애 주고 곤란을 타개하는 권위가 바로 양식이다.

양식은 언제나 깨어서 활동해야 하고, 새로운 상황에 끊임없이 순응하게 하는 사회적 판단력이다. 그것은 참과 거짓에 대해서 엄밀한 증명이나 결정 수단이 되는 실험보다 훨씬 앞선, 정밀하고도 교묘한 예감이자 직관이다. 아우슈비츠에 대한 증언자들의 말을 듣다 보면, 아우슈비츠를 운영하고 범죄에 가담한 사람들이 보통 사람이었다는 사실에 절망한다. 불행하게도 그것은 일부 괴물들에 의해서 자행된 것이 아니었던 것이다. 우리가 위선과 위악으로부터 벗어나려면 양식을 갈고닦아 서로 나누어야한다.

사회적 판단력으로서 양식은 삶의 의미에 대해 질문하면서 사고와 행동을 결합시키지만, 반드시 가지고 태어나는 것은 아니며, 공정한 정신에 기초를 두고 있는 것을 가리킨다. 그것은 더 넓은 경험 속에도 없고, 잘 정리된 기억 속에도 없으며, 정확한 연역 속에도 없다. 양식은 무엇보다도 사회 진보의 도구이며, 자신의 힘을 공정한 정신에서만 이끌어 내는 것이다. 왜냐하면 양식은 과학처럼 보편적인 진리를 겨냥하는 것이 아니라 그때그때의 진리를 겨냥하며, 결정적인 정당성보다는 끊임없이 갱신되는 타당성을 바라기 때문이다.

양식이란 행동에 대해선 이성적 성격을 부여하며, 사상에 대해서는 실천적 성격을 부여한다. 양식에는 사고를 요하는 것과 행동을 요구하는 것 사이의 융합이 있으며, 양식에서는 이 둘이 긴밀하게 일치되어 있다. 이런 사회적 실천은 이방인, 친구, 직장 동료, 가족 사이의 상호작용에서 유용하다. 그리고 다른 사람을 해하기보다 도움을 줘야 한다는 생각이 우세한, 최대 선을 추구하고자 하는 공동체 구성원들 사이의 상호작용에서도 유용한다. 이러한 사회적 실천은 우리가 그것을 행사하는 대상에게 이로움을 안겨 줄 뿐만 아니라 그 자체가 하나의 보상이다. 이러한 의미의 양식은 특별한 의미의 상식common sense에 매우 가깝다.

의례의 무목적성

의례와 같은 의사소통을 기반으로 문화는 사람들이 공유하는 다양한 상징들로 공동체를 결속시키는 일반화된 습관을 만든다. 다시 말하면, 문화는 의미와 가치에 의해서 표현되는 공유된 삶이다. 상류사회의 경우를 보더라도 구성원은 예절이라는 어떤 공통된 제약 안에서 매우 다양한 수준으로 사람들에게 말하는 법을 배운다. 이를테면 영국의 튜더 왕조 치하에서 본질적인 변화가 일어났다. 튜더 왕조는 장미 전쟁에서 왕국을 황폐하게 했던 구舊 전사계급의 잔존 세력들에 대응하는 새로운 관리귀족service nobility을 발흥시켰다. 새로운 사회성의 모델이 필요했고 새로운 젠틀맨gentleman이 주로 필요로 했던 것은 통치 권력에게 조언을 해 주고 상대를 설득하는 것이었다.

우리가 말을 거는 양식mode of address은 청자와 맺고 있는 관계에 관해 중요한 사실을 알려 준다. 이 행동에는 힘이 실려 있다. 이 관계 속에서 그들이 서로 어떤 위치에 있어야 하는지에 대한 모종의 이해도 있다. 자기표현, 수사학, 설득, 우정을 얻기, 멋지게 보이기, 조정하기, 호감 주기와 같은 능력들은 사람들이 사건과 행위, 대상이나 발언, 그리고 생활들을 독특한 방식으로 인식하고 이해하도록 만드는 새로운 종류의 사회 공간, 새로운 유형의 사회성의 '실재의 구성 과정a process of reality construction'인 것이다.

프랑스에서는 그러한 과정이 훨씬 더 길었고 더 많은 갈등을 낳았다. 특정한 문화에 의해 이루어지는 새로운 사회성의 특정한 해석들은 우리에게 일정한 '규칙' 혹은 '모델'을 제공하는데, 그것이 없으면 어떤 인간도 일상적인 의미에서 볼 수가 없다. 문화는 의사소통의 활동이다. 미국의 심리학자 조지 허버트 미드George Herbert Mead에 따르면, 모든 인간은 다른 사람의 생각과 행동, 그리고 의도를 판단하기 위해 그 사람의 역할을 떠맡아 적절한 대응 방법과 문화적 조율을 통해 역할을 다해야 한다고 주장했다. 정화열에 따르면, 현상학의 발견 가운데 논란의 여지가 없는 최초의 두 가지는 생활세계life-world와 삶을 살아가는 육체이다. 집단생활에서 중요한 의사소통의 수단이 바로 예절이고 의례이다. 의례는 신체적 행동을 나타낸다. 군대에서 상급자와 하급자 간에 이루어지는 경례라든지 학교에서 교사와 학생 간의 인사와 같은 의례이다.

의례란 우선 말없이 제스처로 표현되는 행동들이라고 파악할 수 있다. 의례는 시작과 끝이 있는 신체의 움직임으로서 정돈되어 있으며 참가자들에게 일정한 위치를 부여한다. 그리고 의례라는 일상적 사회적 상호작용 속에 드러나는 감정 표현에 주의를 기울임으로써 우리는 다른 사람이 어떻게 느끼는지 이해한다. 다른 사람의 감정 표현에 주의를 기울이는 것은 상대를 존중하며, 원활하고 생산적인 사회적 상호작용을 가로막는 골치 아픈 오해와 갈등의 소지를 없애는 것이다. 따라서 감정 표현이 함의하는 정보와 그것이 유발하는 반응 그리고 동기부여를 통해 우리의 일상적 상호작용의 틀은 만들어진다.

근대화와 더불어 신분질서가 해체됨에 따라 공적 공간에서 동등하게 상호작용할 권리를 얻게 된다. 의례적 평등의 원칙이 그것이다. 내가 너에게 인사하면, 너도 나에게 인사한다는 것과 같이 의례 교환의 대칭성을 통해 확인된다. 신분적 카테고리로 구별되었던 사람들이 이 사회의 동등한 구성원으로서 서로가 서로에게 갖는 의례적 의무와 권리를 재규정하는 것이다. 의례는 행동을 분절화한다. 이 행동의 분절화는 상하 관계나 위계질서를 구성하는 쪽으로 움직인다. 공간 내에서의 움직임을 통한 이러한 인간 행동의 양식화는 일단은 인간 생활의 기본 요건인 사회적 마찰을 완화하는 데 기여하는 것은 틀림없다.

놀랍게도 권력은 사회적 삶의 일상적 행위에서도 찾아볼 수 있는 것이다. 다른 사람들에게 영향을 미칠 수 있는 능력은 사람들이 얽히고설킨 연결망에 좌우된다. 사람들을 한데 결속하고 모두에게 최선의 이익을 가져다주는 단순한 행위 속에도 권력은 깃들어 있는 것이다. 아렌트는 권력이란 "타인들로 하여금 공동체적 행동을 하도록 만드는" 능력이라고 했다. 미셸 푸코도 이에 동의할 터인데, 그 역시 권력이란 "그물망 같은 조직 내에서 채택되어 사용되는 것"이라고 주장한다. 권력이 일상적 행위와 한데 엮여 있다는 사실을 안다면 권력이 항구적이지 않은 이유를 이해할 수 있다. 내가 미칠 수 있는 영향력이란 우리가 어떻게 행동하느냐에 따라 유동적이기 때문이다.

성숙한 윤리적 의례는 근본적으로 공공연한 폭력이나 값싼 협상을 배제하면서 갈등적인 행동들을 해결하는 것을 목표로 한다. 그것은 상호이해에 도달할 수 있는 꾸준한 행동을 전제로 한다. 악수하는 목적은 다른 사람의 피부 촉감을 느끼기 위한 것에 그치지 않는다. 영국의 인류학자 파킨은 "의례는, 그것의 수행의무의 지시적 성격 또는 강제적 성격을 의식하는 일군의 사람들에 의해 수행되는, 공식적 공간성이다"라고 했다. 의례는 일정한 공간에 모인 사람들이 그들의 움직임을 통해 공간을 일정한 구조를 갖는 것으로 조성해 낼 때 발생한다. 의례는 언제 어디서나 행하여지는 행위가 아니다. 성찬식의 빵과 포도주, 혹은 유월절 만찬의 음식은 영양가 있는 음식 그 이상의 무엇이다. 의례와 예술, 특히 연극과의 유사성이 커서, 명확한 선을 그을 수 없다고도 한다. 의례에서 자신을 연기하는 것은 자신을 표현하는 것이다. 이때 사람은 역으로 표현된 자신의 상에서 영향을 받으며, 자신을 변화시키는 계기를 얻는다.

현대인은 자신의 실존적 상황을 감추고 어빙 고프먼이 말하듯 자기 과시나 위장이 요구되는 자아 연출의 사회에서 살아간다. 자아 연출의 의식이 진행되는 동안 사람들은 자신들의 원래 성격을 보여 주고, 그들 자신으로서 말해야 한다는 부담에서 벗어난다. 그러나 의례에는 자아 연출뿐만 아니라 자기 수행이 동반되어야 한다. 자기 수행은 목적 없이 행위 그 자체가 될 때 구현된다. 엄밀히 말하면 의례는 목적을 가지지 않는다.

다시 말해 자기 수행의 의례는 무목적이며 비의도적인 일종의 강제력이다. 벤야민은 두 가지의 강제력, 즉 신화적 강제력과 신적 강제력을 구분한다. 법으로 대표되는 신화적 강제력은 끝없이 재생산되는 맹목적 강제력이라고 한다면 신적 강제력은 여하한 목적에서 벗어나 있는 그야말로 순수한 강제력이라고 할 수 있다. 외교 관계는 갈등을 어떤 규약 이상으로 상호믿음에 기대어 평화적으로 해결하고자 한다. 그 점에서 그것은 목적과 수단의 도식적인 틀에서 벗어나 진실한 관계를 성취하려는 신적 강제력이라 할 수 있다.

의례의 강제력 역시 목적-수단 도식 혹은 법과 같은 규범이나 이 규범이 유래한 신화적 강제 형식과는 다른 신적 강제력이다. 적어도 벤야민의 맥락에서 보면, 인간의 법이란 기껏해야 통제하고 관리하고 억압하고 제한하면서 피의 희생을 요구하는 권력의 놀이에 불과하기 때문이다. 신적 강제력은 사회적 기관에 의해서가 아니라 오직 공동체 안에서 자연스럽게 나타나는 것이다. 통과의례의 경우—가령 탄생의 축하, 성년식, 결혼식, 장례식 등의 통과의례는 인간이 새롭게 태어나 다른 존재가 되는 경험을 사회 전체에 알리고 또한 그 자신이 자각을 강하게 하는 기능을 지닌다. 통과의례는 오랜 세월 동안 사람들이 가장 극적으로 새로운 존재가 되는 경험을 하도록 도와주었다. 그런 점에서 자기 수행을 위한 의례의 강제력은 더 이상 통제하거나 관리하는 것이 아니라 섭리이다. 예를 들어 아이들의 잘못된 행동을 벌주는 부모나 교사의 의지는 교육자적 강제력의 자연스러운 표명이라고 할 수 있다. 따라서 교육영역에 법적 범주가 들어오는 것은 이 교육영역을 도구화할 수 있기에 바람직한 것이 될 수 없다.

과르디니Romano Guardini는 어린이의 놀이와 예술가의 창작에서 신성한 의례의 무목적성을 발견한다. "놀이에서 어린아이는 무엇에도 도달하려고 하지 않는다. 어린아이는 목적을 알지 못한다. 그의 어린 힘이 작용할 때 움직임과 말과 행위의 목적 없는 형태 안에서 어린아이의 삶이 자라는 것이지 완전히 자기 자신이 되려는 것이 아니다." 스웨덴의 유아교육 연구 「OHP 프로젝트」에 따르면, 1.5세에서 2세에 걸친 아이들의 행동발달과정에서 의례가 등장한다. 아이들은 OHP 프로젝터의 기계에서 일어나는 일과 벽에 나타나는 결과 간의 관계에 관심을 갖기 시작한다. 아이들은 우연히 다른 아이의 움직임과 스크린에 나타난 그림자의 관계를 발견한 후 "유령이다, 유령!"이라고 외치며 발견의 기쁨을 표현한다. 그것은 마치 춤을 추는 원시적이고 자기도취적인 의례라고 할 수 있다. 교사들은 아이들이 기계를 가지고 무언가 하면서 기계 주변에서 일종의 의례와 같은 것을 행하고 있다는 것을 관찰하게 되었다. 아이들은 항상 역할놀이 의상을 입고는 의례를 시작했다. 아이들은 꽤 많은 시간 동안 협상했고, 모두 자신이 입은 의상에 만족해야만 비로소 활동을 시작했다. 아이들은 줄곧 다른 것을 가지고 왔고 모두가 함께 탐구한다는 것을 중요하게 여겼다.

의례는 어떤 특정한 효과에 도달하기 위해서 적용될 수 있는 수단이 아니라 적어도 어느 정도까지 목적 그 자체다. 의례는 외부에 놓여 있는 어떤 목적에 도달하는 과정이 아니라 삶에 깃든 세계다. 이것이 중요하다. 에티오피아의 한 마을에서는 가뭄에 기우제를 위하여 처녀들이 높은 언덕에 올라서 마치 지금 비가 내리듯 기뻐 춤추며 뛰논다. 여기서 춤이 지향하는 목적성을 생각하기보다는 위기 속에서 그 춤이 갖는 의미를 생각해 볼 필요가 있다. 진정한 기우제 의례는 의례 자체가 삶의 위기를 극복하는 목적이 되고 있음을 보여 준다.

사람들을 매개하는 신체의 언어는 집단의 사회관계를 협동적인 것이 되게도 하고 갈등적인 것이 되게도 한다. 그리고 의례를 관찰한 인류학자들이 말하듯이, 의례는 사회의 상징적 조직을 직접 몸에 각인하는 수단이기도 하다. 의례는 그것이 상징적으로 코드화된 신체의 움직임일 경우 어떤 역사적이고 문화적인 맥락에서 행해진다. 사회는 의식으로 내면화되기 전에 신체에 각인된다. 이것은 지금도 그러하지만, 전통적 사회에서 특히 그러하다. 이렇게 하여 문화는 근본적이고 필수적인 우리 삶의 재생산 과정의 일부로 새롭게 이해되게 된다. 듀이는 문화를 공동생활의 양식이라고 하면서 그것은 대체할 수 있는 하나의 대안이 아니라 더불어 함께하는 '사회생활 그 자체'에 대한 관념이라고 말한다.

의례에는 매년, 세대마다, 가족마다, 개인마다 그 의례를 행하고 추체험할 것을 요청하는 전승된 사회 형식이 들어 있다. 사람들은 가족, 학교, 공동체, 정치에서 의례와 의례화 과정에 참여하고 그것을 지각한다. 또 그지각 속에서 추체험하는 가운데 그것이 지니는 가치, 태도, 행동의 요소들과 함께 그 과정을 장면으로 연출한다. 그리하여 그것을 자신의 관념세계로 옮겨오고, 그 관념 세계 속에서 그 과정이 영향력을 행사한다. 의례는 문화적 세계를 만들어 내고 유지하며 변화시키는 데 필요한 역동성을 관찰할 수 있게 해 주는 "창문"과 같은 역할을 한다.

제도와 예술의 인간적 구성

우리는 삶을 일상적 세계로 받아들인다. 일상적 삶 속에서는 이 세계를 주제화하거나 깊이 의식하지 않는다. 일상적 세계는 두드러져 우리에게 나타나지 않는다. 단지 느낌 속에서 그림자처럼 주어져 있을 뿐이다. 그렇다고 이 일상적 세계가 원초적이고 본능적인 세계라는 것은 아니다. 일상적 세계는 문화적 세계이고, 이것이 고차원적이건 저차원적이건, 모든 인간은 이 속에 젖어들어 자연스럽게 살고 있는 것이다.

사람들은 일상 안에서 개인적으로든 집단적으로든, 혹은 생리적으로든 사회적으로든 다양한 기능을 수행한다. 일상성은 원초성과 일치하지 않는다. 오히려 일상성은 우리가 고도로 발달하고 분화된 문화에서 움직일 때, 그리고 바로 그럴 때의 우리의 삶의 방식이다. 우리들은 생리적이고 물리적인 요소들만을 바탕으로 세계를 인식하거나 해석하고 추리하지 않는다. 자신이 속한 사회에서 배우고 익힌 문화도 세계를 이해하는 중요한 틀로 작용한다. 많은 사람에게 더 관심이 있는 것, 또 중요한 것은 우리의 매일매일의 생활을 원활하게 해 주는 물리적·사회적·제도적인 그 무엇이다. 이것은 구체적인 하나하나의 삶에 개입하는 총체를 지칭한다.

신자유주의적 세계화 추세 속에서 개인들의 삶의 조건들이 박탈되고, 함께 어우러져 살아갈 수 있는 기회를 상실하고 있다. 동시에 사람들이 자신의 처지를 개선하기 위해 사회적 문제, 모순을 해결하고, 문제를 정치로 풀 수 있는 상태는 악화되고, 오히려 이를 시장의 논리로 대체한다. 그러다 보니 우리에게 유일한 화두는 좀 더 잘 먹고사는 것뿐이라는 점이다. 먹고사는 것 이외에 공동으로 추구하는 가치가 전무한 공동체를 정치공동체라고 부를 수 있을까? 현재의 상태를 대체할 새로운 공동체는 어떤 제도로 구성될 것인지 그리고 그것을 실현할 주체 내지 행위자는 누구인지 아직 우리는 제대로 파악하지 못하고 있는 것 같다.

통치양식으로서의 제도

사람들의 일상생활은 선택의 연속이 아니라, 기존에 해 왔던 방식, 즉 관행routines의 연속이다. 서로 다른 사회는 당연히 서로 다르게 발전하고, 서로 다른 속도로 발전하기 마련이다. 지금껏 지속되어 온 삶의 흐름이 갑자기 끊어지는 급격한 변화가 일어나지 않는 한, 우리는 자신들이 가지고 있는 이러한 관성을 의식하지 못한다. 인간의 활동은 습관화habitualization되기 쉬우며, 반복되는 행위는 하나의 유형이 된다. 이 습관화는 제도화의 기초이다. 제도화의 과정은 인간 행위가 유형화되고 습관적으로 반복되는 데서 시작하는 것이다.

제도화가 이렇듯 인간 교섭의 결과로서 인간의 산물이라는 것을 기억하는 것이 중요하다. 우리가 사는 환경의 중요한 부분이 인위적으로 구성된 것이라는 점은 새삼스럽게 말할 필요가 없다. 자신을 위한 세계를 건설하지 않는다면 인간은 삶을 영위할 수 없다. 내가 태어나기 전부터 이 세계가 존재했다 하더라도, 이 세계는 인간에 의해 만들어진 세계이다. 그래서 인간과 인간이 살아가는 세계와의 관계는 개방성openness에 의해 특징지어진다. 이는 다른 사람과 지속적으로 상호작용하고 의사소통하지 않는 한 내가 존재할 수 없다는 것을 의미한다. 그래서 제도화는 바로 인간학적 필요성인 것이다.

끊임없이 변화하는 역사의 과정은 인간의 필요와 욕구도 끊임없이 새로운 것이 되게 한다. 서로 밀접하게 연관된 두 활동인 노동과 언어의 도움으로 인간은 제도라는 인공기관들을 통해 자신의 몸을 지구 전역으로 확장할 수 있다. 그런 제도의 한 예로 기술, 곧 우리 신체 역량의 증폭이 있다. 『정치경제학 비판 요강』에서 마르크스는 유쾌한 비유법으로 농업이란 토양을 몸의 확장된 부분으로 변환하는 일이라고 풀이한다. 인간은 한쪽에서는 농사를 지으며 살고, 다른 한쪽에서는 목축을 하며 산다. 사냥을 하며 살기도 하며, 교환을 하며 살기도 한다. 그러나 이런 방식으로는 우리 몸을 그것의 물리적 체질의 한계 안에서만 확장할 수 있다.

서로 다른 필요와 요구를 가진 사회 성원 또는 사회 집단 간의 상호 조정을 가장 중요한 특징으로 하는 것이 제도이다. 제도는 이미 사람들의 의견 조정과 자원 배분과 정책 선택을 가능하게 하는 자율적 지반을 포함한다. 제도란 문자 그대로 지나친 정도度를 절제하고 억제하며 금지하는 것制을 말한다. 즉 일정한 틀로 사람들을 집어넣는다는 뜻이다. 그리하여 지나친 자는 억제하고 모자란 자는 끌어올려 인간 오류의 범위를 줄이려는 것을 말한다. 제도의 원칙들은 사람들이 그들 자신과 세계 사이에 설립하는 일정 유형의 관계들의 배열을 결정한다. 따라서 기구와 사람, 조직과 선택이 만나는 접점을 포괄한다. 인간들의 어떤 결정도 아무 제약 조건 없는 자유로운 상황에서의 선택이 아니기 때문이다. 선택의 가능 조건으로서의 제도를 말하는 것이다. 그 제도들은 일정한 형식의 민주주의 사회를 제공하며, 합당한 관행들과 정치문화를 구현한다.

푸코의 관점에서 보면, 제도 역시 일종의 통치 활동 또는 통치양식이다. 이러한 제도의 위계들이 일종의 통치양식으로 작용하는 것은 생존의 다원적 표현을 제도적으로 구분하고 배치하여 이성적으로 조정하자는 것을 포함한다. 푸코가 말한 바 있는, "통치에 협조하는 것은 결코 종속이나 전면적 용인을 뜻하지 않는다. 사람들은 협조하는 동시에 반항할 수 있다. 나는 심지어 두 가지가 나란히 가는 것이라고 생각한다"를 염두에 두면서 말이다. 제도의 통치양식은 개인의 자유를 침해하지 않고 체제의 안정과 사회의 진보를 어떻게 확보하느냐에 달려 있다.

통치성은 주체성과 대립하기보다는 주체성을 통해서 작동한다. 통치란 '행동방식에 대한 통솔'이기 때문이며, 통치하는 자와 통치받는 자의 관계는 통치받는 개인이 기꺼이 주체로서 존재하게 되는 방식을 거쳐 가야 한다. 물론 통치 과정도 권력 남용의 가능성은 언제나 있다. 그보다는 푸코의 관점에 따른다면 단순히 억압적인 것이 아니라, 자존감의 확인과 인정에 대한 욕구를 동시에 만족시키는 인정의 순간에 힘을 부여하는 역할을 한다. 그것은 자신의 존재론적 한계를 자각하고 스스로를 바꾸어 나가는 관계구성활동으로 나타난다.

오히려 양자의 관계에서 중요한 것은 권력의 생산적 효과에 있다. 푸코에 따르면 권력이란 오직 자유로운 주체에게만 행사된다. 그리하여 권력과 자유는 상호배제의 관계가 아닌 상호보완적 상호투쟁적 관계 아래 있다. 그렇게 본다면 권력의 생산성은 화화和化의 경로를 따라 끊임없이 해체와 새로운 관계의 생성을 견인한다. 모순과 대립의 통일과 조화가 세계운동의 원리이기 때문이다. 논어에서 화和는 조화 혹은 조화된 상태를 가리킨다. 조화된 상태는 균형된 상태이고 동시에 사리에 맞는 상태를 이른다. 그런 점에서 진영논리는 배격해야 한다. 그것은 세계가 분절·대립되어 있다는 세계관을 전제로 한 사고인 것이다.

우리의 삶은 우리가 맺고 있는 수많은 관계의 조직이며 제도이다. 수많은 인간관계 속에서 영위되는 인격이기도 하다. 우리는 그러한 관계 속에서 정체성을 갖게 된다. 자기 변화 역시 최종적으로는 인간관계로서 완성되는 것이다. 이런 과정 속에서 '나'는 탄생한다. '나'는 '나' 혼자만으로 존재할 수 없다. 개인적 화의 내용 역시 조화된 인격으로서 오로지 삶의 관계망 속에서 자신을 수련해서 자기를 살리고 자기를 드러내서 자아를 구현하는 것이다. 이야말로 가장 개별성을 지향하는 인간사이며 개성 없이 남을 추종해서 흐름에 부화附和하지 않는다.

신자유주의 문제를 다룰 때, 그것을 단순히 지배나 억압, 또는 착취나 폭력의 문제로 다루는 것은, 또는 이데올로기적 기만이나 은폐, 음모로 간주하는 것은 푸코적인 통치성의 문제 설정과 어긋난다. 오히려 중요한 것은 신자유주의가 어떻게 사람들의 품행을 인도하는지 이해하고 분석하는 일이다. 신자유주의적 통치성은 인간의 삶 전체를 재편하는 포괄적인 통치성이며, 새로운 종류의 규범과 합리성의 구성 과정, 새로운 예속적 주체 생산의 메커니즘이다. 따라서 생산적 권력은 통치받는 자의 능력을 촉진하고 변형하며 그것에 영향을 미친다. 결국 푸코에게 있어 통치

관계란 일종의 유도 경기 같은 것이다. 통치받는 자들이 각자의 개별성을 통해 통치의 전제들·조건들에 연루되는 한, 통치는 그 자체의 합리성을 통치받는 자들의 문제와 긴밀한 무엇인가로 만든다.

제도는 무엇보다 삶을 바꾼다. 개인 삶의 많은 문제는 곧 제도 소관이다. 푸코가 제시한 통치성의 문제 설정에 따르면, 모든 사람이 평등하고 자유로운 입장에서 효율적이며 행복한 사회관계에 들어갈 수 있게 하는 제도의 확보를 어떻게 할 것인가가 문제이다. 우리가 육아, 교육, 노동, 임금, 일자리, 연금, 여가, 복지 문제에서 높은 보편성과 공공성을 추구하는 이유는, 그 결과가 개별 삶들의 안정성, 예측 가능성, 형평성 등으로 연결되기 때문이다.

실제 현실에서는 이성적 계획과 조정의 작용이 얼마가 허용되느냐에 따라서 한 사회와 역사가 얼마만큼 평화롭고 발전적인 것이 되느냐가 결정된다. 우리는 사회세계를 혼란스럽지 않고 질서 있게 경험한다. 미리 정해진 세계가 아님에도 불구하고, 우리가 만든 세계이기에 언제나 변할 수 있음에도 불구하고, 우리는 그 세계를 안정된 것으로 경험한다. 사회질서는 자연법칙으로부터 유래하는 것이 아니라, 인간의 지속적인 제도화의 과정 가운데 인간에 의해 만들어진 것이다. 오늘의 삶에서 가장 중요한 것이 제도적 환경이다. 무엇보다, 엄밀히 말해 사람들은 권력관계에 속박되어 있고, 또 행위자들은 지배적인 제도의 영향력 아래에 놓여 있다. 삶의 세계 안에서 이루어지고 있는 인간의 모든 행위는 제도적 환경의 영향을 이렇게 저렇게 받기 마련이다.

현대 사회는 인위적으로 만들어진 여러 종류의 제도적 규칙들과 다양한 사회조직들을 통해서 구성원들의 행동양식을 통제한다. 발리바르 Étienne Balibar에 따르면, 제도들은 가입한 소속처들을 구성하며 결속을 가능하게 하고 제약을 부과하면서 투쟁과 반역, 자유가 생겨나게 해 준다. 제도들은 개인들에게, 아주 협소한 틀에서만 가능한 경우라 하더라도 개인적인 삶의 궤적을 선택할 수 있는 수단을 제공해 준다. 곧 다수의 정체성을 떠맡을 수 있는 가능성을 열어 준다. 이러한 제도는 인간답게 살기 위해 누려야 할 적정한 수준을 최소한 유지하게 한다. 하지만 이러한 제도적 규칙들과 사회조직들도 사회적 현상의 일부라는 점에서 그 사회의 구성 원리와 결코 무관하지 않다.

생활세계의 재구성, 커머닝과 커먼즈

도시와 그 주변의 마을에서 삶의 균형을 되찾고 가능성 있는 미래를 기약하기 위해서는 생활세계에 주목해야 한다. 인간에게는 만족하지 못하고 남보다 나은 상태를 원하는 본성이 있지만 이웃과 마을에도 호기심을 느끼고 신뢰와 협동 관계를 구축하려는 인간의 본성에 더 귀를 기울여야 한다. 생활세계는 작은 공간으로 이루어진 특정한 장소에 기거한다. 그 장소는 공간적으로 서로 떨어져 생활하고 활동하는 사람들 사이의 거리를 좁히는 '공시성synchronism'의 기능을 가지고 있다. 이러한 기능 덕분에 작은 공간을 통해서 사람들이 관계를 폭넓게 맺을 수 있으며 그뿐만 아니라 특정한 공간들은 상호작용을 개시하고 유지하며 방해하는 기능을 한다.

공간들은 삶 자체를 함께 나누고 함께 지각함으로써 장소로 구성되지만 사람들 사이의 접촉을 고무하거나 금지하고, 접촉의 형태와 범위를 결정한다. 이런 의미에서 공간은 무엇인가라는 물음보다는 오히려 공간이 어떻게 생각되어 왔고, 인간에게 어떤 영향을 주었는가 하고 물어야 한다. 인간은 삶 그 자체에 의미를 부여하려는 성향이 있다. 우리는 삶에 눈을 뜨기 시작하는 그 순간부터, '어떤 삶을 고민해야 하느냐?' 이것이 문제다. 개인 혹은 사회가 지향하고 지시하는 삶의 방향에 따라 인간의 생활 세계는 아주 다른 사태를 마주할 수 있기 때문이다. 인간의 삶은 언제나 '현재적'이다. 삶이 의미 있는 것이라면 그것은 현재의 삶이 가능하도록 하는 것이어야 한다. 그러기에 삶은 장소로서 먼저 경험되고 그런 다음에 제대로 생각할 수 있게 된다.

도시 주변에 위치한 공간인 산동네는 일종의 마을공동체이다. 산동네는 궁핍한 서민들의 거주지이다. 그곳은 공간적 밀착으로 인한 대면성, 바깥세상과의 단절, 산동네 내의 개방성으로 인해 산동네 특유의 마을 살이 정체성을 강화해 낸다. 바깥 세계가 배제한 가치를 실현하고 담지한 이상적인 유토피아 공동체는 아니지만 산동네라는 도시 주변 공간은 계급적 동질성과 공간적 밀착성을 기반으로 대화·의사소통·참여·통합·결집을 유도하기도 한다. 어떤 공통의 필요가 생기면 예를 들어 아기 돌보기, 노인 보살피기, 가사노동, 이사 또는 그 밖의 유사한 활동을 통해 다른 사람들에게 자신의 시간을 할애한다.

이와 같은 경험이 생기는 어디에서라도 정도는 다르지만 경험을 공유하는 활동인 커머닝commoning이 존재한다. 공유를 위해선 사람들끼리 서로 관계를 맺는 게 중요하다. 공유의 기본은 약속이다. 아는 사람들끼리 공유를 해야 갈등이 덜 생기고, 갈등이 생겨도 크게 번지지 않는다. 그것이 공통감각의 효과이다. 공통감각은 우리 한 사람 한 사람의 하부 의식에서 통제되고 제어되며, 고도의 지각력이나 판단력도 포함하는 마음의 통합작용이다. 우리가 함께 살아가는 데 중요한 것은 사물의 상태와 주변의 사정을 고려해서 판단하는 것이며, 이것이야말로 판단의 규준으로서의 공통감각의 본질이다. 그것은 사람들이 공통적으로 가지고 있는 직관적인 판단력이며, 무엇이 필요하고 유익한가를 알려 주는 것이다.

어느 곳에서든 커머닝의 기본 조직 원리는 보살핌과 의무, 상호성, 그리고 참여다. 이것은 삶을 무능하게 만들고 인간의 자유로운 삶을 가로막는 것에 맞서기 위함이다. 또한 일반적으로 그들이 주의를 기울인다고 이해되는 것, 즉 공통의 대상이나 목적의 일부이기 때문이기도 하다. 이는 개개인이 동일한 대상에 저마다의 방식으로 우연히 관심을 갖게 되는 것과는 엄연히 다르다. 이런 측면에서 '사람들의 전체의 의견'이라고 말할 때는 단순히 온갖 의견들이 단일하게 수렴된 결과를 의미하게 하는 반면, 공론은 아마도 일련의 공동 행위common actions로부터 발생한다고 여겨진다.

그것은 주체가 타자와 공유하는 세계에 관련되는 것이다. 비록 그 세계는 우리의 주목의 범위를 뛰어넘을 수 없지만 다른 사람들의 입장에서 사유해야 하는 넓은 시야의 사고양식이 요구된다. 타자의 입장에 서면 다르게 보일지도 모른다는 가설적인 사고의 폭이, 우리의 판단에 그만큼의 타당성을 부여한다. 이때 감성이 쓸데없이 흩어지는 것과, 이성이 아무런 결실 없이 형식화되는 것을 피하기 위해서는, 공통감각이 생생하게 작용하도록 하는 것이 큰 도움이 될 것이다.

산동네조차도 가정 내 가부장적인 폭력성과 성문제 그리고 소수자 차별 등과 같은 문제를 유발한다. 그렇지만 그런 관계망 속에서 산동네 마을 사람들은 '지금 여기'의 가치를 회복하려는 의도에서 새로운 공간을 점유하면서 자신을 확인받고, 자신의 존재 이유를 찾아간다. 삶이 존재하는 인간의 생활은 열정적이고 헌신적인 활동으로 넘실댄다. 일상적으로 소비되는 그 공간은 꾸밈없는 인간의 모습을 발견할 수 있는 곳이며 가식이 없는 인간의 의미를 찾을 수 있는 곳이다. 있는 그대로의 나를, 우리를 보여 주는 공통 공간인 것이다.

커머닝은 자유로운 인간들이 만들어 가는 새로운 사회체를 지향한다. 우리가 세계와 연루함을 통해서 생겨나는 커머닝의 다양한 활동 방식은 인간이 실존에 거주하는 방법이다. 여기에 모이는 사람들의 위치는 상이하다. 그리고 그들 각자는 서로 다른 입장에서 보고 듣는다. 이것이 커머닝을 통한 삶의 방식이다. 가장 중요한 것은 커머닝이라는 것이 함께 일할 때 아이디어와 기회를 나누는 과정이라는 점에서 현존하는 커먼즈commons[28]를 돌볼 뿐 아니라 새로운 사회적 커먼즈를 창출한다는 것이다.

커먼즈는 '사물'과, 자원의 유지와 공동생산(거버넌스)의 방식이 결합된 것으로서 이는 사적 형태의 자원관리, 또는 공적이며 국가적 형태의 자원관리와 구분되는 것이다. 이러한 맥락에서 커먼즈는 국가가 의무적으로 수행하는 재분배 시스템과도 다르고, 상품의 교환에 기반을 둔 시장과도 다르다. 탈성장과 자연스럽게 연결되는 커먼즈는 물질과 비물질을 포함하여 사람들이 공동으로 관리하는 특별한 사회관계 양식을 의미한다. 커먼즈에는 물리적인 공간과 더불어 협동조합, 연합체, 미래 세대의 이익을 위한 신탁, 마을 경제, 물 공유 장치, 그 밖의 다른 제도적 장치와

---

28. 커먼즈는 개인 소유의 적이 아니라 과잉축적의 적일 뿐이다. 마찬가지로 커먼즈는 정부의 적도 아니다. 그것은 교정적 되먹임 장치(correcting feedback loops)를 통해 공동체의 직접적 결정으로 권력의 과도한 집중을 제한하고자 하는 것이다. 이를테면 공적 영역에서 특정한 물리적 공간은 그 사용 방식과 그것이 현재와 미래 공동체의 기본 필요를 충족시킬 수 있는지의 여부에 따라 커먼즈로 정의될 수도 있고, 그렇지 않을 수도 있다. 예를 들어 사용되지 않는 기차역은 쇼핑몰로 변형, 사유화되어 청원 경찰에 의해 보호될 수 있지만, 또한 커먼즈로 인정되고 보호될 수 있다. 기차역은 노숙자를 위한 피난처나 거리의 예술가를 위한 무대, 정치 활동의 장소로도 제공될 수 있기 때문이다. 프리초프 카프라·우고 마테이(2019), 『최후의 전환』, 박태현·김영준 옮김, 경희대학교 출판문화원, 200~205쪽 참고.

같은 과거 및 현재의 제도 조직이 포함될 수 있다.

그것은 일종의 공통 공간이다. 근대의 자본주의 산업문명이 세계화하면서 공동의 자연자원과 문화자원이 심각하게 고갈되었기에 오늘날 우리가 사적 영역과 공적 영역, 그리고 커먼즈 영역 사이의 힘의 불균형을 교정하는 것은 우리가 풀어야 할 긴급한 과제이다. 한 번도 만난 적이 없는 사람들이 이 공통 공간 안에서 토론에 관여하고 있었으며 공통의 의견에 이를 수 있다. 커먼즈의 제도는 면대면의 상호 감시와 멘토링, 지지를 통해 이윤 동기, 불평등, 그리고 근시안을 상쇄하는 작용을 한다. 결국 커먼즈는 민주주의와 연관될 수밖에 없다.

커머닝의 결과는 언제나 예측하기 어려운 수많은 변수들과 어떻게 상호작용하는가에 달려 있다. 따라서 우리가 할 수 있는 일은 주어진 상황에 따라 분석하고, 상상하고, 추리하고, 문제를 타개할 아이디어를 찾아보고, 우리들에게 많은 것을 약속한다고 여겨지는 방향으로 우리를 던져넣는 것이다. 그러한 행동은 의례일 수도 있고, 대화를 나누거나 게임을 즐기는 일일 수도 있으며, 중요한 사건을 축하하는 일일 수도 있다. 이 행동들의 초점은 단순히 수렴적인 것과는 대조적인 의미에서 공통적인 것이다. 우리는 사람들이 어떤 목적에서든 초점이 있는 공통의 행동common act of focus에 함께 참여하고 있을 때 공통 공간이라는 말을 쓸 수 있다.

빈부의 격차가 날로 심화되는 근대 산업문명하에서는 '함께 살아가는 공동체'라는 관념은 허구일 수밖에 없다. 즉 예의를 지키고, 서로를 배려하고, 마음속에 거룩한 것을 섬기면서 살아갈 수 있는 최소한의 인간적 생활을 가능케 해 주는 자연적·사회적 조건이 점점 열악해지고 있다. 커머닝과 커먼즈는 개인들을 하나로 연결하는 실제적인 활동을 통해서 이루어진다. 우리는 다양성과 복원력, 그리고 상향식으로 세상을 변화시킬 수 있는 커머닝과 커먼즈의 사회적 네트워크를 육성하는 정치적 사고의 기본에서 출발해야 한다. 커머닝과 커먼즈의 활동모델은 탁월한 한 사람의 혁명가와 그의 지시를 따르는 대중들의 모습이 아니라, 한 장소에 모여 있는 각기 다른 사람이 일정한 원칙에 따라 공통의 일에 대해 말을 나누고 각자의 일을 분담해서 행하는 모습에 가깝다.

사회적 네트워크는 의사소통의 네트워크다. 이는 인간 영역에서 우리가 이러한 의사소통을 적절히 이해하기 위해 우리의 의식과 문화의 전체 내면세계, 곧 사상, 가치, 목표, 갈등, 권력 관계 등을 모두 고려할 필요가 있음을 의미한다. 사회적 커먼즈를 되살리고, 자본주의적 축적에 대항하고, 아래로부터 제도를 다시 만들어 마침내 우리의 공통의 이해 전부를 바꾸는 커머닝은 탄탄한 이론과 아울러 개인의 일상적이고 정치적인 결단을 필요로 한다. 더 나은 세상에 대한 희망의 푯대로 삼을 만한 커먼즈 이념은 물질적 사물인 동시에 사회적 관계이자 다른 삶의 방식이고, 공통적인 것에 대한 공통적인 관리를 뜻한다. 이러한 생각은 삶의 질에 관한 우리의 생각에 영향을 미친다. 즉, 삶의 질은 삶의 과정에서 만나는 힘에 따라 스스로를 변화시킬 수 있으며, 살아갈 능력을 항상 증가시키며, 새로운 가능성을 즐겁게 받아들이며, 그리하여 창조와 발명에의 가능성을 여는 그런 것들을 할 수 있는 삶의 방식을 의미한다. 이것은 다른 세상보다는 지금 살고 있는 세상의 가능성을 신뢰하도록 만드는 윤리를 펼쳐 준다.

예술의 기능과 창조성

인간 삶의 조건은 기본적으로 상징적이다. 우리는 의미를 만드는 존재다. 우리는 세상에 대한 이야기 속에서 살고 있다. 인간은 여기에 있지만 과거에 가 있기도 하고 다가올 미래에 가 있기도 하기 때문이다. 다시 말해 인간은 자기 자신의 지나온 과거사, 또는 앞으로 닥칠 일과도 관계 맺는다. 그러므로 인간은 자신이 언제나 현재의 시간을 산다고 여긴다. 우리의 경험과 행동을 이해하는 일은 음식과 주거만큼이나 필수적이다. 인간은 왜 사는지, 또는 어떻게 사는 것이 의미 있게 사는 것인지를 묻는 유일한 존재다. 인간이 던지는 그러한 물음에 대한 답은 삶의 경험에 대한 이해를 기초로 '의미로서' 주어진다.

왜 우리는 자신의 현실로만 만족하지 못하는가? 왜 우리는 불충분한 삶을 충족시키기 위하여 어두운 객석에서 단지 연극에 불과한 불 켜진 무대를 봄으로써 다른 인물, 다른 모습들에 전적으로 몰입할 수 있는가? 예술은 사물이나 인간을 전혀 다른 방식으로 재구성한다. 예술은 세계와 자기를 대면하게 함으로써 자기와 세계를 함께 깨닫게 한다. 유심히 주목하면 하찮은 삶도 멋진 예술이 된다. 우리가 미처 몰랐던 수많은 사연을 담고 있는 것이다. 이때 예술의 기능은 언제나 모든 인간을 감동시키는 것이다. 그뿐만 아니라 '나'를 타인의 삶과 동일시시켜 자기 자신에게는 없는 무엇을 그 자신의 것으로 존재 가능하게 만들어 준다. 이렇게 각자에게 의미 있는 경험으로 실현되는 과정이야말로 인간의 예술 행위에서 더욱 본질적인 중요성을 가진다.

예술은 직접적인 물질적 환경—의복, 용구, 가구 및 그 밖에 인간들이 일상생활이나 노동 혹은 제례의식을 수행할 때 필요로 하는 것들—을 미적으로 조직하는 것으로부터 시작된다. 그것은 인간이 거주하는 집, 그가 지나다니는 거리, 그의 다양한 활동이 전개되는 도시에 미적으로 작용할 능력을 부여한다. 이때 예술은 경험이나 사상을 결합하여 함께 나누기 위한 인간의 무한한 능력을 반영한다. 그것은 충만하고 강렬한 경험이기 때문에 일상적 삶을 그 충만함 속에서 경험할 수 있는 힘을 계속 살아 움직이게 한다. 예술의 목적은 인류의 미적 경험을 심화하고 확장하고 조직하는 데 있기 때문이다. 예술은 우리에게 현실의 미적 특질들을 이상적 혹은 전형적, 환상적 혹은 삶에 충실한 형상 및 모상으로 허구적 형식을 빌려 제시해 주기 때문에, 동시에 더 많은 문제를 해결할 수가 있다. 이것이 삶을 창조하는 예술의 기본 원리이다.

인간의 상황은 끊임없이 변화하는 것이다. 인간은 의미추구의 존재이기에 우리들 각자는 거의 언제나 사물을 조금씩 다르게 본다. 인간의 경험은 그 현재의 순간에 고유하며 개별적으로 의미로서 드러나 실현되기 때문이다. 그리고 그 이해는 현재라는 시간의 지평에서 일상적 삶에서 이룩된다. 우리의 실존적 관심(상황에 따른 욕구와 필요)이 타인의 관심과 멀어지는 경우에는 사물을 보는 관점이 상당히 달라진다. 그리고 그 때문에 간극이 생겨난다. 우리가 봉착한 현실은 '관점의 다양화'라는 문제다.

그러기에 항상 행위 과정에 대한 불일치가 있을 수밖에 없으며, 특정 형식의 집단적 행위를 통해 창출되어야 할 '우리'라는 정체성을 사실상 핵심적인 문제로 간주할 수 있다. 하나의 집단적 정체성 즉 '우리'를 창출하는 일이 관건이다. '우리가 무엇을 할 것인가?'라는 물음에서 '우리'는 주어져 있는 것이 아니라 오히려 문제를 구성한다. 사회는 개인들 간에 모종의 공통 기반을 창출해야 하고 격차를 줄여야 한다. 우리는 먼저 다양한 문화 간에 공통된 감각의 기반을 구축해야 한다.

예술은 일반적인 의사소통의 특정하고도 강렬한 형태이다. 예술은 묘사하고 소통하는 다른 방식들과 마찬가지로 학습된 인간적 기능이며, 한 공동체 안에서 알려지고 실천되어야만 비로소 경험을 전달하는 엄청난 힘을 사용하고 개발할 수 있다. 인간 공동체는 공동의 의미와 의사소통의 공동 수단을 발견함으로써 성장한다. 우리가 보고 하는 모든 일, 우리의 관계와 제도의 전체 구조는 결국 학습과 묘사와 의사소통의 노력에 달려 있다. 서울 문래역 부근에 '문래동 창작예술촌'이 있다. 이 일대에 밀집해 있던 800여 개의 철공소들이 수도권 밖으로 이전하면서 쇠락한 공장지대였다. 그런데 임대료가 싼 작업공간을 얻으려는 작가들이 모여들면서 새로운 문화공동체로 변신했다. 최근에는 카페들도 들어서고 있다. 덕분에 지금은 주민들과 함께하는 '문래 아트 페스티벌'이 열릴 정도로 분위기가 한층 되살아나고 있다.

만약 인간이 창조적이라고 한다면 인간이 자신의 인간적 조건을 포기하지 않는 한, 그는 이 세계를 미화시켜 그것을 예술화시켜 놓는 일을 그만둘 수 없다. 자신을 하나의 예술 작품으로 완성시켜 가는 경험의 작용으로서의 예술을 주창하게 한다. 예술은 존재를 고양시키고 심화함으로서 존재를 정당화한다. 일상화되어 버린 존재 불감증의 과학기술문명 시대에 살면서 예술의 창조성은 존재를 개방하는 테크네로 활성화될 필요가 있다. 테크네에 대한 아리스토텔레스의 견해를 수용한 하이데거가 보기에 테크네는 일종의 앎으로서 존재자를 은폐의 어둠으로부터 진리의 빛 속으로, 즉 있음의 비은폐성 속으로 가져오는 것이다. 지금까지 망각해 온 시원적 의미의 테크네, 곧 테크네 속에 있는 잠재적인 예술의 창조성에 구원의 길이 있다고 볼 수 있다. 이것은 예술과 윤리를 결합함으로써 테크놀로지 시대를 새롭게 전망할 수 있는 사유의 단초를 제시한다.

실러의 사상을 수용한 영국의 문화비평 전통은 산업자본주의라는 역사적 현실에 적극적으로 대응하고 비판하는 공동체 이론으로 발전시킨다. 예술은 삶의 적극적인 필요성에서 나오는 것이다. 장식적이고 부차적이고 잉여적인 것이 아니라 삶의 긴급한 존재의 요구에 대한 반응이다.

더구나 공동체적 삶의 질이 총체적으로 상승될 수 있도록 예술은 모든 삶의 경험에 잠재적일 뿐 아니라 모든 삶의 경험이 필연적으로 가야 할 종착지와 같다.

경험의 정서적 충만감 속에서 우리는 이 세계와 우리가 통합되어 있음을 감지한다. 만약 미적인 것이 인간을 생산적이고 변형시키는 존재임을 보여 주는 차원이라고 한다면 그 경우 예술 활동은 근본적인 '프락시스 praxis'—고차적인 표현으로서의 예술 활동이 나타나게 되는 그러한 프락시스—속에 그 뿌리를 두고 있는 것이지 않으면 안 된다. 프락시스란 능동적이고 창조적인 존재로서의 인간적 차원을 가리키는 말이며, 그러므로 예술의 프락시스는 사회·역사적 존재로서의 인간이 실재와 맺는 미적 관계의 기초인 것이다. 이것은 인간이 자기의 인간성을 확인하고 그럼으로써 자기 자신을 인간적인 차원으로 향상시키고자 하는 욕구에 의해 요구되는 것이다.

일상적 삶이 미적인 경험을 통해 구성되고 지속된다는 것은 존 듀이 철학의 근간을 이루고 있다. 듀이 미학은 삶의 일상적 과정과 미적 경험의 연속성을 회복하는 것에서 출발한다. 미적 경험은 기본적인 생명 활동으로서 어떤 특정한 부위에서 일어나는 것이 아니라 우리의 온몸을 통해 성취된다. 듀이의 미적 전체론은 미적 경험의 광범위한 도구적 기능을 찬양한다. 도구적 기능은 자극적 에너지를 통해 현재의 활동을 풍요롭게 하고 그 에너지가 다른 과제로 흘러 들어가도록 한다. 에너지는 단지 수렴되기만 하는 것이 아니라, 수렴되기도 하고 발산되기도 한다. 예술이 도구적이라고 하는 것은 미적 순간에 자아의 자료가 변형을 겪는다는 의미에서이다. 즉 자신이 하나의 예술 작품으로 완성되어 가는 것이다. 이를테면 주위 세계의 변화에 참여하는 가운데 감관이 자리를 잡으면, 그 위에 행위와 의지, 지성이 구축되고, 마침내 의미와 가치에 대한 표상이 구체적으로 확립한다. 또 표상, 관찰, 기억은 근원적 감각이 미적인 성질로 현상할 때까지 계속 변화된다. 이를 통해 감각 역시 다시 새롭게 깨어난다.

인간에 대하여 사회에 대하여 삶에 대하여 각성하게 하는 것이 아름다움이고 미다. '아름다움'이란 뜻은 '알다', '깨닫다'이다. 우리가 비극에 공감하는 것은 그것을 통해 인간을, 세상을 깨닫기 때문이다. 비극의 예술이 열어놓은 세계는 각성의 영토이다. 수많은 비극의 주인공들이 있고, 성찰의 얼굴이 있으며, 그곳에서 비극이 감추고 있는 심오한 비의秘意를 깨닫는 냉철한 이성을 공유하게 한다.

예술은 성찰, 세계 인식과 직결된다. 그것은 관성적인 익숙함에서 벗어나게 하는 낯선 목소리일 수밖에 없다. 중요한 것은 이때의 다른 생각과 느낌의 순간을 갖는 것이다. 이 다름의 순간이 우리에게 우리 삶을 우리 것으로 느낄 수 있게 하고, 삶의 특이한 있음으로 우리를 열어 주고, 궁극적으로는 공동체적 삶 그것까지도 우리 삶의 기회로서 포착할 수 있게 한다. 뿐만 아니라 이 다름의 순간은 사회가 스스로 변화하고 또는 새롭게 하는 계기가 된다. 예술의 진정한 본성은 대상이 아니라 각자의 경험에 있고, 이 경험은 미적 차원에서 완결된다. 예술가는 단순히 감정, 의지를 표현하는 게 아니라 자신이 '알고 있는 감정', '감정이나 경험에 대한 생각'을 표현한다. 그러기에 생활과 경험에서 무수히 스쳐 지나는 오묘한 관념, 감정에 대한 느낌, 생각 등의 삶의 경험은 미학에서 성취되고 완성된다. 미적 경험에는 어떠한 진리나 계산도 속하지 않는다. 또 완전한 해방이라는 목표도 설정되어 있지 않다. 여기에는 오직 창조적인 주의력만이 속해 있을 뿐이다. 가능한 것들에 귀를 기울이고 눈앞에 놓인 자신의 조건들을 세심하게 들여다보는 그러한 주의력 말이다.

예술은 결국 우리 모든 삶의 창조성이라는 사실에 의해 비준되어야 한다. 예술이란 것이 인간과 세계의 근원적인 접촉을 통한 창조이기 때문이다. 그래서 예술은 우리를 이전과는 다른 모습으로 바꾸어 놓는다. 확실히 인간은 그 자신 이상이 되기를 원하기 때문이다. 인간은 자신이 전인이기를 원한다. 그는 개인적 편파성에서 벗어나 그가 깨닫고 바라는 전체성, 모든 한계를 지닌 개체성으로부터 벗어나 삶의 완전성, 더욱 포괄적이며 보다 올바르고 정당한 세계를 추구하고자 노력한다. 그래서 예술은 새로운 의미의 창조활동일 수밖에 없다.

참고 문헌

강영안(2015).『타인의 얼굴』. 문학과지성사.

김광명(2014).『예술에 대한 미적 모색』. 학연문화사.

김광현(2018).『거주하는 장소』. 안그라픽스.

김동규(2009).『하이데거의 사이-예술론』. 그린비.

김상환(2001).『예술가를 위한 형이상학』. 민음사.

김왕배(2011).『도시, 공간, 생활세계』. 한울.

김우창(1992).『심미적 이성의 탐구』. 솔.

_____(2000).『정치와 삶의 세계』. 삼인.

_____(2007). 자유와 인간적인 삶』. 생각의나무.

_____(2014).『깊은 마음의 생태학』. 김영사.

김융희(2010).『예술, 세계와의 주술적 소통』. 책세상.

김현경(2015).『사람, 장소, 환대』. 문학과지성사.

김혜숙·김혜련(2007).『예술과 사상』. 이화여자대학교출판부.

김홍우(1999).『현상학과 정치철학』. 문학과지성사.

나카무라 유지로(2003).『공통감각론』. 양일모·고동호 옮김. 민음사.

노에 게이치(2009).『이야기의 철학』. 김영주 옮김. 한국출판마케팅연구소.

닛타 요시히로(2018).『현상학과 해석학』. 박인성 옮김. 도서출판 b.

다케다 히로나리(2018).『푸코의 미학』. 김상운 옮김. 현실문화.

데이비드 앳킨슨 외 편저(2011).『현대 문화지리학』. 이영민 외 옮김. 논형.

로버트 루트번스타인·미셸 루트번스타인(2007).『생각의 탄생』. 박종성 옮김. 에코의
    서재.

리세롯 마리엣 올슨(2017).『들뢰즈와 가타리를 통해 유아교육 읽기』. 이연선 외 옮
    김. 살림터.

리처드 세넷(2020).『짓기와 거주하기』. 김병화 옮김. 김영사.

리처드 슈스터만(2013).『몸의 미학』. 이혜진 옮김. 북코리아.

마르틴 하이데거(2001).『칸트와 형이상학의 문제』. 이선일 옮김. 한길사.

매체철학연구회(2005).『매체철학의 이해』. 인간사랑.

먼로 C. 비어슬리(1998).『미학사』. 이성훈·안연현 옮김. 이론과실천.

뮤광훈(2015).『심미주의 선언』. 김영사.

미셸 로르불랑셰(2014).『예술의 기원』. 김성희 옮김. 알마.

미셸 앙리(2013). 『야만』. 이은정 옮김. 자음과모음.

바바라 크룩생크(2014). 『시민을 발명해야 한다』. 심성보 옮김. 갈무리.

박성봉(2011). 『감성시대의 미학』. 일빛.

박승규(2002). 『푸코의 정치윤리』. 철학과현실사.

박이문(2006). 『예술철학』. 문학과지성사.

박인철(2015). 『현상학과 상호문화성』. 아카넷.

볼프강 벨슈(2005). 『미학의 경계를 넘어』. 심혜련 옮김. 향연.

볼프강 울리히(2013). 『예술이란 무엇인가』. 조이한·김정근 옮김. 휴머니스트.

숀 갤러거·단 자하비(2013). 『현상학적 마음』. 박인성 옮김. 도서출판 b.

스튜어트 브라운·크리스토퍼 본(2010). 『플레이 즐거움의 발견』. 윤미나 옮김. 흐름
    출판.

신승환(2016). 『해석학』. 아카넷.

_____(2018). 형이상학과 탈형이상학』. 서광사.

신영복(2007). 『처음처럼』. 랜덤하우스.

아서 단토(2015). 『무엇이 예술인가』. 김한영 옮김. 은행나무.

안토니오 다마지오(2007). 『스피노자의 뇌』. 임지원 옮김. 사이언스북스.

알렉산더 네하마스(1994). 『니체-문학으로서의 삶』. 김종갑 옮김. 책세상.

어빙 고프먼(2013). 『상호작용 의례』. 진수미 옮김. 아카넷.

에른스트 카시러(2012). 『상징 신화 문화』. 심철민 옮김. 아카넷.

엘렌 디사나야케(2009). 『미학적 인간』. 김한영 옮김. 예담.

_____(2016). 『예술은 무엇을 위해 존재하는가』. 김성동 옮김. 연암서가.

M. S. 까간(2012). 『미학강의 1』. 진중권 옮김. 새길.

에마뉘엘 레비나스(2014). 『후설 현상학에서의 직관 이론』. 김동규 옮김. 그린비.

여건종(2018). 『일상적 삶의 상징적 생산』. 에피파니.

오병남(2017). 『미학강의』. 서울대학교출판문화원.

오토 프리드리히 볼노(2011). 『인간과 공간』. 이기숙 옮김. 에코리브르.

와쓰지 데쓰로(2018). 『인간과 풍토』. 서동은 옮김. 필로소픽.

유현준(2015). 『도시는 무엇으로 사는가』. 을유문화사.

윤찬영(2019). 『줄리엣과 도시 광부는 어떻게 마을과 사회를 바꿀까?』. 바틀비.

이남인(2013). 『현상학과 해석학』. 서울대학교출판문화원.

_____(2018). 예술본능의 현상학』. 서광사.

이두현(2019). 『지리교사의 서울 도시 산책』. 푸른길.

이영범(2009). 『도시의 죽음을 기억하라』. 미메시스.

이-푸 투안(2011). 『토포필리아』. 이옥진 옮김. 에코리브르.

_____(2020).『공간과 장소』. 윤영호·김미선 옮김. 사이.

임석재(2019).『집의 정신적 가치, 정주』. 한울.

자크 동즐로(2005).『사회보장의 발명』. 주형일 옮김. 동문선.

자크 랑시에르(2008).『감성의 분할』. 오윤성 옮김. 도서출판 b.

_____(2008).『미학 안의 불편함』. 주형일 옮김. 인간사랑.

재커리 심슨(2016).『예술로서의 삶』. 김동규·윤동민 옮김. 갈무리.

잰 코언-크루즈(2008).『지역 예술 운동』. 권영진 옮김. 미메시스.

정낙림(2017).『놀이하는 인간의 철학』. 책세상.

정해창(2013).『듀이의 미완성 경험』. 청계.

제프 말파스(2014).『장소와 경험』. 김지혜 옮김. 에코리브르.

조효제(2007).『인권의 문법』. 후마니타스.

존 듀이(2016).『경험으로서 예술 1, 2』. 박철홍 옮김. 나남.

찰스 테일러(2010).『근대의 사회적 상상』. 이상길 옮김. 이음.

크리스토프 멘케(2013).『미학적 힘』. 김동규 옮김. 그린비.

_____(2015).『예술의 힘』. 신사빈 옮김. W미디어.

콜린 고든·그래엄 버첼·피터 밀러 엮음(2014).『푸코 효과』. 심성보 외 옮김. 난장.

클리퍼드 기어츠(2009).『문화의 해석』. 문옥표 옮김. 까치.

테리 이글턴(1995).『미학사상』. 방대원 옮김. 한신문화사.

_____(2018).『유물론』. 전대호 옮김. 갈마바람.

티머시 클라크(2008).『마르틴 하이데거 너무나 근본적인』. 김동규 옮김. 앨피.

팀 크레스웰(2012).『장소』. 심승희 옮김. 시그마프레스.

페르디난트 펠만(2014).『현상학의 지평』. 최성환 옮김. 서광사.

프랑크 베르츠바흐(2016).『무엇이 삶을 예술로 만드는가』. 정지인 옮김. 불광출판사.

프리드리히 실러(2012).『미학편지』. 안인희 옮김. 휴먼아트.

프리초프 카프라·우고 마테이(2019).『최후의 전환』. 박태현·김영준 옮김. 경희대학
    교출판문화원.

피터 그레이(2015).『언스쿨링』. 황기우 옮김. 박영스토리.

한국하이데거학회 편(1997).『하이데거의 철학세계』. 철학과현실사.

한상연(2015).『철학을 삼킨 예술』. 동녘.

한스 페터 발머(2014).『철학적 미학』. 임지연 옮김. 미진사.

한자경(2006).『칸트 철학에의 초대』. 서광사.

현광일(2019).『공간, 문화, 정치의 생태학』. 살림터.

홍명섭(2017).『현대철학의 예술적 사용』. 아트북스.

삶의 행복을 꿈꾸는 교육은 어디에서 오는가?

● **교육혁명을 앞당기는 배움책 이야기** 혁신교육의 철학과 잉걸진 미래를 만나다!

한국교육연구네트워크 총서

01 핀란드 교육혁명
한국교육연구네트워크 엮음 | 320쪽 | 값 15,000원

02 일제고사를 넘어서
한국교육연구네트워크 엮음 | 284쪽 | 값 13,000원

03 새로운 사회를 여는 교육혁명
한국교육연구네트워크 엮음 | 380쪽 | 값 17,000원

04 교장제도 혁명
한국교육연구네트워크 엮음 | 268쪽 | 값 14,000원

05 새로운 사회를 여는 교육자치 혁명
한국교육연구네트워크 엮음 | 312쪽 | 값 15,000원

06 혁신학교에 대한 교육학적 성찰
한국교육연구네트워크 엮음 | 308쪽 | 값 15,000원

07 진보주의 교육의 세계적 동향
한국교육연구네트워크 엮음 | 324쪽 | 값 17,000원
2018 세종도서 학술부문

08 더 나은 세상을 위한 학교혁명
한국교육연구네트워크 엮음 | 404쪽 | 값 21,000원
2018 세종도서 교양부문

09 비판적 실천을 위한 교육학
이윤미 외 지음 | 448쪽 | 값 23,000원
2019 세종도서 학술부문

10 마을교육공동체운동:
세계적 동향과 전망
심성보 외 지음 | 376쪽 | 값 18,000원

11 학교 민주시민교육의
세계적 동향과 과제
심성보 외 지음 | 308쪽 | 값 16,000원

12 학교를 민주주의의 정원으로
가꿀 수 있을까?
성열관 외 지음 | 272쪽 | 값 16,000원

한국교육연구네트워크 번역 총서

01 프레이리와 교육
존 엘리아스 지음 | 한국교육연구네트워크 옮김
276쪽 | 값 14,000원

02 교육은 사회를 바꿀 수 있을까?
마이클 애플 지음 | 강희룡 · 김선우 · 박원순 · 이형빈 옮김
356쪽 | 값 16,000원

03 비판적 페다고지는
세상을 변화시킬 수 있는가?
Seewha Cho 지음 | 심성보 · 조시화 옮김
280쪽 | 값 14,000원

04 마이클 애플의 민주학교
마이클 애플 · 제임스 빈 엮음 | 강희룡 옮김
276쪽 | 값 14,000원

05 21세기 교육과 민주주의
넬 나딩스 지음 | 심성보 옮김 | 392쪽 | 값 18,000원

06 세계교육개혁:
민영화 우선인가 공적 투자 강화인가?
린다 달링-해먼드 외 지음 | 심성보 외 옮김 | 408쪽 | 값 21,000원

07 콩도르세, 공교육에 관한 다섯 논문
니콜라 드 콩도르세 지음 | 이주환 옮김
300쪽 | 값 16,000원

08 학교를 변론하다
얀 마스켈라인 · 마틴 시몬스 지음 | 윤선인 옮김
252쪽 | 값 15,000원

09 존 듀이와 교육
짐 개리슨 외 지음 | 김세희 외 옮김
372쪽 | 값 19,000원

혁신학교
성열관 · 이순철 지음 | 224쪽 | 값 12,000원

행복한 혁신학교 만들기
초등교육과정연구모임 지음 | 264쪽 | 값 13,000원

서울형 혁신학교 이야기
이부영 지음 | 320쪽 | 값 15,000원

대한민국 교사, 어떻게 가르칠 것인가?
윤성관 지음 | 320쪽 | 값 15,000원

아이들을 어떻게 가르칠 것인가
사토 마나부 지음 | 박찬영 옮김 | 232쪽 | 값 13,000원

모두를 위한 국제이해교육
한국국제이해교육학회 지음 | 364쪽 | 값 16,000원

● **비고츠키 선집 시리즈** 발달과 협력의 교육학 어떻게 읽을 것인가?

 생각과 말
레프 세묘노비치 비고츠키 지음
배희철·김용호·D. 켈로그 옮김 | 690쪽 | 값 33,000원

 도구와 기호
비고츠키·루리야 지음 | 비고츠키 연구회 옮김
336쪽 | 값 16,000원

 어린이 자기행동숙달의 역사와 발달 I
L.S. 비고츠키 지음 | 비고츠키 연구회 옮김
564쪽 | 값 28,000원

 어린이 자기행동숙달의 역사와 발달 II
L.S. 비고츠키 지음 | 비고츠키 연구회 옮김
552쪽 | 값 28,000원

 어린이의 상상과 창조
L.S. 비고츠키 지음 | 비고츠키 연구회 옮김
280쪽 | 값 15,000원

 비고츠키와 인지 발달의 비밀
A.R. 루리야 지음 | 배희철 옮김 | 280쪽 | 값 15,000원

 수업과 수업 사이
비고츠키 연구회 지음 | 196쪽 | 값 12,000원

 비고츠키의 발달교육이란 무엇인가?
비고츠키교육학실천연구모임 지음 | 412쪽 | 값 21,000원

 비고츠키 철학으로 본 핀란드 교육과정
배희철 지음 | 456쪽 | 값 23,000원

 성장과 분화
L.S. 비고츠키 지음 | 비고츠키 연구회 옮김
308쪽 | 값 15,000원

 연령과 위기
L.S. 비고츠키 지음 | 비고츠키 연구회 옮김
336쪽 | 값 17,000원

 의식과 숙달
L.S 비고츠키 | 비고츠키 연구회 옮김
348쪽 | 값 17,000원

 분열과 사랑
L.S. 비고츠키 지음 | 비고츠키 연구회 옮김
260쪽 | 값 16,000원

 성애와 갈등
L.S. 비고츠키 지음 | 비고츠키 연구회 옮김
268쪽 | 값 17,000원

 흥미와 개념
L.S. 비고츠키 지음 | 비고츠키 연구회 옮김
408쪽 | 값 21,000원

 관계의 교육학, 비고츠키
진보교육연구소 비고츠키교육학실천연구모임 지음
300쪽 | 값 15,000원

 비고츠키 생각과 말 쉽게 읽기
진보교육연구소 비고츠키교육학실천연구모임 지음
316쪽 | 값 15,000원

 교사와 부모를 위한 비고츠키 교육학
카르포프 지음 | 실천교사번역팀 옮김
308쪽 | 값 15,000원

 혁신교육, 철학을 만나다
브렌트 데이비스·데니스 수마라 지음
현인철·서용선 옮김 | 304쪽 | 값 15,000원

 혁신교육 존 듀이에게 묻다
서용선 지음 | 292쪽 | 값 14,000원

 다시 읽는 조선 교육사
이만규 지음 | 750쪽 | 값 33,000원

 대한민국 교육혁명
교육혁명공동행동 연구위원회 지음
224쪽 | 값 12,000원

 **경쟁을 넘어 발달 교육으로**
현광일 지음 | 288쪽 | 값 14,000원

 독일 교육, 왜 강한가?
박성희 지음 | 324쪽 | 값 15,000원

핀란드 교육의 기적
한넬레 니에미 외 엮음 | 장수명 외 옮김
456쪽 | 값 23,000원

 한국 교육의 현실과 전망
심성보 지음 | 724쪽 | 값 35,000원

●4·16, 질문이 있는 교실 마주이야기 통합수업으로 혁신교육과정을 재구성하다!

통하는 공부
김태호·김형우·이경석·심우근·허진만 지음
324쪽 | 값 15,000원

내일 수업 어떻게 하지?
아이함께 지음 | 300쪽 | 값 15,000원
2015 세종도서 교양부문

인간 회복의 교육
성래운 지음 | 260쪽 | 값 13,000원

교과서 너머 교육과정 마주하기
이윤미 외 지음 | 368쪽 | 값 17,000원

수업 고수들
수업·교육과정·평가를 말하다
박현숙 외 지음 | 368쪽 | 값 17,000원

도덕 수업, 책으로 묻고 윤리로 답하다
울산도덕교사모임 지음 | 320쪽 | 값 15,000원

체육 교사, 수업을 말하다
전용진 지음 | 304쪽 | 값 15,000원

교실을 위한 프레이리
아이러 쇼어 엮음 | 사람대사람 옮김
412쪽 | 값 18,000원

마을교육공동체란 무엇인가?
서용선 외 지음 | 360쪽 | 값 17,000원

교사, 학교를 바꾸다
정진화 지음 | 372쪽 | 값 17,000원

함께 배움
학생 주도 배움 중심 수업 이렇게 한다
니시카와 준 지음 | 백경석 옮김 | 280쪽 | 값 15,000원

공교육은 왜?
홍섭근 지음 | 352쪽 | 값 16,000원

자기혁신과 공동의 성장을 위한
교사들의 필리버스터
윤양수·원종희·장군·조경삼 지음 | 280쪽 | 값 14,000원

함께 배움 이렇게 시작한다
니시카와 준 지음 | 백경석 옮김 | 196쪽 | 값 12,000원

함께 배움 교사의 말하기
니시카와 준 지음 | 백경석 옮김 | 188쪽 | 값 12,000원

교육과정 통합, 어떻게 할 것인가?
성열관 외 지음 | 192쪽 | 값 13,000원

학교 혁신의 길, 아이들에게 묻다
남궁상운 외 지음 | 272쪽 | 값 15,000원

미래교육의 열쇠, 창의적 문화교육
심광현·노명우·강정석 지음 | 368쪽 | 값 16,000원

주제통합수업,
아이들을 수업의 주인공으로!
이윤미 외 지음 | 392쪽 | 값 17,000원

수업과 교육의 지평을 확장하는 **수업 비평**
윤양수 지음 | 316쪽 | 값 15,000원
2014 문화체육관광부 우수교양도서

교사, 선생이 되다
김태은 외 지음 | 260쪽 | 값 13,000원

교사의 전문성, 어떻게 만들어지나
국제교원노조연맹 보고서 | 김석규 옮김
392쪽 | 값 17,000원

수업의 정치
윤양수·원종희·장군 지음 | 280쪽 | 값 14,000원

학교협동조합,
현장체험학습과 마을교육공동체를 잇다
주수원 외 지음 | 296쪽 | 값 15,000원

거꾸로 교실,
잠자는 아이들을 깨우는 수업의 비밀
이민경 지음 | 280쪽 | 값 14,000원

교사는 무엇으로 사는가
정은균 지음 | 292쪽 | 값 15,000원

마음의 힘을 기르는 감성수업
조선미 외 지음 | 300쪽 | 값 15,000원

작은 학교 아이들
지경준 엮음 | 376쪽 | 값 17,000원

아이들의 배움은 어떻게 깊어지는가
이시이 준지 지음 | 방지현·이창희 옮김
200쪽 | 값 11,000원

대한민국 입시혁명
참교육연구소 입시연구팀 지음 | 220쪽 | 값 12,000원

교사를 세우는 교육과정
박승열 지음 | 312쪽 | 값 15,000원

전국 17명 교육감들과 나눈 교육 대담
최창의 대담·기록 | 272쪽 | 값 15,000원

들뢰즈와 가타리를 통해 유아교육 읽기
리세롯 마리엣 올슨 지음 | 이연선 외 옮김
328쪽 | 값 17,000원

학교 민주주의의 불한당들
정은균 지음 | 276쪽 | 값 14,000원

프레이리의 사상과 실천
사람대사람 지음 | 352쪽 | 값 18,000원
2018 세종도서 학술부문

혁신학교, 한국 교육의 미래를 열다
송순재 외 지음 | 608쪽 | 값 30,000원

페다고지를 위하여
프레네의 『페다고지 불변요소』 읽기
박찬영 지음 | 296쪽 | 값 15,000원

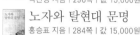
노자와 탈현대 문명
홍승표 지음 | 284쪽 | 값 15,000원

선생님, 민주시민교육이 뭐예요?
염경미 지음 | 244쪽 | 값 15,000원

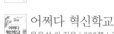
어쩌다 혁신학교
유우석 외 지음 | 380쪽 | 값 17,000원

미래, 교육을 묻다
정광필 지음 | 232쪽 | 값 15,000원

대학, 협동조합으로 교육하라
박주희 외 지음 | 252쪽 | 값 15,000원

입시, 어떻게 바꿀 것인가?
노기원 지음 | 306쪽 | 값 15,000원

촛불시대, 혁신교육을 말하다
이용관 지음 | 240쪽 | 값 15,000원

라운드 스터디
이시이 데루마사 외 엮음 | 224쪽 | 값 15,000원

미래교육을 디자인하는 학교교육과정
박승열 외 지음 | 348쪽 | 값 18,000원

흥미진진한 아일랜드 전환학년 이야기
제리 제퍼스 지음 | 최상덕·김호원 옮김 | 508쪽 | 값 27,000원
2019 대한민국학술원우수학술도서

폭력 교실에 맞서는 용기
따돌림사회연구모임 학급운영팀 지음
272쪽 | 값 15,000원

그래도 혁신학교
박은혜 외 지음 | 248쪽 | 값 15,000원

학교는 어떤 공동체인가?
성열관 외 지음 | 228쪽 | 값 15,000원

교사 전쟁
다나 골드스타인 지음 | 유성상 외 옮김
468쪽 | 값 23,000원

시민, 학교에 가다
최형규 지음 | 260쪽 | 값 15,000원

교육과정, 수업, 평가의 일체화
리사 카터 지음 | 박승열 외 옮김 | 196쪽 | 값 13,000원

학교를 개선하는 교장
지속가능한 학교 혁신을 위한 실천 전략
마이클 풀란 지음 | 서동연·정효준 옮김 | 216쪽 | 값 13,000원

공자뎐, 논어는 이것이다
유문상 지음 | 392쪽 | 값 18,000원

교사와 부모를 위한
발달교육이란 무엇인가?
현광일 지음 | 380쪽 | 값 18,000원

교사, 이오덕에게 길을 묻다
이무완 지음 | 328쪽 | 값 15,000원

낙오자 없는 스웨덴 교육
레이프 스트란드베리 지음 | 변광수 옮김
208쪽 | 값 13,000원

끝나지 않은 마지막 수업
장석웅 지음 | 328쪽 | 값 20,000원

경기꿈의학교
진흥섭 외 지음 | 360쪽 | 값 17,000원

학교를 말한다
이성우 지음 | 292쪽 | 값 15,000원

행복도시 세종,
혁신교육으로 디자인하다
곽순일 외 지음 | 392쪽 | 값 18,000원

나는 거꾸로 교실 거꾸로 교사
류광모·임정훈 지음 | 212쪽 | 값 13,000원

교실 속으로 간 이해중심 교육과정
온정덕 외 지음 | 224쪽 | 값 13,000원

교실, 평화를 말하다
따돌림사회연구모임 초등우정팀 지음
268쪽 | 값 15,000원

학교자율운영 2.0
김용 지음 | 240쪽 | 값 15,000원

학교자치를 부탁해
유우석 외 지음 | 252쪽 | 값 15,000원

국제이해교육 페다고지
강순원 외 지음 | 256쪽 | 값 15,000원

선생님, 페미니즘이 뭐예요?
염경미 지음 | 280쪽 | 값 15,000원

평화의 교육과정 섬김의 리더십
이준원·이형빈 지음 | 292쪽 | 값 16,000원

학교를 살리는 회복적 생활교육
김민자·이순영·정선영 지음 | 256쪽 | 값 15,000원

 수포자의 시대
김성수·이형빈 지음 | 252쪽 | 값 15,000원

 교사를 위한 교육학 강의
이형빈 지음 | 336쪽 | 값 17,000원

 혁신학교와 실천적 교육과정
신은희 지음 | 236쪽 | 값 15,000원

 새로운학교 학생을 날게 하다
새로운학교네트워크 총서 02 | 408쪽 | 값 20,000원

 삶의 시간을 잇는 문화예술교육
고영직 지음 | 292쪽 | 값 16,000원

 세월호가 묻고 교육이 답하다
경기도교육연구원 지음 | 214쪽 | 값 13,000원

 혐오, 교실에 들어오다
이혜정 외 지음 | 232쪽 | 값 15,000원

 미래교육, 어떻게 만들어갈 것인가?
송기상·김성천 지음 | 300쪽 | 값 16,000원
2019 세종도서 교양부문

 혁신교육지구와 마을교육공동체는
어떻게 만들어지는가?
김태정 지음 | 376쪽 | 값 18,000원

 교육에 대한 오해
우문영 지음 | 224쪽 | 값 15,000원

 선생님, 특성화고 자기소개서
어떻게 써요?
이지영 지음 | 322쪽 | 값 17,000원

 혁신교육지구 현장을 가다
이용운 외 4인 지음 | 344쪽 | 값 18,000원

 학생과 교사, 수업을 묻다
전용진 지음 | 344쪽 | 값 18,000원

 배움의 독립선언, 평생학습
정민승 지음 | 240쪽 | 값 15,000원

 혁신학교의 꽃, 교육과정 다시 그리기
안재일 지음 | 344쪽 | 값 18,000원

 교육혁신의 시대
배움의 공간을 상상하다
함영기 외 지음 | 264쪽 | 값 17,000원

 학습격차 해소를 위한 새로운 도전
보편적 학습설계 수업
조윤정 외 지음 | 225쪽 | 값 15,000원

 서울의 마을교육
이용윤 외 지음 | 352쪽 | 값 18,000원

 물질과의 새로운 만남
베로니카 파치니-케처바우 지음 | 240쪽 | 값 15,000원

 평화와 인성을 키우는 자기우정
따돌림사회연구모임 우정팀 지음 | 240쪽 | 값 15,000원

 미래교육을 열어가는
배움중심 원격수업
이윤서 외 지음 | 332쪽 | 값 17,000원

● **살림터 참교육 문예 시리즈** 영혼이 있는 삶을 가르치는 온 선생님을 만나다!

 꽃보다 귀한 우리 아이는
조재도 지음 | 244쪽 | 값 12,000원

 선생님이 먼저 때렸는데요
강병철 지음 | 248쪽 | 값 12,000원

 성깔 있는 나무들
최은숙 지음 | 244쪽 | 값 12,000원

 서울 여자, 시골 선생님 되다
조경선 지음 | 252쪽 | 값 12,000원

 아이들에게 세상을 배웠네
명혜정 지음 | 240쪽 | 값 12,000원

 행복한 창의 교육
최창의 지음 | 328쪽 | 값 15,000원

 밥상에서 세상으로
김흥숙 지음 | 280쪽 | 값 13,000원

 북유럽 교육 기행
정애경 외 14인 지음 | 288쪽 | 값 14,000원

 우물쭈물하다 끝난 교사 이야기
유기창 지음 | 380쪽 | 값 17,000원

 시험 시간에 웃은 건 처음이에요
조규선 지음 | 252쪽 | 값 15,000원

 오천년을 사는 여지
염경미 지음 | 272쪽 | 값 16,000원

 다정한 교실에서 20,000시간
강정희 지음 | 296쪽 | 값 16,000원

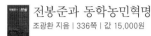

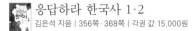

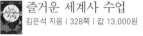

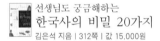
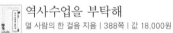
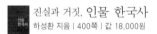

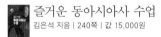
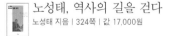
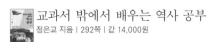
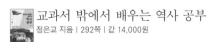
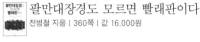
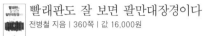

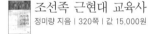
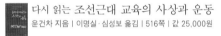
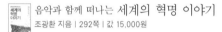
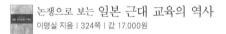

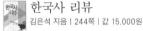

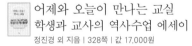

● 더불어 사는 정의로운 세상을 여는 인문사회과학 사람의 존엄과 평등의 가치를 배운다

 밥상혁명
강양구·강이현 지음 | 298쪽 | 값 13,800원

 도덕 교과서 무엇이 문제인가?
김대용 지음 | 272쪽 | 값 14,000원

 자율주의와 진보교육
조엘 스프링 지음 | 심성보 옮김 | 320쪽 | 값 15,000원

 민주화 이후의 공동체 교육
심성보 지음 | 392쪽 | 값 15,000원
2009 문화체육관광부 우수학술도서

 갈등을 넘어 협력 사회로
이창언·오수길·유문종·신윤관 지음
280쪽 | 값 15,000원

 동양사상과 마음교육
정재걸 외 지음 | 356쪽 | 값 16,000원
2015 세종도서 학술부문

 교과서 밖에서 배우는 철학 공부
정은교 지음 | 280쪽 | 값 14,000원

 교과서 밖에서 배우는 사회 공부
정은교 지음 | 304쪽 | 값 15,000원

 교과서 밖에서 배우는 윤리 공부
정은교 지음 | 292쪽 | 값 15,000원

 한글 혁명
김슬옹 지음 | 388쪽 | 값 18,000원

 우리 안의 미래교육
정재걸 지음 | 484쪽 | 값 25,000원

 왜 그는 한국으로 돌아왔는가?
황선준 지음 | 364쪽 | 값 17,000원
2019 세종도서 교양부문

 공간, 문화, 정치의 생태학
현광일 지음 | 232쪽 | 값 15,000원

 인공지능 시대의 사회학적 상상력
홍승표 지음 | 260쪽 | 값 15,000원

 동양사상과 인간 그리고 사회
이현지 지음 | 418쪽 | 값 21,000원

장자와 탈현대
정재걸 외 지음 | 424쪽 | 값 21,000원

놀자선생의 놀이인문학
진용근 지음 | 380쪽 | 값 185,000원

 좌우지간 인권이다
안경환 지음 | 288쪽 | 값 13,000원

 민주시민교육
심성보 지음 | 544쪽 | 값 25,000원

 민주시민을 위한 도덕교육
심성보 지음 | 500쪽 | 값 25,000원
2015 세종도서 학술부문

 교과서 밖에서 배우는 인문학 공부
정은교 지음 | 280쪽 | 값 13,000원

 오래된 미래교육
정재걸 지음 | 392쪽 | 값 18,000원

 대한민국 의료혁명
전국보건의료산업노동조합 엮음 | 548쪽 | 값 25,000원

 교과서 밖에서 배우는 고전 공부
정은교 지음 | 288쪽 | 값 14,000원

 전체 안의 전체 사고 속의 사고
김우창의 인문학을 읽다
현광일 지음 | 320쪽 | 값 15,000원

 카스트로, 종교를 말하다
피델 카스트로·프레이 베토 대담 | 조세종 옮김
420쪽 | 값 21,000원

 일제강점기 한국철학
이태우 지음 | 448쪽 | 값 25,000원

 한국 교육 제4의 길을 찾다
이길상 지음 | 400쪽 | 값 21,000원
2019 세종도서 학술부문

 마을교육공동체 생태적 의미와 실천
김용련 지음 | 256쪽 | 값 15,000원

 교육과정에서 왜 지식이 중요한가
심성보 지음 | 440쪽 | 값 23,000원

 식물에게서 교육을 배우다
이차영 지음 | 260쪽 | 값 15,000원

 왜 전태일인가
송필경 지음 | 236쪽 | 값 17,000원

한국 세계시민교육이 나아갈 길을 묻다
유네스코태평양 국제이해교육원 지음 | 260쪽 | 값 18,000원

● 평화샘 프로젝트 매뉴얼 시리즈 학교폭력에 대한 근본적인 예방과 대책을 찾는다

학교폭력 어떻게 만들어지는가
문재현 외 지음 | 300쪽 | 값 14,000원

아이들을 살리는 동네
문재현·신동명·김수동 지음 | 204쪽 | 값 10,000원

학교폭력, 멈춰!
문재현 외 지음 | 348쪽 | 값 15,000원

평화! 행복한 학교의 시작
문재현 외 지음 | 252쪽 | 값 12,000원

왕따, 이렇게 해결할 수 있다
문재현 외 지음 | 236쪽 | 값 12,000원

마을에 배움의 길이 있다
문재현 지음 | 208쪽 | 값 10,000원

젊은 부모를 위한 백만 년의 육아 슬기
문재현 지음 | 248쪽 | 값 13,000원

별자리, 인류의 이야기 주머니
문재현·문한뫼 지음 | 444쪽 | 값 20,000원

우리는 마을에 산다
유양우·신동명·김수동·문재현 지음
312쪽 | 값 15,000원

동생아, 우리 뭐 하고 놀까?
문재현 외 지음 | 280쪽 | 값 15,000원

누가, 학교폭력 해결을 가로막는가?
문재현 외 지음 | 312쪽 | 값 15,000원

**코로나 19가 앞당긴 미래,
마을에서 찾는 배움길**
문재현 외 지음 | 308쪽 | 값 16,000원

● 남북이 하나 되는 두물머리 평화교육 분단 극복을 위한 치열한 배움과 실천을 만나다

10년 후 통일
정동영·지승호 지음 | 328쪽 | 값 15,000원

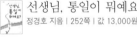
선생님, 통일이 뭐예요?
정경호 지음 | 252쪽 | 값 13,000원

분단시대의 통일교육
성래운 지음 | 428쪽 | 값 18,000원

김창환 교수의 DMZ 지리 이야기
김창환 지음 | 264쪽 | 값 15,000원

한반도 평화교육 어떻게 할 것인가
이기범 외 지음 | 252쪽 | 값 15,000원

포괄적 평화교육
베티 리어든 지음 | 강순원 옮김 | 252쪽 | 값 17,000원

● 창의적인 협력 수업을 지향하는 삶이 있는 국어 교실 우리말 글을 배우며 세상을 배운다

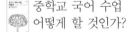
**중학교 국어 수업
어떻게 할 것인가?**
김미경 지음 | 340쪽 | 값 15,000원

토론의 숲에서 나를 만나다
명혜정 엮음 | 312쪽 | 값 15,000원

토닥토닥 토론해요
명혜정·이명선·조선미 엮음 | 288쪽 | 값 15,000원

인문학의 숲을 거니는 토론 수업
순천국어교사모임 엮음 | 308쪽 | 값 15,000원

어린이와 시
오인태 지음 | 192쪽 | 값 12,000원

수업, 슬로리딩과 함께
박경숙 외 지음 | 268쪽 | 값 15,000원

언어던
정은균 지음 | 268쪽 | 값 15,000원
2019 세종도서 교양부문

민촌 이기영 평전
이성렬 지음 | 508쪽 | 값 20,000원

감각의 갱신, 화장하는 인민
남북문학예술연구회 | 380쪽 | 값 19,000원

참된 삶과 교육에 관한
생각 줍기